● 国家社科基金项目
 "西部生态脆弱区生态补偿政策演进与法律制度建设"
 （批准号：12BFX127）成果

国家出版基金项目
NATIONAL PUBLICATION FOUNDATION

● 生态文明法律制度建设研究丛书

补偿与发展：
生态补偿制度建设研究

BUCHANG YU FAZHAN
SHENGTAI BUCHANG ZHIDU JIANSHE YANJIU

史玉成 ● 著

重庆大学出版社

图书在版编目（CIP）数据

补偿与发展：生态补偿制度建设研究／史玉成著
.--重庆：重庆大学出版社，2023.3
（生态文明法律制度建设研究丛书）
ISBN 978-7-5689-3655-2

Ⅰ.①补…　Ⅱ.①史…　Ⅲ.①生态环境—补偿性财政
政策—环境保护法—研究—中国　Ⅳ.①D922.684

中国版本图书馆 CIP 数据核字（2022）第242730号

补偿与发展：生态补偿制度建设研究
史玉成　著

策划编辑：孙英姿　张慧梓　许　璐
责任编辑：张慧梓　　　版式设计：许　璐
责任校对：刘志刚　　　责任印制：张　策

＊

重庆大学出版社出版发行
出版人：饶帮华
社址：重庆市沙坪坝区大学城西路 21 号
邮编：401331
电话：（023）88617190 88617185（中小学）
传真：（023）88617186 88617166
网址：http://www.cqup.com.cn
邮箱：fxk@cqup.com.cn（营销中心）
全国新华书店经销
重庆升光电力印务有限公司印刷

＊

开本：720mm×960mm　1/16　印张：19.75　字数：275 千
2023 年 3 月第 1 版　　2023 年 3 月第 1 次印刷
ISBN 978-7-5689-3655-2　定价：98.00 元

丛书编委会

主　任：黄锡生

副主任：史玉成　　施志源　　落志筠

委　员（按姓氏拼音排序）：

邓　禾　　邓可祝　　龚　微　　关　慧

韩英夫　　何　江　　卢　锟　　任洪涛

宋志琼　　谢　玲　　叶　轶　　曾彩琳

张天泽　　张真源　　周海华

作者简介

　　史玉成，男，甘肃灵台人，法学博士，甘肃政法大学教授，硕士生导师。兼任中国法学会环境与资源法学研究会常务理事、中国环境科学学会环境法学分会副会长、中国自然资源学会自然资源法学专业委员会副主任委员等学术职务。从事环境法学研究，发表论文90多篇，其中在《中国法学》《法学家》等法学核心期刊发表30多篇，被《新华文摘》《中国社会科学文摘》等转载10余篇，出版著作6部，主编教材3部。主持国家社科基金项目2项，主持完成教育部人文社科项目、甘肃省社科规划项目及其他各类科研项目20多项。获第八届钱端升法学研究成果奖、甘肃省哲学社会科学优秀成果奖10项。先后入选教育部新世纪优秀人才、中达环境法学者、甘肃省"飞天学者"特聘教授、甘肃领军人才第一层次等各类人才支持计划。

总　序

　　"生态兴则文明兴，生态衰则文明衰。"良好的生态环境是人类生存和发展的基础。《联合国人类环境会议宣言》中写道："环境给予人以维持生存的东西，并给他提供了在智力、道德、社会和精神等方面获得发展的机会。"一部人类文明的发展史，就是一部人与自然的关系史。细数人类历史上的四大古文明，无一不发源于水量丰沛、沃野千里、生态良好的地区。生态可载文明之舟，亦可覆舟。随着发源地环境的恶化，几大古文明几近消失。恩格斯在《自然辩证法》中曾有描述："美索不达米亚、希腊、小亚细亚以及其他各地的居民，为了得到耕地，毁灭了森林，但是他们做梦也想不到，这些地方今天竟因此成了不毛之地。"过度放牧、过度伐木、过度垦荒和盲目灌溉等，让植被锐减、洪水泛滥、河渠淤塞、气候失调、土地沙化……生态惨遭破坏，它所支持的生活和生产也难以为继，并最终导致文明的衰落或中心的转移。

　　作为唯一从未间断传承下来的古文明，中华文明始终关心人与自然的关系。早在5000多年前，伟大的中华民族就已经进入了农耕文明时代。长期的农耕文化所形成的天人合一、相生相克、阴阳五行等观念包含着丰富的生态文明思想。儒家形成了以"仁爱"为核心的人与自然和谐发展的思想体系，主要表现为和谐共生的顺应生态思想、仁民爱物的保护生态思想、取物有节的尊重生态思想。道家以"道法自然"的生态观为核心，强调万物平等的公平观和自然无为的行为观，认为道是世间万物的本源，人也由道产生，是自然的组成部分。墨家在长期的发展中形成了"兼相爱，交相利""天志""爱无差等"的生态思想，对当代我们共同努力探寻的环境危机解决方案具有较高的实用价值。正是古贤的智慧，让中华民族形成了"敬畏自然、行有所止"的自然观，使中华民族能够生生不息、繁荣壮大。

中华人民共和国成立以来，党中央历代领导集体从我国的实际国情出发，深刻把握人类社会发展规律，持续关注人与自然的关系，着眼于不同历史时期社会主要矛盾的发展变化，总结我国发展实践经验，从提出"对自然不能只讲索取不讲投入、只讲利用不讲建设"到认识到"人与自然和谐相处"，从"协调发展"到"可持续发展"，从"科学发展观"到"新发展理念"和坚持"绿色发展"，都表明我国环境保护和生态文明建设作为一种执政理念和实践形态，贯穿于中国共产党带领全国各族人民实现全面建成小康社会的奋斗目标过程中，贯穿于实现中华民族伟大复兴的中国梦的历史愿景中。党的十八大以来，以习近平同志为核心的党中央高度重视生态文明建设，把推进生态文明建设纳入国家发展大计，并提出了美丽中国建设的目标。习近平总书记在党的十九大报告中，就生态文明建设提出了新论断，坚持人与自然和谐共生成为新时代坚持和发展中国特色社会主义基本方略的重要组成部分，并专门用一部分内容论述"加快生态文明体制改革，建设美丽中国"。习近平总书记就生态文明建设提出的一系列新理念新思想新战略，深刻回答了为什么建设生态文明、建设什么样的生态文明、怎样建设生态文明等重大问题，形成了系统完整的生态文明思想，成为习近平新时代中国特色社会主义思想的重要组成部分。

生态文明是在传统的发展模式出现了严重弊病之后，为寻求与自然和谐相处、适应生态平衡的客观要求，在物质、精神、行为、观念与制度等诸多方面以及人与人、人与自然良性互动关系上所取得的进步和相应的指引。生态文明以可持续发展原则为指导，树立人与自然的平等观，把发展和生态保护紧密结合起来，在发展的基础上改善生态环境。因此，生态文明的本质就是要重新梳理人与自然的关系，实现人类社会的可持续发展。它既是对中华优秀传统文化的继承和发扬，也为未来人类社会的发展指明了方向。

党的十八大以来，"生态文明建设"相继被写入《中国共产党章程》和《中华人民共和国宪法》，这标志着生态文明建设在新时代的背景下日益规范化、制度化和法治化。党的十八大提出，大力推进生态文明建设，把生态文明建设放在突出地位，融入经济建设、政治建设、文化建设、社会建设各方面和全过程，努力建设美丽中国，实现中华民族永续发展。党的十八届三中全会提出，必须建立系统完整的"生态文明制度体系"，用制度保护生态环境。党的十八届四中全会将生态文明建设设置于"依法治国"的大背景下，进一步提出"用严格的法律制度保护生态环境"。可见，生态文明法律制度建设的脚步不断加快。为此，本人于2014年牵头成立了"生态文明法律制度建设研究"课题组，并成功中标2014年度国家社科基金重大项目，本套丛书即是该项目的研究成果。

本套丛书包含19本专著，即《生态文明法律制度建设研究》《监管与自治：乡村振兴视域下农村环保监管模式法治构建》《保护与利用：自然资源制度完善的进路》《管理与变革：生态文明视野下矿业用地法律制度研究》《保护与分配：新时代中国矿产资源法的重构与前瞻》《过程与管控：我国核能安全法律制度研究》《补偿与发展：生态补偿制度建设研究》《冲突与衡平：国际河流生态补偿制度的构建与中国应对》《激励与约束：环境空气质量生态补偿法律机制》《控制与救济：我国农业用地土壤污染防治制度建设》《多元与合作：环境规制创新研究》《协同与治理：区域环境治理法律制度研究》《互制与互动：民众参与环境风险管制的法治表达》

《指导与管控：国土空间规划制度价值意蕴》《矛盾与协调：中国环境监测预警制度研究》《协商与共识：环境行政决策的治理规则》《主导或参与：自然保护地社区协调发展之模式选择》《困境与突破：生态损害司法救济路径之完善》《疏离与统合：环境公益诉讼程序协调论》，主要从"生态文明法治建设研究总论""资源法制研究""环境法制研究""相关诉讼法制研究"四大板块，探讨了生态文明法律制度建设的相关议题。本套丛书的出版契合了当下生态文明建设的实践需求和理论供给，具有重要的时代意义，也希望本套丛书的出版能为我国法治理论创新和学术繁荣做出贡献。

2022 年 9 月 于山城重庆

前　言

本书是我承担的国家社科基金项目"西部生态脆弱区生态补偿的政策演进与法律制度建设研究"的最终研究成果。从2012年项目立项，到2018年提交国家社科规划办鉴定验收，最终以"良好"成绩完成结项，历时六年。书稿完成后，经过数年的沉淀，被纳入"生态文明法律制度建设研究丛书"，最终经重庆大学出版社申报，被评审立项为国家出版基金资助项目。迄交付出版之日，课题研究工作前后已历时十年。

我对环境法学的研究，最初的关注点主要集中在环境法制度规范层面。由于环境资源的公共物品属性，在环境保护领域必须借助政府的"有形之手"，依靠命令控制的公权力手段才能达到环境保护的目的。事实上，环境法从诞生之日起，就带有浓厚的命令控制法性质。然而，现代环境管理的实践一再证明：在广泛而复杂的环境问题面前，仅有公权力机制不能完成对这些环境问题的全面控制或全过程控制。创新环境管理模式，通过市场机制配置资源，以弥补命令控制型环境规制模式的不足，强调公众的民主参与进而实现环境保护目的，成为当代环境法的必然发展趋势。由此，环境法应当建立以命令控制型、市场机制型、公众参与型法律制度互为补充和支撑的制度体系，形成政府、企业、公众等多元主体合作共治格局，实现由传统的"命令控制法"向"利益衡平法"的转型。基于这种认识，我对当下环境法制度体系中比较薄弱的环节，如排污权交易、生态补偿法律制度，以及环境公益诉讼制度等给予了较多关注，并发表了一些论著。其中，十年前申请立项的教育部资助项目研究成果《排污权交易法律制度研究》已于 2016 年由法律出版社出版，而几乎同时申请立项的国家社科基金项目"西部生态脆弱区生态补偿的政策演进与法律制度建设研究"的出版则延宕至今。

其中有个小小的缘由：在关注新型环境法律制度建设，研究环境法诸规范、经验和事实的过程中，我越来越清晰地认识到：作为环境法学基础理论的学科核心范畴，目前尚未形成基本理论共识，无论是"环境权说""环境义务说"，还是"环境利益说"，均陷入某种单向度的逻辑思维，很难独自把环境法的诸多概念、原则、制度以统一逻辑贯穿起来。这种认识迫使我调整方向，把大量精力投入环境法学核心范畴的研究，提出并论证"环境法的法权结构理论"这一核心命题。论证的核心问题是当下主流的"权利义务法学"路径在环境法学领域存在统合力不足、缺少普遍解释力等局限性。环境法学研究应当从环境法保护和调整的环境利益出发，把环境权利和环境权力置于统一的法权结构体系内，着力探究围绕实现法权目标所形成的"环境权利—环境义务""环境职权—环境职责"二元结构的内外部互动关系，确定各自的边界，消解其内在张力和冲突，促进两者在合作中成长，实现法权运行的动态平衡和协调稳定，促进环境治理迈向多元合作共治，为生态文明建设提供制度保障。2018 年，商务印书馆出版《环境法的法权结构理论》，算是对这一时期关于环境法学核心范畴研究的一个阶段性总结。

十年来，几项课题的研究过程基本上是同步或交叉进行的。一方面关注环境法治领域的具体制度构造，另一方面关注环境法学核心范畴的基础理论建构。研究视角和方法、进路的差异，往往需要思维在不同模式之间切换。在经历了不断的理论反思、方法磨合之后，我越来越清晰地认识到，从事部门法学研究的学者，既需要对制度事实和经验的深切关注，又需要对部门法学"法理"的精研和挖掘，实现学理思辨和规范实证之间的彼此关照——这是十年环境法学研习给予我最大的启示。

本书从规范法学的视角出发，针对我国生态补偿理论研究基础薄弱、实践发展极不平衡、法律制度建设滞后的现状，综合运用利益分析、系统论分析、法经济学分析、实证分析等方法，对生态补偿法律制度的理论基础、实践探索、制度完善等进行了全面深入的探讨，基本框架及主要内容如下。

生态补偿的理论基础。第一章通过对生态学、经济学、法学不同学科视域下生态补偿概念的梳理、辨析，分析生态补偿的多维度学科理论基础，进而从法学概念固有的规范性、严谨性、明确性要求出发，对生态补偿的概念、类型进行规范法学意义上的界定。第二章运用系统论的分析方法，对生态补偿制度体系，包括生态补偿政策体系和法律体系的不同产生机理、结构耦合、协调互补等进行理论分析。在此基础上，对生态补偿法律关系的主客体、各方主体的权利义务配置、补偿标准、补偿模式等展开全方位的分析，力图为生态补偿法律制度建构一个基本的理论框架。

生态补偿的实践探索。第三章对我国现有生态补偿政策体系、法律体系进行梳理和考察，分析其实践绩效与不足。第四章以西部生态脆弱地区生态补偿实践的典型样态为例证，对森林、草原、流域、重点生态功能区、矿产资源开发等领域的生态补偿实践进行实证考察。第五章对域外相关国家和地区的生态补偿实践进行简略考察，从功能结构主义角度，考察其制度建设及实践绩效对我们的经验借鉴和启示。

生态补偿的制度完善。第六章以生态补偿政策法律化、合法化为出发点，重点探讨了生态补偿政策体系和法律体系的协同，提出推进生态补偿监督管理体制的思路、实现生态补偿综合立法与分散立法模式相协调等观点，并提出生态保护补偿专门立法的相关建议。

　　本书得以纳入"生态文明法律制度建设研究丛书"并顺利出版，要感谢黄锡生教授的精心策划与组织；感谢甘肃政法大学党委书记焦盛荣、校长郑高键的关心和支持；感谢重庆大学出版社的付出和努力。我的硕士研究生敬杰、孔德鑫、王瑶、张艳、杨文静、祝洪珂、吕雪姣、李晟等同学参与了部分文字校对工作；重庆大学出版社张慧梓编辑以其良好的敬业精神和专业素养，在审稿阶段对书稿提出了许多中肯的修改意见，并进行了精心的编校加工。我愿意借此机会向他（她）们表达由衷的谢意！

2023 年 2 月 10 日

目　录

第六章　生态补偿政策、法律体系的完善

主要参考文献

导　论

　　天之道，其犹张弓欤？高者抑之，下者举之；有余者损之，不足者补之。天之道，损有余而补不足。人之道则不然，损不足以奉有余。孰能有余以奉天下？唯有道者。

——老子《道德经》第七十七章

第一节　生态补偿：生态利益衡平的制度安排

　　改革开放以来，中国的经济社会发展取得了巨大成就。但是，在"资源无限、环境无价"的传统理念的主导下，多年来以"高投入、高消耗、高排放"为特征的发展模式，导致资源消耗过度、环境恶化、生态系统功能受损、环境风险增大等一系列问题，不仅严重影响人民群众的生命财产安全，威胁生态安全，而且引发了一系列社会问题，制约了中国经济社会可持续发展。为了重建人与人、人与社会、人与环境之间的和谐发展关系，党的十八大把生态文明建设融入"五位一体"战略总布局，中国由此进入了一个生态文明新时代。

　　生态文明制度体系建设是生态文明建设的核心内容，其中，生态补偿制度是生态文明制度体系中的支柱性制度之一，这在党的十八大以来历次党的全会精神和中共中央、国务院的相关政策文件中都得到了充分的表述。[1] 如何加强生态文明制度体系建设？党的十八届四中全会公报指出：用严格的法律制度保护生态环境。可见，加强法律制度的建设已然成为生态文明制度建设的重要路径。置于"生态文明建设"这样一个时代背景下，研究生态补偿政策、法律制度的建设和完善，其重要意义不言而喻。

生态补偿政策和法律是生态补偿制度体系的两大基石。在生态文明建设已成为时代主题的新的历史时期，作为生态文明建设的支柱性制度之一，生态补偿政策、法律制度的建设和完善，既具有重要的时代意义，又具有深刻的现实背景。特别是我国西部生态脆弱地区，既是国家生态安全的屏障和资源富集地，又是经济欠发达的贫困地区，面临生态保护和经济发展的双重任务，建立健全生态补偿政策、法律制度，协调社会公平和生态环境保护的关系，就更具有迫切的现实意义。

一、生态补偿是对现代环境问题的制度因应

面对日益严重的环境问题和生态危机，世界各国都在寻求保护生态环境、持续利用自然资源、实现环境保护与经济增长的协调发展之道。20 世纪中叶以来，生态环境保护、治理和恢复的实践使人们认识到，环境问题的产生和发展有着深刻的社会经济制度背景，仅依靠技术手段不可能从根本上解决环境问题，必须通过合理的制度安排寻求问题的解决之道。基于环境资源的公共物品属性，命令

[1] 党的十八届三中全会提出，"建立系统完整的生态文明制度体系，用制度保护生态环境。把资源产权、用途管制、生态红线、有偿使用、生态补偿、管理体制等充实到生态文明制度体系中来"。党的十八届四中全会提出，"用严格的法律制度保护生态环境，加快建立有效约束开发行为和促进绿色发展、循环发展、低碳发展的生态文明法律制度，强化生产者环境保护的法律责任，大幅度提高违法成本。建立健全自然资源产权法律制度，完善国土空间开发保护方面的法律制度，制定完善生态补偿和土壤、水、大气污染防治及海洋生态环境保护等法律法规，促进生态文明建设"。中共中央、国务院印发的《生态文明体制改革总体方案》进一步提出，要建立健全"自然资源资产产权制度、国土开发保护制度、空间规划体系、资源总量管理和节约制度、资源有偿使用和生态补偿制度、环境治理体系、市场体系、绩效考核和责任追究制度"等八项制度。党的十九大报告中进一步要求，"要健全社会化、市场化的生态补偿机制"。

控制型环境保护制度在相当长的历史时期内成为应对环境问题的主要手段，体现了早期环境法对社会形态的因应。随着环境问题和环境管理实践的发展，命令控制手段逐渐显露出诸多不足。比如：命令控制手段的实施、强制执行和达标成本远远高于人们的预期，效率低下；强制手段虽出于维护环境公共利益的目的，却可能不恰当地忽视私人主体的合法权益，从而消弭私人主体参与环境保护的动力和积极性；政府促进经济社会发展的政治使命与保障公共利益的职能并不总是完全契合；等等。

关于法对社会的形态因应，伯克利学派的诺内特和塞尔兹尼克按照理想的方法，建立了用以分析和判断同一社会的不同法律现象的工具性分析框架，将法律现象分为"压制型法""自治型法"和作为改革方向的"回应型法"。在压制型法中强制手段占了主导地位，在自治型法中强制被缓和，而在回应型法中强制则处于备而不用的地位。[1]日本学者田中成明则将法划分为"自治型法""普遍主义型法"和"管理型法"。[2]这些学者关于法形态的解构，对于认识环境法这样以应对环境时代的环境问题而产生的新兴部门法的发展方向提供了有价值的理论参照。生态补偿制度的建立，正是环境法面对现代环境问题的制度因应的具体体现。生态补偿制度的机理在于综合运用政府手段和市场手段达到配置资源与利益衡平的目的，其中，新型生态补偿市场机制的发展，弥补了命令控制型环境规制模式的不足。具体而言，除完善利益受损者的补偿机制以外，建立生态利益贡献者激励机制，如建立荒山和沙漠的绿化激励制度和承包山的绿化标准制度、鼓励资本和人力资源流向生态产业的制度等，已成为实现生态利益衡平、促进经济增长方式转变的新路径。通过对生态环境保护做出贡献或牺牲的主体给予合理的补偿，平衡各利益相关方的权利义务关系，

---

[1]　［美］R.M. 昂格尔. 现代社会中的法律［M］. 吴玉章，周汉华，译. 南京：译林出版社，2008：197. 转引自杜健勋. 环境利益分配法理研究［M］. 北京：中国环境出版社，2013：1-2.
[2]　季卫东. 现代法治国家的条件［M］// 季卫东. 正义思考的轨迹. 北京：法律出版社，2007：145.

体现了公平正义理念；同时，生态补偿制度有利于实现环境保护多元主体的广泛参与和合作共治，是环境法治从"管控—压制"型的传统治理模式向"参与—回应"型的现代治理模式转变的制度设计之一。

二、生态补偿制度有助于协调和弥合利益冲突

生态补偿制度的本质是生态保护者与环境资源开发利用者之间的一种利益平衡机制。环境问题产生的根源之一，在于不同主体对生态环境资源的不同的利益诉求产生的冲突。建立生态补偿制度的目的，就是用法律手段配置各方主体的权利义务关系，平衡经济利益和环境利益之间的对立和冲突，[1]同时对受损害的生态系统进行"功能填补"，提高环境质量，协调环境保护与经济社会发展关系。

现代环境问题背后牵涉众多错综复杂的利益关系。我国经济社会发展过程中暴露出各类尖锐的利益冲突问题，根本原因在于制度建设与制度供给不足。目前，我国在生态补偿领域对利益的协调主要依靠政策手段和经济手段，缺乏稳定性，随意性和变动性较大，不能对各类主体的利益进行有效衡平。在国家主体功能区划中，禁止开发区、限制开发区的地方政府、集体、企业、农牧民户因国家生态环境保护政策而丧失了发展机会，而其所从事的生态环境保护活动带来了整体环境利益的增进，如果他们得不到公平、合理的补偿，不但有违社会公平，还将会促使他们产生对生态环境保护法律政策或明或暗的对抗，影响政策、法律的实施效果，从而无法实现环境保护的目标。为此，需要加强法律制度建设，运用法律手段合理配置生态保护的纵向、横向权利义务关系，协调利益冲突。此外，还需要通过立法供给，科学界定维护生态系统服务功能的直接和间接成本，确定合理的生态补偿标准、补偿程序和监督机制，确保利益相关者责、权、利相统一。

---

[1] 史玉成.生态补偿制度建设与立法供给：以生态利益保护与衡平为视角[J].法学评论,2013(4): 115-123.

三、生态补偿制度构建急需完备的理论支持

对生态补偿制度的研究，最早发端于环境科学、生态学等自然科学领域，后来逐渐进入经济学、公共政策学、法学等社会科学领域，成为一个多学科交叉的课题。不同学科的研究者从不同视角对生态补偿的产生机理、运作原理、制度建构路径进行探索，做出了积极的知识贡献。

从法学的角度审视，现有理论研究还存在诸多不足。比如，关于生态补偿的概念界定，往往借用生态学、经济学的研究范式，不加转换的路径依赖导致概念的要素疏离法的本质，对概念的内涵和外延认识不一，对政策和法律实践中生态补偿边界不清、主体模糊等问题缺乏理论指导。尚未形成逻辑自洽的生态补偿法律制度的理论框架体系，特别是对生态补偿的主体识别、不同主体的权利义务配置、补偿标准的公平性与合理性、政府补偿模式与市场补偿模式的关系等，缺乏规范的法学分析，过多杂糅了其他学科的因素。对生态补偿政策、法律的运行效果，生态补偿政策与法律制度之间的关系，比如结构耦合、功能互补及可能的抵牾等问题，以及生态补偿综合立法与分散立法模式的协同等缺乏深入研究，一些重大的理论问题尚未形成共识。针对以上不足，对生态补偿政策、法律制度的多维理论基础、实践探索、制度构建展开全方位的理论研究，为正在成长中的生态补偿制度体系提供学理支持，无疑具有重要的理论意义。

第二节　生态补偿的学术史梳理及现状述评

生态补偿是为应对现代环境问题和生态危机而建立的一项新型环境保护政策、法律制度，是对传统环境保护制度的创新，有着深刻的理论意义和现实基础。国内外学术界对这一制度均给予了广泛的关注。

一、国外学术史梳理和现状述评

生态补偿作为一种能够体现自然环境生态价值的创新机制，在国外有着较长的实践和理论研究史。作为一个新概念，生态补偿第一次在国外正式提出，是在国际森林研究中心 2005 年出版的《环境服务支付：一些基本要素》一书中。该书将受益人支付给土地所有者或管理者一定费用，希望被支付人采取行动，以保持特定土地生态服务数量和质量的生态补偿机制称为"环境服务支付"（Payment for Environmental Services，简称 PES）。之后，国际自然保护联盟在 2009 出版的《生态服务支付：法律框架和制度》一书中，将 PES 解释成了生态服务支付（Payment for Ecosystem Services），认为这样更能体现环境所能提供的、综合性的和多样化的生态服务性质。至此，PES 作为生态补偿的专门术语在国外得到了确认和运用，虽然有时候"E"会被解释为环境或生态，但就生态补偿机制体现生态价值的目的来说，这两个概念的实质性差别是很小的（Greiber，2009；Wunder，2005；Niesten and Rice，2004；Hardner and Rice，2002；Ferraro and Kiss，2002）。

伴随着新术语 PES 的出现，生态补偿理论研究也达到了新的高度。不仅一些国际组织，如联合国粮食及农业组织等，在各自的活动领域出版专门的著作来介绍、推广这一新概念，指导生态补偿实践，而且一些西方国家的环境管理专门部门，如美国的森林委员会和英国的环境食品农村事务部等，也都出版了专门的著作来公布本国的生态环境价值，探讨生态补偿机制在本国的运用和发展前景，对这一创新型的环境管理工具表现出了浓厚的兴趣。综观国外近年来关于生态补偿的研究文献，其研究进展和成果可以大致归纳如下。

关于生态服务价值的研究。一些学者认为，生态补偿机制的关键就是"捕捉"生态服务的价值。生态服务作为自然环境对人类提供的福祉有不同的表现形式：有的为人所知，如食物、燃料的供给；有的则不为人熟悉，如气候的调节、空气和水的净化、洪水的防范和养分的循环等。生态服务的价值通常表现为食物供给、水源清洁、健康的土壤和碳储存。清楚地提示生态服务的价值理念，以及生态损失给生态服务供给带来的潜在的影响，是这一研究的主要任务。（UKNEA，2012；TEEB，2010；Wunder，2005）。

关于生态补偿概念的研究。生态补偿的术语在国外经历了一个不断完善的过程。其间，生态补偿的内涵也从最初的支付土地管理者或所有者费用，以期通过采用行动来提高预期生态服务水平，上升到了一个更正式的表述，即一个自愿的、有条件的，在至少一位卖方和买方之间，就能够确定的环境服务或预期所能产生生态服务的土地利用行为签订的协议。国外研究者认为，有效的生态补偿能够通过激励手段解决市场失灵的问题，因而是一个广泛的、能适应各种以市场为导向的，包括税收、费用、补贴、市场创造等工具在内的正外部性机制。这种机制与传统农业的补贴方式有本质的区别，其对生态服务的补偿也可以理解成：对提供者在满足法律要求的基础服务之上所提供的额外服务的奖励（Greiber，2009；Wunder，2005；Niesten and Rice，2004；Scherr，Khare and White，2004；Hardner and Rice，2002；Ferraro and Kiss，2002）。

关于生态补偿机制适用范围的研究。有研究认为，生态补偿最基本的思想就是生态服务的使用者或受益者对生态服务提供者的补偿。一个有效的生态补偿机制通常具有两个特点：一是生态服务的受益者和提供者之间能就改善的生态服务产生直接支付；二是生态服务的受益者和提供者之间的交易是自愿的，不会受到国家法律或标准的强制驱使。所以，生态补偿这一市场工具的适用是有一定条件的。从现有的生态补偿实践看，多数生态补偿机制都适用于以下五个领域，即农村环境保护、流域保护、碳储存、生物栖息地保存和生物基因勘探等。尽管一些新的领域，如外来物种入侵、泥沙沉积等期待着生态补偿机制的创新运用，但从设计到实践再到最后的效果评价都需要一个较长的过程（Dunn，2011；Greiber，2009；Wunder，2005）。

关于生态补偿机制资金来源和支付途径的研究。由于生态服务具有公共物品或准公共物品的性质，许多生态补偿资金都来源于政府的出资，如在环境管理过程中，政府会出于公共利益的需要，代表公众对一些需要保护的景观和生物多样性区域的土地出资购买私人所有的发展权。但近几年，私人公司或个人出资购买生态服务的情况日益增多，最典型的就是流域下游的水源使用者对上游水源提供者的补偿，因此，国外认为这提供了一种新的融资渠道，如果能更多地发掘私人出资在生态补偿中的潜力，将更多的生态服务纳入市场的运行范畴，那么在供给上实施投资和创新将成为主流，这也成了国外对于生态补偿机制的研究兴趣所在。生态补偿机制的支付途径有两类：一是以输出为基础的支付，二是以输入为基础的支付。以输出为基础的支付通常强调的是结果支付，是基于生态服务的供给产生的支付；而以输入为基础的支付，通常是基于对额外的生态服务和利益供给的支付，主要运用于土地利用和管理，以农村环境补贴为代表（Norgaard，2010；Wunder and Wertz-Kanounnikoff，2009；Dunn，2011；Robertson and Wunder，2005）。

关于生态补偿机制法律框架的研究。研究认为，形成一个新的或完善现有的法律框架对于生态补偿机制的发展具有非常重要的意义。宪法，作为我国的根本法，有必要确认自然或生态服务的价值，为生态补偿的发展创造适宜的环境；生态补偿专门法，虽然有助于吸引政府和公众的注意力，有助于生态补偿作为一种合法政策工具的推广运用，但容易引起立法的破碎化，容易与其他调整不同生态系统的法律如环境法、水法、土地法相冲突，妨碍法律的实施。因此，通过修改现有的专门环境立法，加入有关生态补偿机制的特定条款，是完善生态补偿法律框架更可行的途径，有利于这一工具的推广，也有利于降低立法成本。同时，生态补偿机制的法律完善必须处理好与其他相关法律如农业法、财税法、矿产资源法、规划法等的关系，重新评价或废除不利于生态补偿机制实施的条款，如农业法关于森林产品的条款，财产法关于能源消费的税收优惠和补贴的条款，规划法关于基础设施建设和农村土地利用的条款等，以减少生态补偿机制的实施障碍（Greiber，2009；Zaelke，Stilwell and Young，2005；Zaelke Kaniaru and Kruzikova，2005）。

总体来看，国外关于生态补偿机制的研究成果较为丰富。其特点是：①对环境付费（或对生态系统服务付费）的研究都是基于市场路径，即从生态服务的提供者和受益者"一对一"的视角展开研究，政府购买生态系统服务同样也放在市场机制中加以考察，这与国内以政府补偿模式为主有很大的不同。②政府补偿领域，强调政府出于公共利益的需要，对一些需要保存的景观和生物多样性区域的土地出资购买私人所有的发展权，是基于土地私人所有的制度基础之上，同样与国内有很大的不同。③对生态补偿的研究源于生态系统服务功能的价值等理论基础之上，对生态补偿概念，生态补偿机制的适用范围、资金来源、支付途径、机制设计等基础理论问题展开了全面研究，研究的成果值得借鉴。④对生态补偿机制法律框架的研究，大多主张以分散立法的模式对生态补偿机制加以保障，这与国内的综合立法趋势又有很大的不同。此外，国外对有关生态补偿的进一步发展所面临的问题正在给予足够的关注，如生态服务的需求问题、生态系统与生态服务的关系问题、体制和监管问题、交易成本的降低问题、捆绑生态服务问题等，也为我国生态补偿机制的研究提供了借鉴。

二、国内学术史梳理和现状述评

国内对生态补偿的研究可追溯到 20 世纪 90 年代，生态学领域较早关注这一问题。数量众多的研究成果大多是从生态学和经济学的角度，集中在生态补偿原理、生态系统服务功能的价值评估、生态环境外部性的解决路径、补偿的标准、补偿模式及制度设计等一般制度原理方面。相对而言，法学对生态补偿的研究起步较晚，缺乏系统性。总体而言，国内的研究成果主要集中在以下几方面。

关于生态补偿概念的研究。不同的学科均对生态补偿的概念进行了探讨。生态学将生态补偿界定为"自然生态补偿"，典型的定义是："生物有机体、种群、群落或者生态系统受到干扰时，所表现出来的缓和干扰、调解自身状态使生存状态得以维持的能力，或者可以看成生态负荷的还原能力"。[1]经济学则从正外部性的"补偿"和负外部性的"收费"两个角度来定义生态补偿。[2]法学对生态补偿概念的研究，有广义和狭义之分，广义的概念包括了"人类的社会经济活动给生态系统和自然资源造成的破坏及对环境造成的污染的补偿、恢复、综合治理等一系列活动"。[3]狭义的概念是："综合考虑生态保护成本、发展机会成本和生态服务价值，采用行政、市场等方式，由生态保护受益者或生态损害加害者通过向生态保护者或受损者以支付金钱、物质或提供其他非物质利益等方式，弥补其成本支出以及其他相关损失的行为。"[4]

关于生态补偿模式的研究。大多数学者主要是从政府补偿和市场补偿两种模式着手，研究生态补偿的方式。在政府补偿模式下，财政转移支付是最主要的补偿方式，此外，还包括专项项目、贷款优惠、税费减免等政策补偿方式。市场补偿的模式，包括"政府支付、一对一交易、市场贸易和生态标记等"。[5]还有学者认为，

［1］　代表性观点参见张成谦.论可更新资源的有偿利用［J］.农业现代化研究，1987（5）：22-24. 王钦敏.建立补偿机制保护生态环境［J］.求是，2004（13）：55-56.

［2］　代表性观点参见毛显强，钟瑜，张胜.生态补偿的理论探讨［J］.中国人口·资源与环境，2002（4）：40-43.李文华，等.我国生态补偿研究中的科学问题［J］.生态学报，2007（10）：4289-4300.

［3］　参见吕忠梅.超越与保守：可持续发展视野下的环境法创新［M］.北京：法律出版社，2003：355.曹明德.森林资源生态效益补偿制度简论［J］.政法论坛，2005（1）：133-138.杜群.生态补偿的法律关系及其发展现状和问题［J］.现代法学，2005（3）：186-191.王清军，蔡守秋.生态补偿机制的法律研究［J］.南京社会科学，2006（7）：73-80.

［4］　汪劲.论生态补偿的概念：以生态补偿条例草案的立法解释为背景［J］.中国地质大学学报（社会科学版），2014（1）：1-8.

［5］　王金南，庄国泰.生态补偿机制与政策设计［M］.北京：中国环境科学出版社，2006：86.

生态补偿应当包括"政府补偿、社会补偿、国际合作和生态移民四种形式"。

关于生态补偿标准的研究。生态补偿的标准是否合理，决定着生态补偿各方利益主体的权利义务配置是否平衡，也决定着生态补偿制度的实施效果。研究认为，生态补偿的标准主要有两种：一种是以生态保护者付出的直接费用支持和机会成本作为补偿标准，即机会成本法；另一种是以生态保护所带来的生态系统服务功能价值的评估作为补偿标准，即生态系统服务功能价值评估法。前者是从保护者付出的角度衡量的，属于受偿方标准，后者是从受益者受益的角度衡量的，属于受益者标准。[1]理论界的一般观点是，补偿标准应当以生态保护者的机会成本作为最低补偿标准，同时加强对生态系统服务功能价值评估的研究，适当考虑生态系统服务功能价值因素，在两者之间确定一个合理的标准。

关于生态补偿法律制度保障的研究。这一领域的研究大致包括两方面。一方面，是从整体上对生态补偿法律制度的法律建设进行研究。李爱年的《生态效益补偿法律制度研究》、张锋的《生态补偿法律保障机制研究》以专著的形式，对我国生态补偿制度建设进行了系统研究，对生态补偿的制度要素进行了较为深入的阐述，并提出了完善我国生态补偿立法的思路。[2]另一方面，不少学者对生态补偿法律制度某一方面的内容展开研究，或者对某一环境要素有生态补偿的法律保护展开探讨，如森林生态补偿的法律保护、流域生态补偿的法律保障、水土保持生态补偿的法律保障、矿产资源生态补偿的法律保障等。也有学者对国外生态补偿与自然损害赔偿的法制经验进行了比较

---

[1] 李晓光，等.生态补偿标准确定的主要方法及其应用[J].生态学报，2009（8）：4431-4440.李文华，刘某承.关于中国生态补偿机制建设的几点思考[J].资源科学，2010（5）：791-796.欧阳志云，等.建立我国生态补偿机制的思路与措施[J].生态学报，2013（3）：686-692.
[2] 代表性的著作：李爱年.生态效益补偿法律制度研究[M].北京：中国法制出版社，2008.张锋.生态补偿法律保障机制研究[M].北京：中国环境科学出版社，2010.

研究。[1]

总体来说，国内对生态补偿法律制度的研究尚处于探索阶段。已有的研究大多是从生态学和经济学的角度，对生态补偿运行机制进行研究。从法学角度研究生态补偿制度建设的成果数量少且缺乏系统性，明显滞后于生态保护实践的需要，主要体现在以下几方面。第一，在研究内容上，对生态补偿的一般性法理分析，如法律概念界定、法律关系分析、立法建议、国外经验的注解等研究较多；对补偿的标准、模式和运作机制的研究基本局限于生态学、经济学的单一范畴，缺乏从法学视角对生态补偿内部规范的深层次研究。从实证角度针对西部生态脆弱区生态补偿政策、法律制度的体系化研究成果很少。第二，在研究视角上，较多对国外的成熟理论进行"移植"，在如何充分考虑我国的"本土适应性"等方面的研究有待深化；很少从法学的视角对我国生态补偿的实践进行绩效评估与实证研究。第三，在研究方法上，不同学科的研究者往往从各自的研究进路出发，运用单一学科研究方法"各自表述"，综合运用多种方法进行的系统研究不足。

第三节　本书的研究进路和方法

本课题立足于西部实践，以"生态补偿政策法律制度建设"为研究对象，其基本的理论预设是：生态补偿制度涵盖面广、辐射性强、影响力大，应当成为我国环境保护的基本法律制度。从实践层面考察，生态补偿在中国长期以来被作为一项政策工具，虽历经数十年实践，并初步建立起生态补偿的政策、法律体系，但有关生态补偿的政策、法律呈现"碎片化"，缺少内在的协调机制，缺少国家层面的综合性、

[1]　代表性的论文：曹明德．森林资源生态效益补偿制度简论［J］．政法论坛，2005（1）：133-138．杜群．我国水土保持生态补偿法律制度框架的立法探讨［J］．法学评论，2010（2）：109-116．钱水苗，王怀章．论流域生态补偿的制度构建——从社会公正的视角［J］．中国地质大学学报（社会科学版），2005（5）：80-84．王树义，刘静．美国自然资源损害赔偿制度探析［J］．法学评论，2009（1）：71-79．黄锡生．矿产资源生态补偿制度探究［J］．现代法学，2006（6）：122-127．曹明德．矿产资源生态补偿法律制度之探究［J］．法商研究，2007（2）：17-24．

专门性生态补偿立法；生态补偿由政府不同的行业主管部门主导，各自为政，各个领域的生态补偿实践呈现出不平衡的状态。在理论层面，法学界对生态补偿的研究过多地借用了生态学、经济学、公共管理学的研究成果和方法，路径依赖严重，规范分析不足。由于实践推进和理论准备的不足，作为一项法律层面的"规范制度建构"，生态补偿制度仍处于探索发展阶段，存在诸多不完善之处，远未成为环境保护法体系中的成熟制度。

针对这一现状，本课题从规范法学的视角出发，以法律制度生成的基本要素，即"确定性——有明确的权利义务主体、权利义务内容、行为方式和程序要求等；可行性——可在实践中运行并诞生效果；可预测性——行为人可根据法律预测行为后果和法律责任；可救济性——权利人的权利受到侵害时有具体的法律救济措施"[1]为主线，以西部生态脆弱地区生态补偿实践的典型样态为例证，运用多种研究方法，对生态补偿制度的法理基础、制度逻辑要素、制度实施效果、制度构建进行体系化研究。

一、研究进路与主要内容

本课题在对与学界相关的已有研究成果进行批判分析、消化吸收的基础上，结合我国西部生态脆弱区生态补偿的实践，重点围绕生态补偿的"理论分析框架""政策实践探索"和"法律制度构建"等问题进行深入的理论探讨与论证，以期对生态补偿这一正在成长中的环境保护法律制度的构建和完善提供理论支持。

"理论分析框架"主要从学理层面，通过对不同学科视域下生态补偿概念的梳理、辨析，分析生态补偿的多维度学科理论基础，从中汲取营养，最后从法学概念固有的规范性、严谨性、明确性要求出发，对生态补偿的概念、类型进行规范法学意义上的界定。运用系统论的

---

[1]　李挚萍.环境法的新发展：管制与民主之互动［M］.北京：人民法院出版社，2006：317.

分析方法，对生态补偿制度体系，包括生态补偿政策体系和法律体系的不同产生机理、结构耦合、协调互补等进行理论分析，进而以规范分析的方法，对生态补偿法律关系的主客体、各方主体的权利义务配置、补偿标准、补偿模式等展开全方位的分析，以期从应然性上为生态补偿制度建构一个基本的理论框架。

"政策实践探索"从三方面对生态补偿的实践运行效果进行实然性探讨。一是对现有生态补偿政策体系、法律体系进行全面梳理，从中发现制度建设存在的不足。二是以西部生态脆弱地区生态补偿实践的典型样态为例证，对森林、草原、流域、重点生态功能区、矿产资源开发等领域的生态补偿实践进行全面考察，从鲜活的实践中发现制度运行中存在的问题。三是对域外相关国家和地区的生态补偿实践进行简略考察，从功能结构主义角度，考察其制度建设及实践绩效给我们的经验借鉴和启示。在此基础上，提出完善我国生态补偿政策法律制度的建议。

"法律制度构建"以生态补偿政策法律化、合法化为出发点，探讨了生态补偿政策体系与法律体系的协同，重点研究了推进生态补偿监督管理体制的思路、实现生态补偿综合立法与分散立法模式的协调等问题。最后，综合本课题的研究成果，提出《中华人民共和国生态保护补偿条例（草案）》课题组建议稿，作为学术研究的一家之言，供立法机关参考。

二、研究方法

依据本课题设定的研究目标，针对现有理论研究的不足，根据研究的实际需要，本课题综合运用了以下研究方法。

第一，规范分析方法。

规范分析被视为法学独有的研究方法。[1]通常认为，规范分析

---

[1] 谢晖.论规范分析方法［J］.中国法学，2009（2）：36-44.

是受自然科学影响而产生的一种实证主义或社会科学方法，这一分析方法将法律命题中的价值问题和事实问题分离开来，坚持"分离命题"。它以法律规范为前提，将模糊含混甚至冲突的法律命题和法律概念进行逻辑语义梳理，使其清晰化、体系化。[1]规范分析一般只描述和分析法律规范而不考虑道德规范和社会规范。我国环境法学研究中的规范分析尚处于相当落后的境地。比如，环境权利中的泛道德化色彩、制度设计中的自然主义倾向、理论研究中的过度路径依赖、法律和政策的杂糅等现象，很大程度上是对环境法学理论研究缺乏规范分析、缺乏法学意义上的规范建构。梳理法学界关于生态补偿的已有研究成果，不难看到这样的景象：大多数研究成果直接将生态学、经济学的方法作为基础工具，概念界定和制度要素疏离法的本质，缺少法律制度应有的规范性，不能很好地指导制度建设和立法推进。基于此种认识，本课题运用规范法学分析的方法，对生态补偿制度逻辑要素进行类型化分析。

第二，系统论分析方法。

生态补偿制度关涉人与人、人与社会、人与自然关系的多重维度，涉及错综复杂的利益关系，其中的发展任务、经济目标、公共环境利益诉求构成了相互掣肘的利益相关者的互动关系。作为法律系统中一项独立运行的制度，生态补偿制度应当具备法律制度的基本要素和内容；同时，生态补偿制度要顺应自然生态规律，要受经济运行规律、国家政策目标、社会发展水平等因素的制约和影响。因此，以系统论方法分析生态补偿的"系统／环境"内外部二元互动关系，有助于科学把握生态补偿制度的本质和制度完善的路径。系统论的分析方法为生态补偿制度的理论框架提供了一种社会学导引。从"自我指涉"的角度进行规范分析，作为一项法律制度或正式规则系统，生态补偿制度应当具备法律制度的基本要素。从"外部指涉"的角度进行开放

---

[1]　谈萧.规范法学的方法构成及适用范围［J］.法律科学（西北政法大学学报），2012（4）：38-43.

认知，应当对影响和制约生态补偿制度的各种外部因素进行全面考察、分析，通过内外部双重视角的"全景观察"，进而构建更为科学的、符合事物发展规律的生态补偿制度体系。

第三，法经济学分析方法。

在运用规范分析方法、法社会学的系统论分析方法的同时，还需要综合运用法经济学分析方法。外部性理论、环境公共物品理论、生态资本理论等阐明了生态补偿的经济学原理，特别重要的是，指明了生态补偿的经济协调路径。因此，法经济学的分析方法在生态补偿制度研究中不可或缺。本课题将运用成本—效益分析、环境外部性行为的内部化、环境公共物品过度使用制度规制等理论和方法，对生态补偿的制度构建、生态补偿的实践运行效果进行法经济学分析。

第四，文献分析和实证分析相结合的方法。

借助文献分析，对生态学、经济学、法学等不同学科关于生态补偿的理论研究成果进行梳理、辨析，从生态补偿的多学科理论基础和研究方法中吸取养分、归纳问题、探明方向。同时，对西部生态脆弱地区的森林、草原、流域、重点生态功能区、矿产资源开发等领域的生态补偿的"实践样态"进行实证考察，运用实证分析方法，在"活的"社会实践中研究生态补偿的运行效果，为制度完善提供有证明力的现实素材。

第一章 生态补偿的含义解析与理论基础

　　从学术史的角度，"生态补偿"是一个被自然科学、社会科学领域共同关注的问题。我们知道，科学是认识世界的实践方法，是将各种知识通过细化分类研究，进而形成相对独立的知识体系的主、客观规律相融合的过程。在科学的分化演进过程中，对应着自然界、人类社会、认识活动和思维活动四大领域，形成了自然科学、社会科学、认识科学和思维科学四种基本类型。每一领域之下又分化出若干具体的学科门类，不同学科之间既分工细化，形成各自不同的知识体系和方法体系，又相互借鉴、交叉融合，以各自不同的视角、话语和方法，对某一问题或现象进行共同研究和探讨，体现出"在分化中融合，在融合中分化"的特点。本课题研究的生态补偿问题，无论从历时性还是共时性的角度，都关涉分化融合中的多元学科知识体系。具体来说，生态补偿的学术研究，最早发端于环境科学、生态学等自然科学领域，后来逐渐进入经济学、管理学、公共政策学、法学等社会科学领域，成为一个多学科交叉的研究课题。因此，对生态补偿的研究，应当遵从系统论的方法，以多学科的视角，对生态补偿的自然科学原理、社会科学原理进行全面认知，从整体关联、功能结构的视角出发，对生态补偿各要素之间、整体与部分之间、内部规范与外部环境之间的关系进行全面考察，进而为构建科学的生态补偿政策、法律体系奠定符合科学规律的理论基础。

第一节　生态学视野中的生态补偿

生态学是研究生物有机体与环境之间相互关系的学科，[1] 是自然科学的分支。生态学重点关注生态系统内部自然规律的演替，关注生态系统各要素之间的相互关系。以此为出发点，通过规制人类的生产和消费活动，使人的行为合乎自然规律并趋于理性化。基于生态学原理对生态补偿的研究，为生态补偿制度的建立奠定了自然科学基础。因此，研究生态补偿制度，应当以生态学领域对生态补偿的含义及其基础理论的认知为起点。

一、"生态补偿"概念的生态学含义

生态（Eco-）一词源于古希腊文 οικος，原意是指"栖息地"或"住所"。1866 年，德国生物学家 E. 海克尔首次把研究动植物及其与环境之间、动物与植物之间及其对生态系统的影响的学科命名为"生态学"，由此开启了生态学研究的先河。在生态学的视野中，"生态"是指一切生物的生存状态，以及生物有机体之间、生物与其赖以生存的环境之间的相互关系。生物得以生存，是基于相互之间的有机联系，以及生物和外界环境存在的复杂的有规律的联系。因此，生态是一种客观存在的关系性、整体性概念，而不仅仅是单一"环境"要素。生态学理论重点研究生态系统内部运行变化的自然规律，从而规制人类的生产、生活、消费等利用自然的活动，使人的行为合乎自然规律。在"生态"这一整体、互动的系统中，如果某种生态因子因外在因素的干预而受到破坏，将会导致生态系统的服务功能下降、生态系统的动态平衡被打破。对这种被破坏的生态因子进行某种"补偿"，以恢

---

[1]　生态学（ecology）是德国生物学家 E. 海克尔（E. Haeckel）于 1866 年创立的，他把生态学定义为研究有机体及其环境之间相互关系的科学。他指出，"我们可以把生态学理解为关于有机体与周围外部世界的关系的一般学科，外部世界是广义的生存条件"。当代生态学认为，人类与其赖以生存发展的地球生物圈共同形成人类生态系统。参见 [德] 海克尔. 有机体普通形态学 [M]. 转引自余谋昌. 生态学哲学 [M]. 昆明：云南人民出版社，1991：12.

复其原有功能，促进生态系统的良性循环，构成了生态学关注生态补偿制度的动因。

生态学对生态补偿的认识，是从生态系统的整体性出发，强调生态系统的自我恢复和人为修复，常用"自然生态补偿"来表述。梳理生态学领域对生态补偿概念的认识，有如下代表性观点。

自然补偿论。强调自然生态系统的自我调节、自我修复和自我还原能力，缓冲适应外界干预和压力。并在 1991 年出版的《环境科学大辞典》中，以"自然生态补偿（natural ecological compensation）"的概念予以确认：生物有机体、种群、群落或者生态系统受到干扰时，所表现出来的缓和干扰、调解自身状态使生存状态得以维持的能力，或者可以看作生态负荷的还原能力。

人地补偿论。强调通过人为的干预，"补偿"受损的生态系统，维持生态系统平衡。生态补偿就是从利用资源所得到的经济收益中提取一部分资金并以物质或能量的方式归还生态系统，以维持生态系统的物质、能量、输入、输出的动态平衡。[1]生态补偿，是指人类对受其污染和破坏的生态环境和自然资源，进行减少、治理污染和破坏，使其恢复、维持自净能力、生长能力等生态功能的活动。[2]

人际补偿论。侧重从对人的补偿和对生态环境的补偿两方面对生态补偿进行界定。生态补偿，表现为对从事恢复、维持生态功能活动的单位和个人的补偿，即在形式上表现为对人的补偿，主要是人与人的关系；但其根本目标是人对环境的补血、补能、补功，即人类对环境的补偿，主要是人类与环境的关系。[3]

可见，在生态学的视野中，生态补偿的原初含义，是立足于生态系统的动态平衡或恢复生态系统的生态功能，以人为干预和自我还原的方式，恢复因受人为因素或自然影响而受到干扰的生态功能。前述

[1]　张诚谦.论可更新资源的有偿利用［J］.农业现代化研究，1987（5）：22-24.
[2]　毛显强，等.生态补偿的理论探讨［J］.中国人口·资源与环境，2002（4）：40-43.
[3]　王钦敏.建立补偿机制 保护生态环境［J］.求是，2004（13）：55-56.

定义虽然在侧重点上有所差别，但体现了以下基本要素。第一，生态补偿的前提，是某一生态因子（生物有机体、种群、群落）或生态系统功能受到外部干扰，导致原有的生态功能下降、生态系统失衡。这种来自外部的干扰，可以是自然进程的因素，也可以是人为干预的因素。第二，生态补偿的方式，可以是受到干预破坏的生态因子、生态系统通过自我调节、自我修复而恢复原有功能，也可以是通过人为的补偿措施，给生态系统补充物质和能量，从而恢复甚至改善生态系统的功能。第三，生态补偿的目的，是维持生态系统的物质、能量、输入、输出的动态平衡，保持生态系统的服务功能。第四，生态补偿关系中，既包含了对人的补偿，也包含了对生态环境的补偿；既体现了人与人的关系，也体现了人与环境的关系。

上述观点中，"自然补偿论"把生态补偿界定为自然生态系统的自我调节、自我修复和自我还原的能力，缓冲适应外界的干预和压力。这一观点反映了自然运行规律，即自然生态系统通过复杂的能量交流和物质循环实现对受损的生态系统的自我修复和还原。一个正常的、成熟的生态系统，其系统内各要素的构成及其相互关系总是处于一种相对稳定的平衡状态，因环境的某种外力作用可以打破这种稳定和平衡的状态。生态系统失衡后，在自然规律的作用下，在一定的限度内可以实现自我纠正。比如，自然环境自身具有一定的自我净化能力，因自然或人为原因造成的环境污染，如果没有超过环境容纳污染物的容量上限，环境自身可以吸收、分解、消化污染物，而不致破坏原有的生态平衡；生态链条中的某一环节因外力作用而出现断裂，生态系统经过自我调节会演化出相应的替代机制，用以弥补链条断裂对生态系统整体的影响，从而恢复生态系统的平衡状态。自然补偿论揭示了生态补偿的自然生态规律，从作为社会系统子系统的"法律系统"的角度审视，其意义在于：提醒有关生态补偿的立法应当符合自然生态规律。虽然，自然规律不属于社会关系的范畴，且不以人的意志为转移，环境立法并不能对生态规律做出直接规制，即无法要求自然生态系统为何种行为、不为何种行为，但环境立法应当顺应自然生态规律，否则将引致自然生态系统的失衡或崩溃。

"人地补偿论"把生态补偿界定为通过人类活动对受损的生态系统功能的补偿。补偿的手段，是尽可能减少对环境污染的破坏行为，保证生态系统的服务功能不再下降；或者通过积极的生态保护和生态建设活动，增进生态系统服务功能。这一观点意味着，一切对生态环境与自然资源进行保护、改善、治理、恢复和建设的行为，包括环境污染和公害防治、自然资源保护、生态保护和建设的相关制度都可以纳入生态补偿的范畴，因为这些活动都可以对生态系统的服务功能形成某种补偿。"人地补偿论"的意义在于：揭示了生态补偿制度的最终目的，是对受损的生态系统进行功能补偿。但人地补偿论把补偿的目的和手段相提并论，对生态补偿做出宽泛的界定，把一切对生态系统进行功能补偿的措施都纳入生态补偿的范围，造成生态补偿概念外延过大，涵摄了生态环境保护的其他制度，从而沦为"大箩筐"式的集成概念，使生态补偿制度的独立性无从体现。

"人际补偿论"把生态补偿定位为人与人之间的利益补偿关系，通过人际补偿达到生态环境保护的目的。这一观点从生态补偿调整的环境社会关系入手，认为生态补偿是生态受益者对从事恢复、维持生态功能活动的单位和个人的补偿。传统法学理论认为，法律是调整人与人之间社会关系的规范，环境法是调整人与人之间形成的环境社会关系的规范。环境社会关系大致包括因环境污染和公害防治而形成的社会关系、因开发利用和保护环境与自然资源而形成的社会关系。在生态危机时代，环境社会关系被赋予了特殊的时代含义，加快对环境社会关系的法律调整尤为迫切。但无论怎样特殊，环境社会关系都是以环境与自然资源客体为纽带而连接起来的人与人之间的关系，环境法只能通过调整人与人之间的关系以间接达到调整人与自然关系的目的，而不能直接调整人与环境之间的关系。[1]因此，人际补偿论立足于生态补偿所调整的特定环境社会关系，把补偿的主体限定在生态保护者和生态受益者之间，与法学概念的基本要素相吻合。

二、生态补偿的生态学原理

（一）生态平衡与生态补偿

生态平衡是以生态系统整体的稳定和良性循环为前提才得以实现的。生态系统作为对人类和自然界万物均具有重要价值的存在，是一个不可或缺的统一体。所谓生态系统，是指在一定的时间和空间范围内，通过物质循环、能量流动等方式对各种生物成分和非生物成分组成要素之间产生相互作用、相互影响、相互依存关系的整体性系统。生态系统是一个动态的系统，处在一个不断发展，不断更新的过程之中。但在一定的时空之内，生态系统整体之间也相对稳定。也正是如此，才能更好地确保各种物质和能量之间的相互转换、相互作用。生态学学者认为，任何一个生态系统都是由生物群落和物理环境两大部分组成。对于前者而言，按照其在生态系统中的作用不同，可以将其分为三大类群：生产者、消费者和分解者，在生态系统中分别由不同的生物充当这三者，从而形成一个网状的"生物链"。对于后者而言，根据要素的多样性，包括水、空气、阳光、土壤等提供生物生存所必需的外部环境。它们除了给生物提供必要的能量和物质外，还是各种生命活动必要的介质。生态系统的功能主要表现为生物生产、能量流动、物质循环和信息传递。生态系统在热力学定律的作用下进行

---

[1] 虽然，缘起于后现代主义的思想启蒙，一些学者借助环境伦理学、生态哲学，提出"生态中心主义法律观""主客体一体化范式"，认为环境法既可以调整人与人之间的社会关系，也可以调整人与自然之间的"非社会关系"。比如，通过赋予动物甚至自然体某种法律上的主体资格，设定其相应的权利保护机制，进而达到调整人与自然关系的目的。这种在观念导向上颇具超前色彩的理论，为揭示环境法律制度背后所隐含的理念提供了思想启蒙，具有价值判断上的正当性，但很难撼动传统法理学关于法律关系是人与人之间社会关系的主流认识，也无法转换为实践层面可供操作的具体制度。

能量流动，[1]通过生物圈的碳循环、氮循环、硫循环、磷循环等实现物质循环。根据自然科学的物质守恒定律和能量守恒定律，自然界中的物质和能量既不会凭空产生，也不会凭空消灭，它们在不断地相互促进、相互影响之中。它们中存在的大大小小的生态系统最终会处于一个相对平衡的和谐状态。根据自然进化原理，自然界是按照"丛林法则"的原则进行优胜劣汰、适者生存的竞争，这就使得自然界中的物种竞争（包括种际竞争和种内竞争）尤为激烈，只有物种之间的佼佼者才有生存下来的机会。大自然所赋予的物种多样性使得每一种生物都可以在自然界中找到适合自己的生态位而得以生存下来并相互依存。对于任何一个良性的生态系统而言，其能量和物质的输出与输入最终都会趋于平衡，系统内的生产者、消费者和分解者其本身及其相互之间都处于一种相对稳定的动态平衡状态，物种的种群、数量、结构和功能亦处于相对稳定的状态，这就是生态学意义上的生态平衡。在自然规律的作用之下，一个生态系统如果不受外力干扰，其总会朝着物种多样化、结构复杂化、功能完善化的方向发展和演进。

自然界中的生态系统在长期的发展和演进中形成了一个相对平衡稳定的系统，虽然精巧，但却极其脆弱，并且非常容易受到外力的影响和破坏。无论是来自外部抑或是来自内部的干扰因素都有可能导致这种平衡被打破。一般而言，处于平衡的生态系统具有两个主要的功能：一是自我调节功能。只要生态系统中出现的干扰因素没有超出系统内部的自我调节能力，生态系统自身所具有的缓冲区可以自动将其调节至平衡状态。二是自我修复能力。只要在物质循环和能量流动的过程中，干扰因素没有完全阻断或者破坏生态系统自身，系统就会通过自身的修复功能达至平衡状态。但是生态系统的这两种功能也具有一定的范围，如果生态系统中出现的干扰因素超出了系统自身的调节

---

[1] 生态系统中的能量流动是按照热力学定律进行的。根据热力学第一定律，能量可以从一种形式转化为另一种形式，在转化的过程中能量既不会消失也不会增加，这就是能量守恒定律。根据热力学第二定律，能量流动总是从集中到分散，从高能量向低能量的方向传递。在传递的过程中总会有一部分能量成为无用能被释放出去。

能力和自我修复能力，生态系统就会发生不可逆转的生态失衡，从而引发生态与环境问题。造成生态环境问题的原因有自然也有人为。在环境科学上，因自然原因引发的生态环境问题被人们称作原生环境问题（第一性的环境问题），因人为原因引发的生态环境问题被人们称作次生环境问题（第二性的环境问题）。现代社会特别是工业革命以来，大多数的环境问题都是次生环境问题。出现这一结果的主要原因就是人类以一种征服者的姿态对自然界过度地开发利用。作为应对环境问题正式制度的环境法，一方面要合理地规制人类对自然的过度摄取，限制人类超出环境容量的废弃物排放，从而保证生态系统不因人为原因导致失衡；另一方面要对已经遭受破坏的生态系统进行修复和治理，使得遭到破坏的生态系统达至平衡状态。大自然的运行有其自身的客观规律，这种客观规律是不以人类的意志为转移的。生态学家对生态规律进行过总结和提炼，例如，我国生态学家马世骏提出生态学五规律：互生规律、共生规律、再生规律、协同进化规律、平衡规律；[1]陈昌笃提出生态学六规律：物物相关律、相生相克律、能流物复律、负载定额律、协调稳定律、时空有宜律。[2]

　　上述的生态规律表明，生态系统的良性运行与人类活动息息相关，不合理的开发利用必定会造成生态系统的失衡和生态利益的减损。环境法作为维护生态利益的重要法律制度，有必要通过制度设计，明确不同主体之间的权利义务关系，通过对不同主体之间进行环境利益的分配和协调来达到保护生态系统平衡的目的。生态补偿制度是实现这

---

　　[1]　互生规律是指自然界中的各种物种和种群相互制约、相互依赖；共生规律是指生态系统的各组成部分相互补偿和相互协调共生；再生规律是指物质循环转化；协同进化规律是指物种和种群在相互适应与选择中协同进化；平衡规律是指生态系统中的物质输出和输入要达到平衡状态。

　　[2]　物物相关律，即自然界中各种事物之间有着相互联系、相互制约、相互依存的关系，改变其中的一个事物，必然会对其他事物产生直接或间接的影响。相生相克律，指在生态系统中，每一生物物种都占据一定的位置，具有特定的作用，它们相互依赖、彼此制约、协同进化。能流物复律，指在生态系统中，能量在不断地流动，物质在不停地循环。负载定额律，即任何生态系统都有一个大致的负载能力上限，超过这一能力上限，生态系统将因不能自我恢复而被破坏。协调稳定律，即只有在结构和功能相对协调时生态系统才是稳定的。为了使生态系统的结构和功能保持协调状态，必须保持生物物种的多样化，尽量减少外来干扰；同时鼓励人们去创造结构和功能相对协调、生物生产能力高的人工生态系统。时空有宜律，即每一个地方都有其特定的自然和社会经济条件组合，构成独特的区域生态系统。在开发利用某特定地区的生态系统时，必须充分考虑它的特性。参见国务院环境保护委员会 1987 年颁布的《中国自然保护纲要》。

一目标的重要制度安排。

（二）生态系统服务功能价值与生态补偿

生态系统为人类社会的存在和发展提供了必要的支持，这种支持通过两方面来体现："产品"和"服务"。前者具有实物性特征，是指实物、木材、工业原料等具有非公共性质的产品，可以在市场上进行交易；后者不具有实物性特征，是指气候调节、涵养水源、保护生物多样性等功能性的服务，并且无法在市场上进行交易。与"生态系统产品"相比，"生态系统服务（ecosystem services）"这一概念是近代在生态学和生态经济学基础上逐渐发展起来的。

生态系统服务是指生态系统提供给人类的各种资源和利益，这是对生态系统服务最为简洁的定义。国内外学者对生态系统服务的功能分类提出了不同的观点。本书对生态系统服务功能拟采用联合国"千年生态系统评估"项目的分类。2003 年，联合国"千年生态评估国际合作项目"将生态系统的服务功能分为以下四类：供给服务功能；文化服务功能；调节服务功能；支持服务功能。[1]

一直以来，人类赖以生存的自然资源和生态系统被认为是没有价值的，是可以"取之不尽，用之不竭"的，人类免费地享受自然资源和生态系统所提供的服务被认为是天经地义的事，从而忽视了生态系统的价值。根据马克思主义经济学的原理，只有凝结了人类劳动的产品才具有价值，反之则没有价值。正是基于这一传统价值观理论，在这种观点的引导下产生环境问题是逻辑的必然。自工业革命以来，环境问题的频发倒逼人们开始对生态价值进行思考，人们逐渐认识到，生态系统所提供的生态"产品"和生态系统"服务"，并非是"取之不尽，用之不竭"的。自然资源的有限性和稀缺性，生态系统"服务"丧失后的难恢复性都使得人们重新审视自己的立场。因此，不仅自然

---

[1] 联合国千年生态系统评估项目组.生态系统与人类福祉：评估框架［M］.张永民，译.北京：中国环境科学出版社，2007：58.

资源具有价值，生态系统的服务功能也具有一定的价值。[1] 就生态系统的"服务"价值与自然资源的价值而言，其主要包括以下几方面：第一，经济价值。自然资源本身具有经济价值，人们通过对自然界中各种自然的利用从而获取其经济价值，提高人们生活水平和经济发展的程度。第二，生态价值。其主要体现在三方面。首先是生存保障价值。无论是自然资源还是生态系统，都是人类生存所必不可少的。如果缺少自然资源，人类可能会面临无"米"下锅的困境，若是没有生态系统功能的发挥，人类可能会既无"米"下锅，又无"锅"做饭。生态系统的平衡保障着人类的生存，一旦生态系统崩溃，则必然威胁到人类的生存。其次是生态享受和审美价值。与地球上的其他生物不同，人类的发展不仅包含物质层面，而且还包含精神层面。人类对良好、健康、舒适的环境有着天然的向往。人的需求从低到高可以分为：生存需求、发展需求和享受需求，对舒适、优美环境的需求是人全面发展的必然要求。再次是环境容量价值。环境和生态系统自身有一种自我净化的能力，对于人类生产和生活所造成的污染，如果在环境的自我净化能力范围之内，一般不会影响生态系统平衡。但是如果人类的污染超过了环境容量，则会造成对人类健康的危害，这就使得人类必须对环境进行治理。在治理和修复环境中投入的大量人力、物力和财力正是环境容量价值的体现。

在我国，长期以来在理念上对环境资源与生态系统服务功能的生态价值认识不足，在实践中过分追求经济价值而对环境容量价值、生态价值考虑较少，大量的不可持续的开发利用行为一方面"超额"实现了对自然资源经济价值的追求，另一方面造成了环境容量价值和生态价值的"亏损"。

---

[1] 1967年，美国经济学家克鲁蒂拉在《美国经济评论》上发表《自然保护的再认识》一文，提出了"舒适性资源的经济价值"理论。他认为，与传统经济学中可耗竭的矿产资源（例如石油、煤炭、矿石等，又称为"开采型资源"）一样，一些稀有的生物物种、珍奇的景观、重要的生态系统，也能提供效用，具有价值，这类资源可称为"舒适性资源"。保护舒适性资源，或者把这类资源的利用程度严格控制在可再生的范围内是十分必要的。参见 Anthony C. Fisher, John V. Krutilla., "Economics of Nature Preservation". In: A. V. Kneese and J. L. Sweeney (edited), *Handbook of Nature Resource and Energy Economics*, Vol. I, Published by Elsevier Science Publishers B. V, 1985, pp.165-189.

三、廓清生态补偿的生态学原理的意义

第一，揭示了生态补偿政策、法律应当遵循的自然生态规律。

自然生态系统是按照一定的生态学规律运行的，这种规律不以人的意志为转移。如生态系统的能流规律、物流规律，生态系统的负载定额规律、物物相关规律，生态系统平衡规律等。人类一切活动都必须顺应和遵从这些规律，否则，违背生态规律必将导致生态系统失衡、生态环境破坏。环境政策、法律无法规制和调整生态规律，而只能顺应自然生态规律，否则就无法达到保护环境的目的。生态补偿制度就是适应生态规律的重要制度，它通过协调生态保护者和生态受益者之间的利益关系，最终实现对生态系统服务功能的某种程度的填补。因此，生态学理论对生态补偿制度建设的意义在于：指明了生态补偿制度应当遵循的自然生态规律；揭示了生态补偿的目标在于，通过协调、平衡人与人之间的利益关系，最终达到保护和改善生态环境的目的，实现人与自然关系的和谐发展。

第二，为生态补偿标准的确定提供了科学依据。

在生态补偿标准的确定中，经济学贡献的方法是机会成本法，即根据生态保护者为保护和改善生态环境所投入的直接成本和丧失的机会成本来计算，是从"投入"的角度着眼的。机会成本法具有操作性强的特点，但缺点是只能对生态保护者提供最低限度的补偿，无法发挥制度的激励作用。生态学所贡献的生态系统服务功能评估法，则是从"产出"的角度着眼的，即仅衡量生态保护者从事生态环境保护和建设带来的生态系统服务功能的增加，不衡量应当对其进行补偿的标准和额度。依靠生态系统服务评估法来确定生态补偿的标准，虽然在操作上需要依赖科学的评估方法，但可以为生态保护者提供充分的补偿，有利于调动生态环境保护者的积极性。以生态保护者付出的机会成本为最低补偿标准，产生的生态系统服务价值功能为最高标准，综合经济社会发展水平等因素，在两者的界限内选取一个适当的补偿标

准，已经成为理论界的共识。

第三，为生态环境破坏造成的生态环境损害的衡量提供了科学方法。

环境资源与生态系统既有经济价值，又有生态价值。经济价值是可以根据市场规律衡量的，而生态价值不容易做出评估。因此，长期以来，生态环境破坏造成的生态环境损害缺乏科学的计量标准。生态系统服务价值评估方法，包括能值评价法、生态足迹法、替代市场法等方法，为衡量生态损害造成的生态价值的减损程度提供了科学的方法。

第二节 经济学视野中的生态补偿

在中国，长期以来，生态补偿主要是作为一项经济政策来运行的，指导生态补偿实践的主要是国家各个层面的政策规范。生态补偿政策的制定和实施，主要是基于生态补偿的经济学原理。经济学以效率作为价值目标，在对生态补偿机制的探讨中，侧重对人们生态开发与利用、生态维护建设这一社会行为的过程描述，重点围绕效率核心，就环境公共产品的分配和使用、环境外部不经济性的制度应对，以及环境问题的解决做出相应的制度安排。可以说，生态补偿的经济学原理是指导生态补偿政策、法律制度体系的"理论内核"。

一、"生态补偿"概念的经济学含义

（一）20 世纪 90 年代前期：针对负外部性的收费

经济学对生态补偿的研究也经历了一个不断发展演进的过程。关于生态补偿的含义，在 20 世纪 90 年代前期的文献中，生态补偿通常

被用来指"加害者付费"或"污染者付费"。[1]也有学者将其理解
为以保护生态环境为目的的生态补偿收费，即对开发和利用生态环境
资源的生产者和消费者直接征收相关费用，同时用于补偿开发和利用
过程中造成的自然生态环境破坏，恢复自然生态环境。[2]征收生态环
境补偿费或类似的税种，其目标是试图使经济活动的外部不经济性内
部化，也就是要生态环境的破坏者为其行为付出相应的成本代价。[3]

可见，早期对生态补偿概念的内涵界定比较狭窄，仅将其界定为
生态环境补偿收费。从经济学原理分析，生态补偿的实质是针对环境
问题"负外部性"行为内部化的手段，补偿的主体是环境与资源的开
发利用者，补偿的目的是通过增加开发利用者或生态环境破坏者的成
本，减少生态环境损害，从而遏制单纯消耗型开发利用行为，提高资
源利用率，保护生态环境。从实践层面考察，这一时期正是我国生态
环境补偿费征收的试点阶段，对生态补偿概念做上述理解，与试点工
作的开展是相适应的。

（二）20 世纪 90 年代后期：针对正外部性的补偿和针对负外
部性的收费

随着生态建设实践的发展和生态环境保护的需要，20 世纪 90 年
代后期开始，在经济学意义上生态补偿的内涵发生了拓展，由最初单
纯地针对环境资源开发利用者或生态破坏者"负外部性"的生态环境
补偿收费，拓展到对生态环境保护者"正外部性"进行补偿。代表性
的观点有：

从正外部性的"补偿"和负外部性的"收费"两个角度来定义生
态补偿。比如，"生态补偿，是通过对损害（或保护）资源环境的行

---

[1]　杜群，张萌.论我国生态补偿法律政策现状和问题［C］// 王金南，庄国泰.生态补偿机制与政策设计国际研讨会论文集.北京：中国环境科学出版社，2006：62.

[2]　陆新元，汪东青，等.关于我国生态环境补偿收费政策的构想［J］.环境科学研究，1994（1）：61-64.

[3]　章铮.生态环境补偿费若干基本问题［J］.国家环境保护局自然保护司.中国生态环境补偿费的理论与实践［M］.北京：中国环境科学出版社，1995：81-87.

为进行收费（或补偿），提高该行为的成本（或收益），从而激励损害（或保护）行为主体减少（或增加）因其行为带来的外部不经济性（或外部经济性）成本，达到保护环境资源的目的。"[1]

从维护生态系统服务功能的目的定义生态补偿。比如，"生态（效益）补偿是用经济手段激励人们对生态系统服务功能进行维护和保育，解决由于市场机制失灵造成的生态效益的外部性并保持社会发展的公平性，达到保护生态与环境效益的目标。"[2] "生态补偿机制是为改善、维护和恢复生态系统服务功能，调整相关利益者因保护或破坏生态环境活动产生的环境利益与经济利益的分配关系，以内化相关活动产生的外部成本为原则的一种具有经济激励特征的制度。"[3]

以上两种观点视角不同，但都反映了生态补偿的经济学原理，即因保护或破坏生态环境而产生的外部行为的内部化。具体而言包含了两个层面的内容：一是因保护生态环境而产生的正外部性行为，应当由相关的受益方给予补偿；二是因破坏生态环境而产生的负外部性行为，应当由损害者支付相应的费用。生态补偿产生的制度动因，是在环境资源领域存在的市场失灵现象，其本质是通过对相关利益主体的经济刺激，达到维护和保育生态系统服务功能、保护环境资源的目的。

（三）"生态保护补偿"概念在国家政策法律中的反映

在主流的认识中，生态补偿是一种经济激励措施，其核心在于通过经济手段实现环境问题外部成本的内部化。由于产生环境负外部性、正外部性的原理不同，负外部性往往因开发利用或破坏环境资源的行为而产生，其后果是造成生态环境效益的"减损"，内部化的手段一般是"收费"；正外部性则因从事生态保护、生态建设的行为而产生，其结果是生态环境效益的"增益"，内部化手段一般是"补偿"。一

---

［1］ 毛显强，钟瑜，张胜．生态补偿的理论探讨［J］．中国人口·资源与环境，2002（4）：40-43.
［2］ 杨光梅，等．我国生态补偿研究中的科学问题［J］．生态学报，2007（10）：4289-4300.
［3］ 任勇，等．建立生态补偿机制的战略与政策框架［J］．环境科学，2006（19）：18-23.

些学者由此对生态补偿的两类内部化措施加以区分，将前者称为"生态环境补偿费"或"生态损失补偿"，而将后者称为"生态保护补偿"，并将狭义上的生态补偿理解为"生态保护补偿"。

国家相关主管部门注意到生态补偿两类基本形态区分，并在国家有关政策文件中给予体现。比如，2013 年 4 月，国家发展改革委负责人向全国人大常委会所作的《关于生态补偿机制建设工作情况的报告》中，对"生态补偿机制"的定义是："在综合考虑生态保护成本、发展机会成本和生态服务价值的基础上，采取财政转移支付或市场交易等方式，对生态保护者给予合理补偿，是使生态保护经济外部性内部化的公共制度安排。"[1]这一定义虽然用了"生态补偿"的概念，但其实质含义是"生态保护补偿"。2014 年修订的《中华人民共和国环境保护法》（以下简称《环境保护法》）[2]没有采用包含两类形态的"生态补偿"概念，而是确认了"生态保护补偿"。2016 年 5 月，国务院办公厅印发《关于健全生态保护补偿机制的意见》同样没有采用"生态补偿"概念，而是采用"生态保护补偿"概念。可见，我国近期在国家政策和法律体系中采用的是狭义的生态补偿，即"生态保护补偿"的概念。[3]

二、生态补偿的经济学理论基础

（一）外部性理论与生态补偿

外部性理论最早产生于经济学学科，但是将其作为一种工具来解释经济活动与环境问题之间的关系是一个颇具影响力的理论。外部性

---

［1］　徐绍史.国务院关于生态补偿机制建设工作情况的报告［N］.在第十二届全国人民代表大会常务委员会第二次会议上所作的报告，2013-4-23.

［2］　编者注：本书中法律文本首次出现时使用全称，之后均使用简称。

［3］　一些地方政策和立法中则采用广义的生态补偿概念。比如，2016 年 3 月实施的《山东省海洋生态补偿管理办法》第四条规定，海洋生态补偿包括"海洋生态保护补偿"和"海洋生态损失补偿"。这里的"海洋生态损失补偿"即指针对海洋损害产生的负外部性而进行的"抑损性"补偿。

理论最早是由著名经济学家马歇尔在其著作《经济学原则》一书中提出，经过经济学家庇古进一步丰富和发展，成为经济学中一个著名的理论。就"外部性"理论的定义而言，从不同的视角来看，不同的经济学家有不同的观点。归纳起来主要体现为两类：一类从"外部性"产生的主体出发，代表人物有萨缪尔森和诺德豪斯。他们认为，外部性（即所谓的溢出效应）是指"企业或者个人向市场之外的其他人强加的成本或收益。"另一类立足于"外部性"接受的主体，主要代表人物是兰德尔。他认为，外部性是指"当一个行动的某些效益或成本不在决策者考虑范围之内的时候所产生的低效率的现象，也就是某些效益被给予或某些成本被强加给没有参加这一决策的人"。这两类定义虽然立足的角度不同，但实质上是一样的。在实践中大多数经济学家都采用第一种类型的定义。外部性理论可以用来分析现实中经济活动主体对另外一种主体的影响，[1]根据不同的划分标准会有不同的表现形式：按照其影响范围不同可以划分为"生产外部性"和"消费外部性"；按照其影响的效果不同可划分为"负外部性"和"正外部性"。正外部性（即所谓的外部经济）指的是行为主体的行为对他人或者社会产生了增益性结果，而受益者不必付出相应的代价；负外部性（即所谓的外部不经济）指的是行为主体的行为对他人或者社会产生了损害性后果，而行为主体却没有付出相应代价。

正是基于此，产生了经济活动中的不公平。那么，要想实现经济活动的公平，就要实现经济活动中外部性的内部化。对此经济学家给出了两种不同的方案：一种是通过"有形之手"，即政府干预的方式来实现（庇古税）；另一种是通过"无形之手"，即市场调节的方式来实现（科斯定理）。根据前一种方案，在边际社会成本或收益与边际私人成本或收益出现紧张的情况下，仅仅依靠市场的自动调节是无法实现经济活动公平的，因此就需要政府通过产业政策来优化资源

[1]　按照微观经济学理论，外部性理论主要分析"某个微观经济单位（厂商或居民）的经济活动对其他微观经济单位（厂商或居民）所产生的非市场性影响"。

配置，从而使得社会利益最大化。政府干预的原则是：对于边际私人成本比边际社会成本小时，就对相关部门进行征税；若是边际私人收益比边际社会收益小时，就要对相关部门进行必要的补贴，从而对外部性影响进行内部化，实现社会福利最大化。根据后一种方案，在交易成本为零时，通过自我协商的方式，交易双方就可以实现资源的最优配置，从而解决外部性问题。但是在现实的交易中，交易成本不可能为零，交易人数也可能众多，因此就需要明确地界定产权，来尽量降低交易成本。科斯定理说明，政府干预并非解决外部性问题的唯一方式，通过市场调节的方式同样可以解决外部性问题，从而也能实现资源的优化配置。政府要做的是明晰产权并保护产权。

在环境问题中，同样面临着外部性现象。以上两种解决外部性问题的路径对建立生态补偿法律和生态补偿政策都具有一定的现实意义。就生态补偿中的行为而言：一方面，某些生态建设和保护生态的行为增进了社会整体的利益或他人的利益；另一方面，一些开发利用环境资源的行为则会导致社会整体利益或他人利益的减损。比如，实施生态建设工程，行为主体在参与生态建设时投入巨大成本或者做出生态贡献导致自身利益因之而受损，因此需要进行差额补偿。[1] 又比如，在流域上游地区从事生态保护和建设，保护和改善了全流域的，特别是中下游地区的生态安全，而上游地区的民众为此付出了成本或做出了牺牲，应当由受益的下游地区给予合理的补偿。这种补偿，可以是政府补偿，也可以是市场补偿。其本质是生态受益者为环境资源公共产品付费，实现受益者和公共产品的提供者和维护者之间的利益衡平。

（二）公共物品理论与生态补偿

公共物品（即所谓的公共产品或公用产品等）与私人物品这一概念相对应。关于公共物品的定义，经济学家萨缪尔森在其著作《公共

---

[1]　刘燕 . 西部地区生态建设补偿机制及其配套政策研究［M］. 北京：科学出版社，2010：21.

支出的纯理论》一书中有所论述，他认为某种产品或者劳务并非因别人的使用而减少，这种产品或劳务被人们称为公共物品。与公共物品相比较而言，私人物品可以分割且具有稀缺性。公共物品具有如下特征：第一，效益的非分割性（non-divisibility）。即全体社会成员都可以享用公共物品，公共物品的效用面向全体社会成员，并且其不能分割为分属于哪个人或哪一类人。比如，空气、阳光等公共物品，正是由于其不可分割性导致了很难确定其权属。第二，消费的非竞争性（non-rivalness）。即某个人的使用或者某类人的使用并不会导致其他人无法使用这一物品，也就是说不同的主体可以同时对这一类物品进行使用，并且这种使用不会导致这一物品数量上的减少，正是这种物品没有稀缺性，也就导致了其不具有竞争性的特征。第三，受益的非排他性（non-excludability）。即当某一类人或者某个人使用公共物品时，其他人同样可以使用，也就是说，公共物品有公益性的特征。

经济学家将"物品"分为公共物品和私人物品两种最基本的类型。在实践中，既具有非排他性又具有非竞争性的纯公共物品并不常见，生活中大多数的物品均不会同时具备这两个特征。一般而言，会有比较多的"准公共物品"，比如，公有资源和俱乐部物品，如表1-1所示。

表 1-1　物品的外部性分类

	竞争性	非竞争性
排他性	私人物品	俱乐部物品：电影院、图书馆等
非排他性	共有资源：石油、煤炭、生态系统等	纯公共物品：国防、街道、天气预报、新闻等

在环境与资源保护领域内，大多数的环境要素和生态服务系统都具有非竞争性和非排他性的公共物品特征。比如，水、阳光、土壤、空气等以及人为的环境保护公共设施都属于此类物品，最典型的莫过于生态林区、水源涵养区等生态建设产品。公共物品与外部性之间存在着天然的联系，早期的学者总是以"环境"为公共物品的代表来讨

论外部性，但环境资源的"非排他性"和"非竞争性"又是不完全的，在使用中存在"拥挤"现象，表现为"准公共物品"的特性。这一特性，使得生态保护和建设、资源开发和利用过程中容易产生"公有地的悲剧"和"搭便车"问题。

"公有地悲剧"是美国加州大学哈丁教授在 1968 年提出的，哈丁教授以一种寓言的形式生动地阐释了这一理论的内涵：在一个公共牧场中，每一个牧民都想着增加自己牧群的数量，从而增加自己的收益。但是，牧场对于牧群而言是具有一定的承载力的，当每一个牧民都想着自身利益最大化的时候，必然导致牧场的牧群超过牧场的承载力，从而导致牧场退化，最终导致牧场毁灭。在这样一个场景之下，作为理性人和经济人，牧民们的思考逻辑是：如果自己增加一头牲畜，自己就可以通过变卖得到全部的收益，这一行为产生的效益是+1；而这一行为对牧场造成的损害是 –1，这一损害由全体放牧者共同承担的，也就是说，每一个牧民只承担了 –1 中的一部分，即 –1/n（n 为牧民总数）。通过这种经济人的理性考量，无疑增加牲畜数量是最为明智的选择。正是基于此，每一个牧民都有无限的动力不断地增加自己的牧群数量，这是因为当追逐的个人利益面对公共资源时，每一个人都考虑的是自身利益的最大化。这样，"公有地悲剧"就产生了。与公共物品相关的另一个理论就是"搭便车"（free-rider problem），又叫"免费搭车"，是指基于公共物品理论，一些人为了维护公共物品而付出了必要的成本或者做出了牺牲，但是另一部分人没有付费就可以免费享受公共物品，对于这些人而言，他们的行为就属于"搭便车"，而这一现象则被称作"搭便车"现象。

生态环境本身由于具有公共物品的特征，使其在使用过程中存在着过度使用和"拥挤"等一系列问题。这就需要从公共服务的角度对其进行有效的管理。在生态环境保护方面，基于公平性原则，不同区域之间、不同主体之间应当平等享有生态环境公共产品，享有平等的生态福利，这是制定区域生态补偿政策的基础。生态补偿制度就是为了解决这种"拥挤"问题，通过制度的激励来完善相关生态服务供给，从而促进生产力发展和自然生态的平衡。[1]

（三）生态资本理论与生态补偿

生态资本，指存在于自然界，能够给人们带来持续收益的自然资产。[2]根据生态经济学的相关原理，生态系统的服务功能和生态环境中的各要素共同为人类的生产和生活提供必要的生存条件和物质基础。这种条件和基础是人类社会的生产要素和生活资源的载体，因此具有一定的价值。而这种载体被人们称作"生态资本"。"生态资本"具有以下基本要素：第一，被人类开发利用的资源总量。环境中的很多要素都具有一定的经济价值，是人类社会经济发展的重要引擎。人类的发展和社会财富的总体上升离不开对生态环境中要素的开发利用。一般而言，这种资源要素可分为可再生资源和不可再生资源。第二，环境自我净化能力。环境的自我净化能力是指环境及环境组成的生态系统本身基于环境容量对人类排放的污染物"消化""吸收"的一种系统特征。正是因为这一特征降低了人类的治理成本，所以就具有了价值。第三，生态潜力。由于生态环境质量的改变会影响周围与之相关的环境要素，比如，生态环境质量的提升可能会影响生态系统的再生量增加，即"生态潜力"的提升，这种潜力的提升是一种可预期的资源。第四，生态环境质量。生态环境的质量由影响生态环境的各要素组成，生态系统中的各种生态因子（水环境、大气环境、土壤环境等）为生命存续和社会生产消费提供了必需的生态环境，生态环境质量的变化将引起生活成本、生产消费成本的变化，也应当被视为一种资源。

生态资本作为一种重要的经济活动载体，与人类社会的经济发展

[1]　龚高健.中国生态补偿若干问题研究［M］.北京：中国社会科学出版社，2011：85.

[2]　沈满洪.生态经济学［M］.北京：中国环境科学出版社，2007：310.

息息相关。如同人力资本、物质资本一样，生态资本具有双重性：一是生态资本的自然属性。生态资本作为一种重要的资源，其自身包含巨大的生态性价值。遵循自然规律，在生态系统的环境容量之中活动，就是生态使用价值的体现。二是生态资本的经济属性。生态资本作为一种生产要素存在，其具有保值增值的经济性价值。在开发利用中合理地开发利用生态资源，尽量做到物尽其用，通过市场调节的方式减少资源浪费，提高资源的循环利用率，如排污权交易制度，这就是生态交换价值的体现。但是，生态资本又与其他人力资本、物质资本有不同之处。生态资本发挥其作用的前提是必须保持生态系统本身的良性循环和良好运行，而生态系统本身的良好运行又进一步促进了生态资本作用的发挥。因此，对生态资本的开发利用既要遵循共生、相生相克等自然生态竞争规律，又要遵循生态资本与物质资本、人力资本等其他资本的市场竞争规律。

生态资本各要素共同作用，对人类的生产、生活产生了"效用"，体现了整体性的价值。由于环境问题和生态危机的频发，使得生态资本成为稀缺资源，为此，人们在利用生态系统的服务功能和环境资源的时候，须支付相应的补偿费用，以维护和增加生态资本总量。在制度安排上，通过生态利益衡平机制，促进资源有效配置，实现生态效益、经济效益与社会效益的统一。

三、研究生态补偿经济学原理的意义

生态补偿的经济学含义及其原理，揭示了生态补偿要遵循的经济运行规律，围绕效率核心，就环境公共产品的分配和使用及生态环境保护的外部不经济性等提出相应的制度、应对措施，为生态补偿制度的构建指明了路径。

第一，指明了生态补偿的路径，即生态保护外部性的内部化。依据"外部性理论"，其中，生态保护者是生态服务的提供者，生态受益者是生态服务的购买者。生态受益者通过购买生态保护者提供的服务，实现利益平衡和社会公平。解决环境问题外部性应当遵循何种路径，采用何种补偿措施，要根据所涉及的公共产品的具体属性以及产权的明晰程度来细分。这为辨识不同主体间的生态利益和经济利益关系，即实现补偿的路径，指明了方向。

第二，为确定各种不同类型的补偿主体、受偿主体提供了依据。按照"公共物品理论"，生态环境与自然资源可以界分为纯粹公共物品、准公共物品、俱乐部物品、准私人物品等类型，对不同的生态环境与自然资源"物品"，应当有不同的补偿政策：①对于水源涵养区、生物多样性保护区、防风固沙和土壤保持区、调蓄防洪区、全国性大江大河，以及重要生态功能区等"纯粹公共物品"，应当实施国家（公共）购买的补偿政策；②对于跨省界的中型流域、城市饮用水源区、地方行政辖区内的小流域等"准公共物品、共有资源或俱乐部物品"，应当实施国家（公共）购买与市场交易相结合的补偿政策，其中，在流域上下游政府通过协议达成的市场交易补偿模式中，上级政府的协调至关重要；③对于森林保护、矿产资源开发、水资源开发、土地资源开发等"准私人物品"，应当依据"开发者负担"原则，由开发利用者进行补偿。

第三，为确定生态补偿标准和模式提供了参照。依据"生态资本理论"，生态资本也是参与经济活动的要素之一，是有价值的。这种价值可以通过生态系统效益价值评估来计算，虽然这种价值评估在科学性和实用性上受到颇多诟病，与经济学上传统的市场价值论、劳动价值论有一定的背离——生态资本的价值论为所谓的市场价值设置了一个虚假前提：现实中必须存在对生态系统服务的客观市场需求；而劳动价值论认为只有凝结了人类劳动的商品才具有价值属性。但是，这一理论仍然丰富了人们对生态补偿的认知，为确定生态补偿标准、选择适当的补偿方式提供了理论参照。

第三节　生态补偿概念的法学形塑与法理基础

从法治思维出发，对生态补偿的概念进行精确的法学界定，既是环境法学研究生态补偿制度的学理起点，也决定着生态补偿制度的适用边界。生态学、经济学等学科对生态补偿概念的界定，反映了生态补偿的生态学原理和经济学原理，为生态补偿法律概念的界定奠定了科学基础，阐明了生态补偿的经济学规律。随着理论研究的渐次深入，以及生态补偿政策法律化的要求，环境法学界对生态补偿的研究成果逐渐丰富。关于生态补偿概念的法学界定，也经历了一个不断发展的过程。但迄今为止，法学界对生态补偿概念尚有不同认识，特别是对概念的内涵和外延的认识还没有形成共识。本节从规范法学的视角，对生态补偿的法律概念与法理基础做一探析。

一、现有生态补偿法学概念之评析

所谓法律概念，"是以一种简略方式辨识具有共同或相同要素的典型情形的思维工具，是法学家为进行交流而创造的符号，是法学逻辑体系建构的基础"。[1]德国法学家魏德士认为："法律概念是法律规范和法律制度的建筑材料"。[2]法学上对生态补偿概念的界定，则需要通过逻辑严谨的法学技术性语言体系来诠释，[3]以权利义务的平衡与协调为逻辑起点，[4]体现法律概念或法律制度的基本要素，如公平正义的正当性目标、明确的补偿主体和权利义务内容、补偿标准、补偿程序以及责任保障等，体现法学概念的规范性、稳定性。

---

［1］　韩光明.论作为法律概念的"意思表示"［J］.比较法研究，2005（1）：20-33.

［2］　［德］魏德士.法理学［M］.丁晓春，吴越，译.北京：法律出版社，2003：94.

［3］　王凌皞.论评价性法律概念的解释基准及其方法：以儒家"正名"学说为出发点［J］.学习与探索，2016（10）：88-93.

［4］　史玉成.生态补偿的理论蕴涵与制度安排［J］.法学家，2008（4）：94-100.

（一）早期生态补偿法学概念的分析批判

相对于其他学科而言，法学对生态补偿制度的认识和研究是"后知后觉"的。梳理学术发展史，法学界对生态补偿制度的关注，大致是从 21 世纪初期开始的。早期研究者对于生态补偿法学概念的界定，存在较大的差异性。其代表性观点列举如下。

观点一："生态补偿，从狭义的角度理解是指对由人类的社会经济活动给生态系统和自然资源造成的破坏及对环境造成的污染的补偿、恢复、综合治理等一系列活动的总称。广义的生态补偿则还应包括对因环境保护丧失发展机会的区域内的居民进行的资金、技术、实物上的补偿、政策上的优惠，以及为增进环境保护意识，提高环境保护水平而进行的科研、教育费用的支出。"[1]

观点二：生态补偿，包括以下两层含义：一是指在环境利用和自然资源开发过程中，国家通过对开发利用环境资源的行为进行收费以实现所有者的权益，或对保护环境资源的主体进行经济补偿，以达到促进保护环境和资源的目的；二是国家通过对环境污染者或自然资源利用者征收一定数量的费用，用于生态环境的恢复或者用于开发新技术，以寻找替代性自然资源，从而实现对自然资源因开采而耗竭的补偿。[2]

观点三：生态补偿，"指国家或社会主体之间约定对损害资源环境的行为向资源环境开发利用主体进行收费或向保护资源环境的主体提供利益补偿性措施，并将所征收的费用或补偿性措施的惠益通过约定的某种形式转达到因资源环境开发利用或保护资源环境而自身利益受到损害的主体以达到保护资源的目的的过程"。[3]

观点四："生态补偿在法律层面，至少包括以下几个方面：（1）从事对生态环境有影响的行为时对生态环境自身的补偿。如修建大坝时，

[1]　吕忠梅.超越与保守：可持续发展视野下的环境法创新[M].北京：法律出版社，2003：355.
[2]　曹明德.森林资源生态效益补偿制度简论[J].政法论坛，2005（1）：133-138.
[3]　杜群.生态补偿的法律关系及其发展现状和问题[J].现代法学，2005（3）：186-191.

环境评价报告中要求必须修建巡鱼通道。这体现了人与自然的关系。
（2）开发利用环境资源时对受损的人们的补偿。（3）对开发利用所
带来的生态风险（包括对环境的风险和对人的风险）的补偿。这种补
偿针对的是环境风险的不确定性。如设立的生态风险基金。这既体现
了人与自然的关系又体现了人与人的关系。（4）对保护治理生态环
境的补偿，包括对因保护环境所带来的机会丧失的补偿。如退耕还林
还草的补偿金。这体现了人与人的关系。"[1]

　　略作考察不难发现，上述概念的共同点是，都借用了生态学、经
济学等学科关于生态补偿概念的研究成果，并以生态学、经济学分析
方法作为基础工具，简单套用法律关系分析、权利义务对等理论对生
态补偿进行法学界定。诚然，任何一个法学概念的提出，都有一个不
断的论证完善和实证检验的过程，更遑论在环境法这样的新兴学科领
域，对生态补偿制度的认知尚处于不断的发展之中，对生态补偿概念
的界定同样需要一个不断完善的过程。对环境法这样的新兴、综合交
叉特质明显的学科而言，从相关学科中汲取营养尤其必要。但需要注
意的是，过度的路径依赖或欠缺深入分析的简单路径转换，很容易疏
离法的本质，很难转化为具有明确性、规范性的法律实在，难以有效
地指导法律制度建设。笔者认为，从规范法学的视角出发，上述概念
存在以下不足。

　　第一，概念外延过宽，内涵不明确。

　　内涵和外延是构成概念的基本粒子。内涵，指概念所反映的特征
和本质属性，对应思维对象本质特有的属性的总和。外延，指具有该
概念所反映的本质属性的一切对象的具体范围、具体事物，对应的客
体的总和。生态补偿概念的外延，决定着生态补偿制度的适用边界。
上述第一种观点中，生态补偿概念的外延几乎覆盖所有与生态保护与
环境治理措施相关的制度或措施，如补偿、恢复、综合治理、政策优

---

[1]　王清军，蔡守秋.生态补偿机制的法律研究［J］.南京社会科学，2006（7）：73-80.

惠，甚至环境教育、科研等费用支出均被纳入生态补偿的范围。"生态补偿"成了一个无所不包的"大箩筐"，概念外延过大，在实际运行中会带来操作上的困难。从理论上讲，负有法定职责或义务的政府及政府部门、单位和个人对已经遭受损害的生态系统进行治理、修复、整治的活动，虽然对生态系统功能具有某种"补偿"性质，但如果全部纳入生态补偿的范畴，则会与现有相关生态治理与环境保护制度措施产生重叠或矛盾，甚至改变现有环境政策法律体系，引起不必要的混乱。关于概念的内涵，上述几种观点的表述都不够明确，特别是第四种观点将生态补偿界定为既包括对生态环境自身的补偿，又包括对人的补偿；既体现人与自然的关系，又体现人与人的关系，存在补偿的主体和客体交替使用，未能体现生态补偿的本质属性。笔者认为，生态补偿的实质，应当是不同社会主体之间的利益协调和平衡的制度安排，这一特性应当在生态补偿概念中得到准确反映。

第二，与已有的环境税费制度交叉重叠。

上述第二种观点中，生态补偿几乎就是环境与自然资源收费制度的代名词，或者说，征收环境与自然资源费似乎成了生态补偿的核心内容。中国的环境与自然资源费主要包括了排污费、资源开发使用费、资源和生态环境补偿费、资源生态保护管理费、惩罚性收费等。也有论者认为与之相关的环境与资源税也应当纳入生态补偿的范畴。简单将环境资源税费制度纳入生态补偿制度体系，很容易带来如下问题：一是认识上的问题，即用生态补偿的逻辑覆盖或更新了整个环境税费制度，特别是诸如排污费等环境经济手段，会造成对环境法学知识体系的认知混乱；二是实践上的问题，既然生态补偿概念与传统上的环境税费制度在调整范围上是一致的，那么只需要改革现有环境税费制度，使之更加符合生态补偿的功能和目标，而没有必要另起炉灶，建立生态补偿这一新型环境法律制度。笔者认为，作为环境法的经济刺激制度，环境与自然资源税费虽然具有对生态环境的"补偿"功能，但均有其各自独立的制度目标和功能。[1]环境与自然资源税费制度中的资源和生态保护补偿费是实现生态损害补偿的制度措施，至于排污费、资源开发使用费、自然资源税以及即将开征的环境保护税，[2]可以看作生态补偿的关联制度或上游制度，在未来的制度建设中，应当对其加以改造，以有利于实现生态补偿的制度目标，但税费制度绝不是生态补偿的全部内容，没有必要将其纳入生态补偿的概念。

第三，补偿主体、受偿主体及其相互之间的权利义务关系不明确。

上述几种概念中，有的并没有指出生态补偿的补偿主体、受偿主体，即由谁来补，补给谁；有的虽然指出由国家或社会主体对保护环境资源的主体进行经济补偿，或对因环境保护丧失发展机会的区域内的居民进行补偿，但定义中体现的补偿主体与受偿主体较为笼统，缺乏可操作性。此外，补偿主体与受偿主体之间的权利义务关系，补偿方式（包括政府补偿和市场补偿等），补偿标准等核心要素基本没有涉及，缺乏法律概念特有的严谨性。"法学视角下的生态补偿定义，应当关注对不同主体之间发生的、以生态保护为内容的社会关系、利益关系或法律关系的调整。因而，相对具体的主体特征、主体间的权利义务关系内容才是生态补偿法学定义的核心要素。"[3]只有这样，才可能对生态补偿的实践产生指导意义。

---

[1]　例如，排污收费制度是我国环境法的一项传统制度，2003 年国务院发布的《排污费征收使用管理条例》确定的排污费主要包括污水排污费、废气排污费、固体废物及危险废物排污费、噪声超标排污费。征收的目的是促使排污者加强经营管理，节约和综合利用资源，治理污染，改善环境。资源开发使用费，如《水法》中的水资源有偿使用，《矿产资源法》中的探矿权、采矿权有偿使用，《土地管理法》中的土地资源有偿使用等，是国家以自然资源所有者和管理者的双重身份，为实现所有者权益，保障自然资源的可持续利用，向使用自然资源的单位和个人进行的征收。

[2]　1993 年颁布、2011 年修订的《中华人民共和国资源税暂行条例》规定的资源税的征收范围为原油、天然气、煤炭、其他非金属矿原矿、黑色金属矿原矿、有色金属矿原矿和盐等七种。征税的主要目的是调节资源级差收入，有利于企业在同一水平上竞争，同时促进企业合理开发利用自然资源，与其他税种配合，发挥税收杠杆的整体功能。2016 年 12 月 25 日经全国人民代表大会常务委员会审议通过，自 2018 年 1 月 1 日起施行的《中华人民共和国环境保护税法》，明确应税污染物是指大气污染物、水污染物、固体废物、建筑施工噪声和工业噪声以及其他污染物，征收环境保护税后，不再征收排污费。环境保护税是对排污收费的"费改税"，征收的目的，一是进一步绿化税制，促进经济发展方式转变；二是减少污染物排放和能源消耗，促进经济结构调整和产业升级；三是理顺环境税费关系，推动地方政府加强环境保护工作；四是加强部门配合，强化征管，保护纳税人合法权益。

[3]　汪劲. 论生态补偿的概念：以生态补偿条例草案的立法解释为背景 [J]. 中国地质大学学报（社会科学版），2014（1）：1-8.

（二）近期生态补偿法学概念之评析

后期研究者注意到生态补偿概念的规范性，在概念的界定上，注意到了对生态补偿主体、受偿主体、补偿标准和方式以及各方利益主体权利义务关系等要素的表述。

观点一："生态补偿，是指综合考虑生态保护成本、发展机会成本和生态服务价值，采用行政、市场等方式，由生态保护受益者或生态损害加害者通过向生态保护者或受损者以支付金钱、物质或提供其他非物质利益等方式，弥补其成本支出以及其他相关损失的行为。"[1]

观点二："生态补偿，是指生态系统服务功能的受益者向生态系统服务功能的提供者支付费用。"[2]"生态补偿，是指为了激励生态环境建设和保护行为，由相关受益主体对特定生态环境建设者和保护者付出的成本或做出的牺牲予以补偿的法律行为。"[3]"生态保护补偿，是为了保护和改善生态环境，保障生态保护地区的合理发展，国家对为保护和改善生态环境做出贡献或因此而使其发展利益受到限制的地区予以直接补偿，或者指导有关地方政府之间通过协商或者按照市场规则进行补偿的制度。"[4]

对上述观点进行梳理，它们大致反映了以下基本要素：

第一，从概念的内涵分析，上述观点均体现出生态补偿的本质属性是不同社会主体之间的利益补偿关系。生态补偿是一种社会关系，是人与人之间产生的"利益补偿"行为。通过调整人的行为，实现权、责、利一致的公平目标，进而达到恢复生态服务功能、保护生态环境的目的。至于"人对环境的补偿"，是生态补偿的目的，而不是生态补偿本身的内容。

---

[1]　汪劲.论生态补偿的概念：以生态补偿条例草案的立法解释为背景［J］.中国地质大学学报（社会科学版），2014（1）：1-8.

[2]　曹明德.对建立生态补偿法律机制的再思考［J］.中国地质大学学报（社会科学版），2010（5）：28-35.

[3]　韩卫平.生态补偿概念的法学界定［J］.甘肃政法学院学报，2016（2）：74-80.

[4]　彭丽娟.生态保护补偿：基于文本分析的法律概念界定［J］.甘肃政法学院学报，2016（4）：1-8.

第二，从概念的外延分析，第一种观点既包含了"增益型"补偿，即由生态保护受益者对生态保护者进行补偿，也包含了"抑损性"补偿，即生态损害者对受损者进行补偿。第二种观点列举出的三种代表性定义均认为生态补偿应当界定"增益性"补偿，而不应包括"抑损性"补偿。这也是目前对生态补偿概念外延的理解中存在的最大分歧，这一理论分歧导致了实践中生态补偿适用边界的混乱。

第三，关于生态补偿的补偿主体、受偿主体，对于"增益性"补偿，以上观点均明确了补偿主体是生态保护受益者，受偿主体是生态保护者或建设者。

第四，关于生态补偿的标准，以上观点大致体现了生态保护成本、发展机会成本和生态服务价值等因素；补偿的方式，可以是政府直接补偿，也可以是通过协商按照市场规则进行补偿。

上述定义较好地解决了生态补偿的各利益相关主体及其权利义务关系，值得肯定。在概念的内涵上，虽然表述各异，但并无实质性不同。存在的最大争议是对生态补偿概念的外延，也即生态补偿的适用范围认识不一致，由此导致对补偿主体、受偿主体的范围也有不同认识。此外，政府在生态补偿中的身份和作用，是监管者、补偿主体还是受偿主体，均不够明确。这些问题仍有继续探讨的必要。

二、规范法学视角下生态补偿的概念界定

规范法学被认为是现代法学的核心，是法学理论体系中最重要的部分。通常认为，规范法学的方法就是规范分析，规范分析是受自然科学影响而产生的一种实证主义或社会科学方法，这一分析方法将法律命题中的价值问题和事实问题分离开来，坚持"分离命题"。它以法律规范为前提，将模糊含混甚至冲突的法律命题和法律概念进行逻辑语义梳理，使其清晰化、体系化。规范分析一般只描述和分析法律规范而不考虑道德规范和社会规范。

与法学其他研究领域相比，我国环境法学中的规范分析处于相当落后的境地。如前所述，就生态补偿的概念而言，早期关于生态补偿的法学概念存在着过度路径依赖、缺乏法律概念特有的严谨性等问题，究其原因，就是在环境法学理论研究中缺乏规范分析、缺乏法学意义上的规范建构。下文将从遵从规范法学的分析进路，对生态补偿的本质属性、适用范围等方面进行深入的法理解析，以期对概念的内涵、外延有比较科学的认识，在此基础上，尝试对生态补偿的法学概念进行准确界定。

（一）概念内涵：生态补偿的本质属性是实现利益平衡的制度安排

生态补偿的法学概念，是为了将生态补偿政策工具纳入法治框架，以法律手段保障生态补偿实践中特定的问题得以解决，才被提出并范式化的。生态补偿的本质，是不同主体之间利益分配与平衡的制度安排。

1. 环境利益的基本界分：生态利益和资源利益

从利益分析的角度，法律的基本功能之一，在于协调、衡平和解决人类社会生活中产生的各种利益冲突、矛盾纠纷和价值对立。利益法学派认为：法律是保护利益的手段，法律命令源于各种利益的冲突，利益以及对利益的衡量是制定法律的基本要素。以生态环境及自然资源为客体的各种利益类型，也即环境法所要保护和调整的利益，通常被称为环境利益，它是指为了满足人的基本生存和发展需要、安全和良好的环境需要，以环境资源与生态系统服务功能为客体的各种经济性利益和生态性利益的总和，可以界分为"生态利益"和"资源利益"两大类。

生态利益，是指基于人类的基本生态安全和良好环境需要，以环境与生态系统服务功能为客体而生成的利益类型，以非经济性的精神美感、宜居舒适等利益为主要表现形式，可以进一步界分为第一性的以保障生态安全为需求的生态宜居利益，以及第二性的以追求良好优美环境为需求的生态精神利益。生态利益具有整体性特点，是典型的公共利益，具有公益性。

资源利益，是指基于人类的基本生存保障和发展需要，以环境与自然资源为客体而生成的经济性利益，是经济利益在环境法领域的表达，可以进一步界分为生存保障性资源利益和发展性资源利益。资源利益具有排他性，可以通过权属制度分割为个体利益，具有私益性。

"生态利益—资源利益"统一体共同构成了环境利益的基本架构，呈现出"一体两面，对立统一"的特点。"一体"是指，自然环境与生态系统作为一个整体，是生态利益和资源利益的共同客体。"两面"是指，虽然生态利益和资源利益同源于自然环境和生态系统，但表现出不同的属性，前者表现为非经济性的生态性利益，后者表现为经济性利益。"对立"是指，对某一类利益的过分追逐会导致另一类利益的损害。比如，在自然资源的开发利用过程中，不加节制地滥加开采，虽然可以实现经济利益的最大化，但滥采滥伐等行为会导致资源耗竭、环境污染等问题，会造成生态利益的减损，形成经济利益对生态利益的侵害；反之，以保护环境为目的而要求经济发展实现"零增长""负增长"等极端主张，则可能引起新的贫困，导致社会主体的基本生存和发展利益得不到保障。"统一"是指，在可持续发展原则的指导下，通过调整产业结构，实行循环经济发展模式，完全可以实现两类利益的协同共进。比如，在沙漠边缘发展生态林产业，不仅会产出木材、饲料等产品资源，也会改善区域生态环境，满足人们对良好生态环境的需要，实现经济利益和生态利益的双赢。环境法所要保护、调整和平衡的利益谱系如图 1-1 所示。

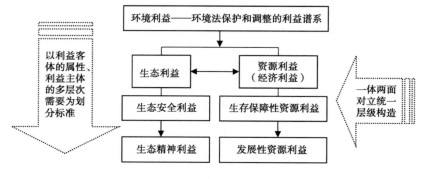

图 1-1　环境利益的基本类型界分

2. 环境利益的正向增进

从自然演进规律看，自然生态系统为人类提供了生存和发展所必需的空间、物质和各种基础条件，是环境利益的本源创造者和提供者。从人类活动和社会规律看，人类有目的地开发利用、保护改善和修复治理环境与自然资源的活动对环境施加积极影响，则可以创造出新的环境利益。

基于自然禀赋而生成的环境利益主要源于以下客体要素：①自然资源。自然界不仅为人类生存提供了必要的空气、水、食物、温度等，还为人类提供了赖以发展的土地、森林、草原、矿藏等自然资源和能源资源，这些资源可以作为生产要素投入到企业生产中，经过劳动加工后，转化为满足人类需要的产品。②生态自维性资源。生态系统通过物质循环和能量流动而为地球上的生物提供服务，除提供食物、淡水、薪材等物质产品外，还具有保护土壤、调节水文、改善气候和区域生态状况等功能；任何生态系统都有一定的负载能力，包括一定的生物生产能力、吸收消化污染物的能力、忍受一定程度的外部冲击的能力；地球上的动物、植物和微生物等生命相互支持、相互制约，维持着地球生态系统的平衡，也维持着人类自身的生存。③舒适性资源。指能为人类提供精神与宗教、美学享受等精神性服务的功能，满足人类精神需求的资源，主要指的是各类景观资源、公共土地、国家公园、自然保护区等。该类资源体现了人类对娱乐、美学、文化、科研认知、教育和健康方面需求的满足。

基于人工创造或增进的环境利益，主要通过以下人为活动得以实现：①环境保护和生态建设。采取各种预防性、保护性、救济性措施，如设置自然保护区、风景名胜区、国家森林公园等，禁止或限制人们在这些区域的开发利用行为，使环境不致因人的活动而遭破坏乃至恶化，以及通过封山育林、退耕还林、生态防护林建设工程等，改善区域环境质量。这一过程事实上是环境利益的保护、创造和增进过程。②生态修复和环境治理。对已经破坏了的生态进行修复，对历史时期形成的各种环境问题进行综合治理，如我国各地开展的流域生态治理工程，矿山地质环境治理工程等，需要通过社会劳动来实现，也需要付出巨大的成本代价，但结果必然是实现了环境利益的创造和增进。③环境资源的可持续开发利用。在自然环境的基础上，为了满足人类更高层次的对舒适环境的需要，人类通过有目的的社会劳动，对自然环境进行加工和改造，从而创造出更加有利于生活、生产的人工环境，如城市环境、人文遗迹、基本农田、人工森林等。人工环境的创造，是通过社会劳动的投入获得的，也是一种环境利益的创造。

上述从自然禀赋和人工创造两方面对生态利益的生成原理所做的分析，仅仅是分别考虑了自然演替规律和人类活动对环境利益增进的影响，更多是一种理论上的推演。在当代，自然作用与人类活动影响已经密不可分，两者相互交织，复合叠加，协同作用，并不容易做出明确的区分。在我们所赖以生存的地球，已经形成典型的"自然＋人工"的二元复合影响。了解环境利益的增进，不仅仅是单纯考虑自然演替规律、人类活动干扰各自的影响，还应关注其复合作用。

3. 环境利益的负向减损

"自然＋人工"二元交互作用下生成的环境利益，并不总是能够保持利益总量恒定或正向增进，自然作用或人为活动都可以引起利益总量上的减损。因自然原因和人为原因引发的生态破坏、环境质量下降、资源耗竭等环境问题，环境法学上分别称之为"原生环境问题"和"次生环境问题"。环境问题是一种消极影响和负担，环境问题越严重，环境负担就越大，环境利益也随之出现减损或负增长，形成不利于人类生存和发展的"环境恶"。

基于自然原因引发的原生环境问题，是自然环境自身变化而造成的生态破坏或环境质量下降，如火山爆发、地震、洪水、冰川运动等造成的环境问题。一般情况下，人类无法实现对这类环境问题的控制，环境法律也无从介入。但是，人类可以利用不断发展的科学技术，采取预防性措施，尽量减少或避免危害性后果的发生，并通过相应的立法加以规制。

基于人为原因引发的次生环境问题，同样造成环境利益的负向减损，是环境法所要规制的主要对象。主要表现为：①环境污染。伴随着工业生产和消费过程，特别是煤和石油消耗量的急剧增加，化学工业的发展，人类向环境排放的大量污染物超出了环境的自我净化能力，造成了严重的大气污染、水污染、废物污染、放射性污染、噪声污染，甚至发展成为公害事件。②生态破坏。在经济利益的驱动下，人类不合理地开发利用环境与自然资源，导致水土流失、土地荒漠化、土壤盐碱化、生物多样性减少等。③环境风险。风险社会的环境问题可以称为第二代环境问题，其特点是：第一，科学上的不确定性增加；对于特定的环境风险，对其发生的概率、机理、损害后果、行为与损害结果之间的因果关系，科学上往往不能做出确定的、可靠的预测、分析和评估；第二，环境风险的后果一旦发生，往往具有扩散性、不可逆性，环境很难恢复到损害发生之前的状态。

4. 生态补偿是平衡不同主体的生态利益和资源利益的制度安排

上述分析简单展示了环境利益的基本类型及其影响利益增进、减损的因素。当代环境问题的根源，实质上是由人们对生态环境和自然资源的不同利益诉求及其冲突所致。在现代环境问题产生之前，资源利益作为一种经济利益一直被人们追求，而传统的利益谱系中并没有生态利益的位置。随着环境问题日益加剧并逐步演化成为一个突出的社会问题，生态利益也随之发展成为一种社会成员的普遍利益诉求。不同主体之间的经济利益和生态利益之间产生了深刻的冲突，这是环境法的利益冲突中最根本的冲突。在制度层面，通过相关制度设计，协调和平衡利益冲突，抑制不当利益诉求，就成为解决环境问题、实现人与自然和谐发展的根本途径。[1]

环境法对生态利益、资源利益的保护、调整和平衡应当围绕人对环境施加的"正向利益增进"和"负向利益减损"的行为而展开。一方面，肯定和鼓励各类社会主体对环境施加积极影响的行为，如植树造林、防沙治沙、发展生态产业、在生态功能区实施严格的保护措施、实施改进生态系统生态服务功能的生态工程等，建立相应的补偿制度，由生态保护的受益者给予生态保护者和建设者相应的利益补偿，实现利益平衡，促进生态利益的整体增进。另一方面，限制或禁止为实现经济利益而损害生态利益的行为，对可能发生的环境风险进行积极预防，如污染物排放必须保持在总量控制的范围内，符合环境质量标准；对自然资源的开发利用应当限制在环境资源的自我更新和承载范围之内。对造成生态损害后果的行为，课以相应的补偿和赔偿义务，实现资源利益和生态利益的统一。

环境法对环境利益的保护和调整。首先，需要确认利益及其对应的权利位序。在环境利益的基本类型界分中，生态安全利益、生存保障性资源利益是对人的基本生存需要的保障，对应着人权分类中的生存权，应当作为第一位序的保护利益；发展性资源利益、生态精神利益是对人的经济发展需要和舒适环境需要的保障，对应着人权分类中

［1］　史玉成．环境利益、环境权利与环境权力的分层建构：基于法益分析方法的思考［J］．法商研究，2013（5）：47–57.

的发展权和环境权，应当作为第二位序的保护利益。其次，在同一位序的利益或权利中，不同主体的合法利益或权利存在着冲突的可能性，比如，某一主体合法开发利用自然资源，实现了自身的经济利益，但可能造成生态损害后果，侵害了其他主体的生态利益或经济利益；某一主体从事生态保护和建设，带来公共生态利益或其他主体经济利益的增长，但自身的经济利益受损。为此，需要建立利益衡平机制，如生态保护补偿机制和生态损害填补机制，平衡利益冲突，抑制不当利益诉求。

（二）概念外延：关于生态补偿的适用边界

生态补偿概念的外延决定着生态补偿政策法律的适用边界。从学界对生态补偿的理论研究分析，以及生态补偿的政策法律与实践来看，关于生态补偿的外延也存在着不同认识。目前，关于生态补偿的适用范围的争论主要集中在以下方面：第一，关于生态补偿究竟是针对正外部性行为的补偿，还是针对负外部性行为的补偿？第二，关于"补偿"与"赔偿"是否应当严格加以区分？比如，针对负外部性行为的补偿中，又可以区分为合法开发利用行为带来的负外部性，以及违法开发利用行为带来的负外部性，二者是否均应纳入生态补偿的范畴？第三，生态补偿与生态侵权赔偿是什么关系？已有相关概念或对其缺乏明确的界定，或不加分析地混为一谈。

笔者认为，对生态补偿概念的界定，首先需要厘清以下相关的几个基本概念。

1. 生态保护补偿

生态保护补偿，笼统地讲是对生态保护主体实施的补偿措施。具体而言，一是政府出于生态保护目的而实施某种生态保护工程，如退耕还林、封山育林、天然林保护等，当地居民的经济利益、发展利益因之受到损害，其实质是环境公共利益与个体利益产生冲突的情况下，为维护环境公共利益而牺牲个体利益的主体，理应获得相应的补偿。二是对生态保护做出重大贡献的单位或个人从事生态保护行为，如大规模植树造林、改造沙化土地等，此类行为具有明显的正外部性，生态保护的受益者应当给予生态保护贡献者相应的补偿，以弥补其保护支出成本。考察国外对生态补偿概念的认识，与"生态服务付费"基本上是同义语，[1]是对增进生态价值的生态保护和服务者提供付费补偿的机制，与我国的"生态保护补偿"含义是一致的，是对生态保护主体环境正外部性行为的补偿，本质上是一种"增益型补偿"。2014年修订的《环境保护法》对生态补偿制度所做的"顶层设计"即采用了"生态保护补偿"的概念。[2]

2. 生态损害补偿

生态损害补偿，是指环境与自然资源的开发利用主体的合法开发利用行为造成了生态损害后果所应当承担的补偿责任。合法开发利用行为，意味着已经由政府有关部门审核批准，甚至已缴纳相关费用，但由于造成了生态损害后果，所以不能免除补偿责任。所谓生态损害，也称为环境损害、生态环境损害，[3]是对环境与自然资源的开发利用的行为超出了环境的承载能力或自我更新能力的阈值，造成环境污染和生态破坏、生态系统功能退化等后果。一般而言，对环境问题的归责有以下几种情况：一是行为人的行为造成特定的人身或财产损害，需要按照侵权责任法的规定承担相应的侵权责任；二是没有造成特定的人身或财产损害，但造成了生态破坏和环境污染的后果，换句话说，

---

[1]　生态补偿作为一个新概念第一次正式提出，是在国际森林研究中心（CIFOR）2005年出版的《环境服务的一些基本要素》一书中。该书将受益人支付给土地所有者或管理者，希望被支付人采取行动，以保持特定土地生态服务数量和质量的生态补偿机制称为环境服务支付（Payment for Environmental Services）。之后，国际自然保护联盟（IUCN）在2009出版的《生态服务支付：法律框架和制度》一书中，将PES解释成了生态服务支付（Payment for Ecosystem Services），认为这样更能体现环境所能提供的、综合性的和多样化的生态服务性质。

[2]　《环境保护法》第三十一条规定："国家建立、健全生态保护补偿制度。国家加大对生态保护地区的财政转移支付力度。有关地方人民政府应当落实生态保护补偿资金，确保其用于生态保护补偿。国家指导受益地区和生态保护地区人民政府通过协商或者按照市场规则进行生态保护补偿。"

[3]　2015年12月中共中央办公厅、国务院办公厅印发的《生态环境损害赔偿制度改革试点方案》采用了"生态环境损害"的概念：指因污染环境、破坏生态，造成大气、地表水、地下水、土壤等环境要素和植物、动物、微生物等生物要素的不利改变及上述要素构成的生态系统功能的退化。

造成了环境公共利益损害的后果，则需要区分情况对待。如果行为人的行为是合法开发利用行为，则需要承担相应的补偿责任。补偿的方式主要是，开发利用者对其造成的生态价值减损的后果直接进行生态修复，或支付生态补偿费，并将其交给政府或者企业代为实施生态修复、增殖放流等。可见，生态损害补偿主要是开发利用主体对其合法行为导致的环境负外部性进行的补偿，其本质是一种"抑损型补偿"。《环境保护法》第三十条规定："开发利用自然资源，应当合理开发，保护生物多样性，保障生态安全，依法制定有关生态保护和恢复治理方案并予以实施。"其中"生态保护和恢复治理方案"中就隐含了生态损害补偿的措施。

3. 生态损害赔偿

在法学视域中，补偿，一般是基于公平原则而对某种损失所采取的补救性措施，目的是填补受害人的损失，对承担补偿责任的主体并不进行否定性评价。赔偿，则是基于行为人的行为具有可归责性，即行为人的行为违反法律或虽未违法但依法应当承担无过错责任，目的不仅是填补受害人的损失，更侧重惩罚责任人，对承担赔偿责任的主体进行否定性评价。前述"生态损害补偿"的前提，是行为人的合法开发利用行为导致了生态损害的后果，实践中大量存在的另外一种情况是，行为人因违法行为而导致生态损害后果的发生。损害后果发生的前提是，存在违法开发利用行为，如没有经过政府有关部门审核批准未批先建、在超出行政许可的范围进行矿产资源开采、在禁止开发的区域从事工程建设而造成生态破坏和环境污染的后果。在这一情况下，法律得对其行为进行否定性评价。因此，承担的责任形式就是带有一定惩罚性质的"赔偿"而不是简单的"补偿"了。我国民事法律针对造成特定当事人人身和财产损害的生态环境侵权规定了较为充分的民事救济制度，包括停止侵害、赔偿损失等，但长期以来缺少对造成生态损害致环境公共利益受损害的民事责任的救济。学者们为此进行了积极的探索。[1]在政策层面，2013 年，党的十八届三中全会明确提出对造成生态环境损害的责任者严格实行赔偿制度。为逐步建立生态环境损害赔偿制度，2015 年，中共中央办公厅、国务院办公厅印发了《生态环境损害赔偿制度改革试点方案》，目的是通过试点逐步明确生态环境损害赔偿范围[2]、责任主体、索赔主体和损害赔偿解决途径等，形成相应的鉴定评估管理与技术体系、资金保障及运行机制，探索建立生态环境损害的修复和赔偿制度，加快推进生态文明建设。

4. 生态环境侵权赔偿

生态环境侵权赔偿，是指单位或个人因开发利用环境资源或污染破坏环境行为而侵害了特定主体的人身、财产权利，依法应当承担的民事侵权赔偿责任。环境侵权属于特殊侵权行为，如不以行为的违法为归责的必要条件，实行无过错责任原则等。但无论怎样特殊，终归是一种基于侵权而承担的民事责任形式，是传统民事责任在生态环境领域的体现。民法对此类侵权行为已经有了较为完善的制度因应。

上述四个概念既有关联，也有区别，在生态补偿的理论与实践中往往容易出现混淆。通过上述分析，我们可以得出如下结论。

第一，"生态环境侵权赔偿"属于对民事侵权的救济，不属于生态补偿的范畴，民事法律对此已经有了明确的规定，理论界对此也有比较清晰的认识，不再赘述。

第二，因生态损害而引发的"补偿"和"赔偿"，在实践中往往容易出现混淆，根据上述概念的界分和阐述，"生态损害赔偿"本质上是因违法行为而应当承担的民事责任，只不过这种行为侵害的是作为社会公共利益的生态利益。承担生态损害赔偿责任的实质，是对责

---

[1]　比如，2011 年，吕忠梅教授起草的《中华人民共和国环境侵害法（建议草案）》学者建议稿，就环境侵害的民事责任、社会化责任、政府责任、救济程序等进行了探讨。参见吕忠梅. 理想与现实：中国环境侵权纠纷现状及救济机制构建［M］. 北京：法律出版社，2011：269-283.

[2]　《生态环境损害赔偿制度改革试点方案》的适用范围是，（一）有下列情形之一的，按本试点方案要求依法追究生态环境损害赔偿责任：1. 发生较大及以上突发环境事件的；2. 在国家和省级主体功能区规划中划定的重点生态功能区、禁止开发区发生环境污染、生态破坏事件的；3. 发生其他严重影响生态环境事件的。（二）以下情形不适用本试点方案：1. 涉及人身伤害、个人和集体财产损失要求赔偿的，适用侵权责任法等法律规定；2. 涉及海洋生态环境损害赔偿的，适用海洋环境保护法等法律规定。

任人违法行为的惩罚性责任形式，与作为利益平衡措施的生态补偿有着本质的区别。尽管现行法律对此类行为规制不足，应当通过完善相应立法来加以应对，但不应将其纳入生态补偿的范畴。我国一些地方立法中对此已有明确的界分，值得借鉴。[1]

第三，基于合法开发利用行为而进行"生态损害补偿"，本质上是对两类有冲突的合法利益的平衡，即通过补偿，使开发利用主体通过合法开发利用行为而获取经济利益，和其他主体因之而受损的生态利益之间达到平衡，符合生态补偿的本质特征，应当纳入生态补偿的范畴。需要注意的是，生态损害补偿往往是通过征收环境与自然资源补偿费的方式完成的，有些论著中将环境与自然资源税费制度等同于生态补偿，这是不准确的。环境与自然资源税费种类繁多，包括排污费、自然资源开发使用费（如土地使用费、水资源费、矿产资源的勘探费和采矿费等）、资源生态保护管理费、惩罚性收费等，以及目前正在进行的自然资源费改税，在客观上有对生态环境的"补偿"功能，可以看作生态补偿的关联制度或上游制度，但作为比较成熟的环境法的经济刺激制度，环境与自然资源税费制度有其独立的制度目标和功能。因此，准确地说，只有以平衡各方利益关系、"补偿"受损的生态系统服务功能为主要目的的资源与生态环境补偿费，才可以纳入生态补偿的范畴。此外，也有论者认为，生态损害补偿属于"抑损性"补偿，可以通过完善环境税费制度来实现利益平衡，进而达到保护生态环境的目的，而没有必要将其纳入生态补偿的范畴。这一观点有一定道理，但是，由于征收生态环境补偿费并不是实现生态损害补偿的唯一方式，除此之外，还可以通过协商补偿、市场补偿等方式实现对生态损害的补偿。如果将生

---

[1] 例如，山东省在 2010 年发布了《海洋生态损害赔偿费和损失补偿费管理暂行办法》，其中明确区分了缴纳"海洋生态损害赔偿费"和"海洋生态损失补偿费"分别对应的情形。前者主要适用于"发生海洋污染事故、违法开发利用海洋资源等行为导致海洋生态损害"的情况，后者主要适用于"实施海洋工程、海岸工程建设和海洋倾废等导致海洋生态环境改变"的情形。据此，生态资源利用行为的合法或违法直接影响到行为人承担的义务是补偿或赔偿。

态损害补偿排除在生态补偿的范畴之外，将会造成概念的不周延。

第四，"生态保护补偿"在本质上是对从事生态保护、增进生态利益的行为给予的利益补偿，是生态补偿的典型形态。长期以来，我国环境立法对此存在立法缺失，而"生态保护补偿"恰好是建立生态补偿制度的重点。目前，我国《环境保护法》及相关的环境资源单行法已明确采用了"生态保护补偿"的概念。在生态保护补偿法律关系中，需要明确的是，由于生态利益的公共利益属性，政府既是公共利益的代表，又是环境与自然资源的所有者代表，是生态环境保护政策的制定者和主要推动力量。因此，当生态保护受益者是不特定的社会公众时，政府毫无疑问应当承担起补偿主体的角色；在"生态保护受益者"可以明确界定的情况下，其作为补偿主体应当对"生态保护贡献者"进行补偿。

根据以上梳理，与生态补偿相关的"补偿"与"赔偿"的概念及其逻辑关系如表 1-2 所示。

表 1-2　与生态补偿相关的"补偿"与"赔偿"的界分

行为类型	可能造成的环境影响	对其他主体产生的影响	责任方式	责任性质
生态保护行为	对生态环境产生有利影响	正外部性	受益者补偿，保护者得偿	生态保护补偿
合法开法利用行为	产生生态环境损害	负外部性	开发利用者补偿，受损者得偿	生态损害补偿
违法开发利用行为	产生生态环境损害	负外部性	开发利用者赔偿	生态环境损害赔偿
生态环境侵权行为	可能同时产生环境侵权和生态环境损害后果，也可能只产生环境侵权后果	负外部性	侵权者赔偿	生态环境侵权赔偿

针对环境正外部性的"生态保护补偿"和针对环境负外部性的

"生态损害补偿"，虽然发生机理、补偿方式和实施机制等方面存在着差异，但目的都在于通过不同主体之间的"利益补偿"实现各方利益主体的权、责、利的平衡，进而增进生态系统的服务功能，增进生态价值，改善生态环境，因之，从广义上讲都可以归类到生态补偿的范畴。由于实现"生态损害补偿"的主要方式即资源与生态环境税费制度很早就在《环境保护法》及其相关环境与资源单行立法中有所体现，生态补偿未来的发展方向主要是生态保护补偿制度的建立和完善，因此，可以把生态保护补偿理解为狭义上的生态补偿。

（三）"生态补偿"的法学概念界定

综合以上分析，笔者尝试对生态补偿的法学概念作如下定义：生态补偿，从狭义上讲，是指由政府、生态保护受益的地区、单位和个人向为生态保护做出贡献的地区、单位和个人，以财政转移支付、协商谈判、市场交易等形式进行合理补偿的行为。广义上的生态补偿，还包括环境资源开发利用者因其合法开发利用行为向相关利益受损者支付费用，或通过协商以其他方式进行合理补偿，弥补其损失的行为。也就是说，广义上的生态补偿包括了生态保护补偿和生态损害补偿两类，而狭义上的生态补偿指生态保护补偿，如图 1-2 所示。

此外，需要说明的是，这一定义中的"合理补偿"即指生态补偿的标准应当通过综合考虑生态保护成本、发展机会成本、生态服务价值，以及相关利益受损者的实际缺失等因素来合理确定，既要体现公平，又要考虑一定时期的经济社会发展水平，具有现实可操作性。

对生态补偿概念的科学界定，有助于在理论上廓清生态补偿制度与相关制度的分野，为未来的《生态保护补偿条例》提供理论依据，在实践中有效指导制度建设。

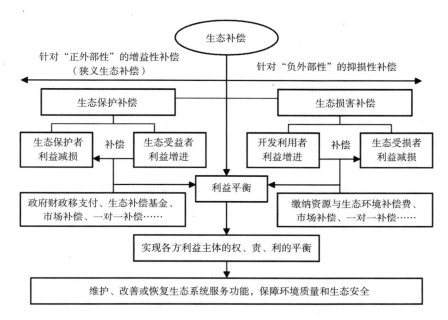

图 1-2　生态补偿的概念及其原理

三、生态补偿的法理基础

生态补偿作为一项法律制度，必定有其存在的法理基础。法治框架下的生态补偿制度，应当基于一定的价值判断，体现公平、正义等基本的法理，实现权利和义务的合理配置。环境正义理论、可持续发展理论和生态法益理论等奠定了生态补偿的法理基础。

（一）环境正义理论

正义，是法所追求的基本价值之一，也是法所欲达到的最重要的目的之一。对于正义理论的阐述，美国学者罗尔斯是集大成者，他认为正义的首要对象就是通过社会制度的安排来分配权利和义务，以及以社会协作的手段规定各种利益的分配方式。[1]他认为正义应该

---

[1]　柯千.罗尔斯《正义论》略评［J］.学术月刊，1985（11）：35-39.

基于两个原则：一是平等自由原则。每一个人相对于其他所有人而言，都有一个与他人自由体系相类似的自由平等的权利。[1]二是机会平等和差别原则。机会平等是一种社会制度安排，是要求一种程序上的平等。[2]差别原则是指任何社会制度的安排应当普遍适用于每一位社会成员，要使得社会底层的人获得最大的利益，拒绝恃强凌弱的社会现象发生，其本身是对自由原则的一种修正。差别原则正是罗尔斯超越古典自由主义思想的精髓所在，他认为："人们的不同生活前景受到政治体制和经济、社会条件的限制和影响，也受到人们出生伊始所具有的不平等社会地位和自然禀赋的影响，从而形成社会地位的不同等级和贫富悬殊。然而，这种差距的形成并不具有自然法或道德上的合理性，因此，正义原则应当通过社会制度，从全社会的角度来调节这种不平等，尽量排除社会历史和自然因素对于人们生活前景的影响，而那些偶然获得有利条件的人对不利条件的人应当予以一定的利益补偿。"[3]对于法律所追求的平等具有多个维度，美国法理学家博登海默认为："平等乃是一个具有多种不同含义的多形概念。它所指的对象可以是政治参与权利、收入分配制度，也可以是不得势的群体的社会地位与法律地位。其范围涉及法律待遇的平等、机会的平等以及人类基本需要的平等。"[4]与博登海默不同的是，罗尔斯更加注重正义方面的平等，他从社会正义论的角度阐释了正义的平等价值。

自 20 世纪 80 年代以来，美国社会出现了一系列环境种族运动。环境种族运动的核心是：为什么垃圾填埋场建在有色人种社区？为什么重污染企业多分布在有色人种社区？为什么有色人种社区环境基础设施普遍较差？这一运动引发了关于有色人种和环境污染相互关系的讨论和研究，引发了环境正义理念思考。由于全球普遍关注环境问题，

---

[1]　约翰·罗尔斯.正义论［M］.何怀宏，等，译.北京：中国社会科学出版社，1988：302.
[2]　同上.
[3]　江帆.经济法的价值理念和基本原则［J］.现代法学，2005（5）：118-112.
[4]　卓泽渊.法的价值论［M］.北京：法律出版社.1999：425.

所以缘起于美国的环境正义运动立刻在全球范围内普及，"环境正义理念"也迅速成为全世界关注的共同议题，成为环境法学研究中一个新的理论分析范式。[1]环境正义理论与传统的环境保护理念不同，它把环境保护同社会、政治、经济联系起来，其实质是一种社会正义理论。

环境正义，是"环境"与"正义"的连缀叠加，是正义的新面向，是正义理念在环境保护领域的具体体现。从罗尔斯的社会正义论出发，一方面，与"平等自由原则"相对应，环境保护充分尊重人的主体性，使利益表达过程中所有主体都平等享有利益表达的权利和自由，能够参与创制包括法律在内的社会规则。[2]环境法是在尊重利益相关主体的表达自由，各类主体相互交流、相互妥协的过程中产生的，在一个维度上实现环境正义目标。另一方面，与"差别原则"相对应，不同区域、不同群体对环境与自然资源的影响是不同的，这其中，一部分区域或群体（如经济发达的强势地区、对环境与资源有支配权的强势群体）是环境问题产生的主要责任者，从某种程度上讲，其强势地位是以牺牲环境资源为代价的。而另一部分区域和群体（如经济落后地区、贫困群体）由于历史、地理、政策等原因，面临发展机会不足、自身能力有限等困境，甚至处于"靠山吃山、靠水吃水"的状态，虽然对环境问题的产生负有责任，但其自身的生存和发展更应当被关注。为此，应当承认当前存在不同主体之间、不同区域之间、不同代际之间生态利益与经济利益的严重失衡，要

[1]　"环境正义"认为，强势族群和团体能够几乎毫无阻力地对弱势者进行迫害是造成自然环境破坏的主要原因；在现实生活当中，并不存在相对于所有人的环境问题，也不存在绝对客观的、统一的对自然（环境）的理解。所谓的环境问题，对于不同的人群有不同的影响，这当中，一部分人是受害者，但也存在着一部分受益的人。环境伦理在使用"人类"这样的一个全称名词的同时，实际上谋取了与他们有差异的种族、阶层或性别团体的代表权，使之被湮没在无差别主体的抽象论述之中。正是出于对这一举动的严厉批评，台湾学者纪骏杰指出，"我们没有共同的未来"。参见纪骏杰.我们没有共同的未来：西方主流"环保关怀"的政治经济学[J].台湾社会研究季刊，1998（31）：141.
[2]　哈贝马斯指出："一种法律制度，只有当它保证所有公民都具有同等自律时，才具有合法性。而公民要想自律，法律的受众就应当能够把自己看作是法律的主人。作为法律的主人，也仅仅意味着他们可以自由地参与到立法过程中去。"参见[德]尤尔根·哈贝马斯.民主法治国家的承认斗争[J]//汪晖，陈燕谷.文化与公共性.北京：生活·读书·新知三联书店，1998：351.

求对利益失衡局面中的弱势主体、弱势利益相关者进行补偿救济，在另一个维度上实现环境正义目标。

（二）可持续发展理论

可持续发展理论是生态补偿的又一理论基石，它是随着环境问题日益严峻而出现的发展理念。20 世纪 70 年代以来，世界范围内环境问题频发，多个国家出现公害事件，导致人们处于一种对生存环境极度缺乏安全感的恐惧之中。为了实现可持续发展的目标，减少对生存环境的恐惧，可持续发展的理念逐步形成。正式提出"可持续发展观"是在 1987 年，当时由世界环境与发展委员会向联合国提交了一份报告——《我们共同的未来》。"可持续发展观"是指在地球承载力的范围之内，合理地开发和利用自然资源，在既关注当代，又着眼未来的前提下提高人们的生活水平和生活质量。1992 年，在巴西里约热内卢召开的联合国环境与发展会议上，进一步重申了可持续发展理念并将其写入《里约环境与发展宣言》《21 世纪议程》等文件中，至此之后，这一理念逐渐为世界各国所接受。我国"科学发展观"的提出就是这一理念的体现。

可持续发展理论将环境与发展相互协调起来，要求做到经济、社会和环境三者之间的相互协调。它的基本内涵包括：第一，发展与环境不可分割。发展离不开对环境资源的利用，对环境资源利用的目的也是为了发展。因此在发展的过程中，既要考虑社会发展的程度，又要考虑环境的承载力；既要注重发展的数量，也要注重发展的质量，推动经济又好又快地发展和环境的可持续性利用。第二，实现代内公平。就世界范围而言，发展极度的不平衡。发达国家占据发展优势，他们掌握了核心技术。而广大发展中国家由于发展缓慢且技术落后，为了生存不得不承接发达国家淘汰的产能和一些高污染、高排放的企业。就国内而言，以我国为例，我国的发展存在着东西之间不平衡、南北之间不平衡、城市与乡村不平衡、沿海与内地不平衡等一系列发展瓶颈。可持续发展的目的就是要实现发展中的平衡，逐步缩小这种差距。第三，实现代际公平。环境资源是一种公共产品，它不仅对当代人具有价值，而且对后代人也具有价值。为了实现人类的永续发展，当代人在发展过程中，绝不能将自己造成的环境问题留待子孙后代去解决。可持续发展倡导人们改变传统的生产方式和消费方式，实现高产低耗、清洁利用、循环经济等目标，反映了人类对传统发展模式的怀疑和否定，也反映了人类对今后发展道路的憧憬和向往。

考察可持续发展概念的发展，在经济学、社会学、生态学、系统学等各个学科和领域都有所体现。就经济学而言，是以发展循环经济，促进资源的回收利用等为内容；就社会学而言，是以社会发展、社会公平、社会分配等为内容；就生态学而言，是以促进物种多样性，保持生态系统平衡等为内容。我国的可持续发展研究在这三个方向的基础上开创了系统学方向，运用系统论的思维有序地对可持续发展观进行时空上的耦合作用和关系上的相互作用，从而建立一套有用的解释规则。可持续发展体现在环境法学领域，就是要求发展要以自然资产为基础，同环境承载能力相协调。生态补偿制度体现了环境与自然资源的生态价值，体现了生态利益与经济利益的统筹协调，是实施可持续发展战略的具体行动。

（三）生态法益理论

法益是指法所保护的利益。"法益"一词是由德国学者伯恩鲍姆提出的，是为了质疑费尔巴哈的"主观权利说"的观点。这一理论首先在刑法领域广泛使用，随着理论的发展，该理论逐渐被引入其他部门法之中。不同的部门法有着各自所要保护的法益。

对于法益理论而言，传统上有"二分法"和"三分法"之说。就"二分法"而言，包括公益和私益两方面；就"三分法"而言，包括国家法益、社会法益和个人法益。通说一般采用"三分法"。

随着环境法学的发展，环境法学界也将法益理论引入了环境法学科，这就产生了生态法益。生态法益概念的提出，一方面对法益理论有了新的发展；另一方面，给环境法学研究提供了一种新的分析工具。生态法益是环境法对法益理论的新发展。环境法所保护的利益应当称为环境法益，环境法益包含资源法益和生态法益。就我国目前的环境法益保护现状而言，配置明显不均衡。资源法益配置相对充分，而生态法益配置明显不足。就资源法益的保护而言，由于资源法益大多是以"物"的形式出现，其权属相对比较明确，一般可将其归入传统的法益分类。比如，刑法上对滥伐林木和矿产资源破坏性开采均具有相应的制度安排。就生态法益的保护而言，虽然环境法中有对生态法益保护的相关制度安排（自然保护区管理制度、森林生态效益补偿基金制度等），但总体上保护很不充分，立法保障对生态法益增益性行为给予相关的激励。

因此，笔者认为在确认生态法益的基础上，对生态法益的保护需要通过一系列的制度设计去实现，生态补偿制度的本质，是从事生态保护、治理、恢复与建设的单位和个人因增进公共生态利益而致自身利益减损或发展机会丧失，对生态受益者或资源开发利用者课以补偿义务的一种制度安排。这一制度体现了对生态法益的保护和救济。生态法益的确立，为生态补偿制度提供了法理依据。[1]

本章从不同学科角度，对生态补偿的生态学原理、经济学原理、法理基础做分析，提出规范法学意义上生态补偿制度建构的路径。其逻辑关系如图1-3所示。

---

[1] 史玉成.生态补偿的法理基础与概念辨析[J].甘肃政法学院学报，2016（4）：9-16.

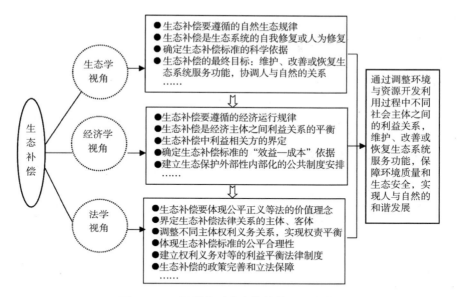

图1-3　不同学科对生态补偿的认知脉络

第二章　生态补偿制度基本理论框架

　　制度是一个具有丰富内涵的概念。从个体主义的角度，制度是指某种"规则"[1]；从整体主义的角度，制度是指某种"组织"。两种视角分别看到了制度某一方面的特征，概括起来，制度是规范组织内外部人们之间行为关系的一种行为准则，也是实现组织自治的规则体系。从规范性上来分类，制度主要包括正式制度和非正式制度。正式制度，是指人们有意识建立，并且以规范的方式加以确立的各种制度，主要包括政治规则、经济规则、法律规范等，具有强制性，拥有权力机构的保障。非正式制度主要是靠非强制性手段，比如，社会舆论或者自律而实施的一系列制度，如习惯习俗、伦理道德、文化传统、价值观念以及意识形态等，没有强制性，但对正式制度有支持作用。制度的功能具有多样性，具体表现在以下几方面：第一，协调社会关系，化解冲突，稳定社会；第二，准确传递信息，为决策或者行动创造良好条件；第三，规范行为界限，实现真正自由；第四，刺激行为动力，达到目标效果；第五，教化社会成员，提升精神文明水平。

　　生态补偿制度体系，是为平衡生态保护建设主体和生态受益主体之间的权利义务关系，促进保护和改善生态环境目标实现的正式制度，依靠国家的强制力保障实施。从规范性和制度功能的角度，主要包括生态补偿政策体系和法律体系，二者虽具有不同的产生机理和规范功

---

[1]　美国新制度经济学派代表人物之一道格拉斯·C.诺斯认为：制度是社会的游戏规则。更规范地说，它们是为决定人们的相互关系而人为设定的一些制约。

能，但共同作用于生态补偿的实践，二者互为补充、彼此协作，构成一个统一的有机整体。本章运用系统论分析方法，对生态补偿制度的基本理论框架展开分析。

第一节　系统论视角下的生态补偿制度体系

在德国社会学家尼克拉斯·卢曼看来，一切纷繁复杂的社会现象都可以纳入一种理论框架来分析解释。卢曼所倡导的社会系统理论认为，社会系统是一个基于要素和关系的动态体系：一方面，社会系统通过与周边环境的互动，可以使环境中存在的某种可能性选择成为系统运作的组成部分；另一方面，社会系统与环境的相互作用还可以使系统的产物成为环境的选择。社会系统理论的研究范式，是在"自我指涉"和"外部指涉"两个层面展开的。"自我指涉"是从系统的内部视角进行功能、结构的建构，为区分自身与外部环境提供了依据，保持了系统的独立性；"外部指涉"通过系统与外部环境的互动，与环境发生相互影响，在适应环境的过程中重新调适自身、改变自身，进而维持系统的独立性。也就是说，社会系统在规范上是逻辑自洽的封闭系统，但在认知上则是开放的系统。社会系统包含了政治系统、经济系统、法律系统等子系统，每一个都是相对独立的，既是相对封闭的系统，也是开放运作的系统，受其他子系统及其外部环境的影响，也对其他子系统发挥着特有的规范预期作用。生态补偿制度关涉人与人、人与社会、人与自然关系的多重维度，作为法律系统中一项独立运行的制度，生态补偿制度应当具备法律制度的基本要素和内容；同时，生态补偿制度要顺应自然生态规律，要受经济运行规律、国家政策目标、社会发展水平等因素的制约和影响。因此，以系统论方法分析生态补偿的"系统／环境"内外部二元互动关系，有助于科学把握生态补偿制度的本质和制度完善的路径。

　　系统论的分析方法为生态补偿制度的理论框架提供了一种社会学导引。从"自我指涉"的角度进行规范分析，作为一项法律制度或正式规则系统，生态补偿制度应当具备法律制度的基本要素，如正当性和合法性，一定的制度功能和价值目标；明确的主体、客体，不同主体之间权利义务关系的均衡配置；补偿的原则、标准、运作模式和法律保障等。从"外部指涉"的角度进行开放认知，应当对影响和制约生态补偿制度的各种外部因素进行全面考察、分析，如生态学中的生态系统平衡与生态系统服务功能的增益减损原理所要求的制度建构应当遵循的自然生态规律；经济学中的外部性理论、生态资本理论、环境资源公共产品理论为生态补偿制度的建构提供的合乎经济运行规律的标准和方法；一定时期的国家发展战略目标对法律制度建构的要求等。通过内外部双重视角的"全景观察"，进而建构更为科学的、符合事物发展规律的生态补偿制度体系。

一、生态补偿制度体系概述

　　生态补偿制度体系，是由调整生态补偿社会关系的一系列规范所组成的，对生态补偿实践起规制作用的规则体系，其核心是生态补偿政策体系和生态补偿法律体系。生态补偿政策体系，是指由执政党、政府及政府部门等党政机关为实现一定时期生态环境保护和生态文明建设目标，颁布的对生态补偿实践起指导作用的路线方针、指导意见及各种规范性文件，具有普遍性、指导性、灵活性的特点，依靠党政机关的职权保证实施；生态补偿法律体系，是立法机关或授权立法的行政机关制定的调整生态补偿法律关系的法律、行政法规、地方性法规和行政规章，具有普适性、规范性、稳定性的特点，依靠法律的强制力保证实施。

　　生态补偿法律体系，从立法的效力位阶上，可以分为生态补偿的宪法依据；环境保护基本法对生态补偿的原则性规定；生态补偿专门法律，环境与资源法律中有关生态补偿的规定；生态补偿专门行政法规，环境与资源行政法规中有关生态补偿的规定；生态补偿专门规章，环境与资源部门规章中有关生态补偿的规定；生态补偿地方性法规、规章或其中有关生态补偿的法律规定等，形成一个自上而下的有序体系。从生态补偿的不同领域，生态补偿法律体系可以分为综合性或专门性生态补偿法律法规：森林生态补偿法律法规、草原生态补偿法律法规、流域生态补偿法律法规、湿地生态补偿法律法规、渔业生态补偿法律法规、海洋生态补偿法律法规、农业生态补偿法律法规、重点生态功能区生态补偿法律法规、矿产资源生态补偿法律法规等。生态补偿法律体系的内容包括生态补偿的原则、监管体制、补偿范围、补偿主体、受偿主体、实施主体及其权利义务配置，补偿的标准，补偿模式和补偿程序，考核评估机制和责任保障机制等。

生态补偿的政策体系，依据政策的制定主体，可以分为执政党一定时期的生态补偿的宏观政策、政府及政府部门制定的生态补偿政策、党政联合制定的生态补偿政策等。依据政策的内容，可以分为生态补偿宏观政策、生态补偿经济政策、生态补偿技术政策等。其中，生态补偿的宏观政策往往对生态补偿法律具有引导作用，是制定具体政策的依据。从政策与法律的关系，可以分为先行试点的生态补偿政策、细化落实生态补偿法律法规的政策等。生态补偿政策涉及的领域及内容，与生态补偿法律法规涉及的领域和内容一致。政策的实施，依靠党政机关行使职权，履行职责来保证。

依据系统论的观点，生态补偿政策可以归类为社会系统中的政治系统，生态补偿法律则是法律系统的具体内容。二者在产生机理、规范性等方面存在分野，但是，现代法治国家的环境治理实践表明，生态补偿政策和法律是一个有机整体。其一，生态补偿政策产生于生态补偿法律之前，政策经过一定的实践后，需要把其中行之有效的部分上升为法律规范，纳入法治化轨道，即生态补偿政策法律化，这一过程可以看作政策的延续和深化。其二，生态补偿法律需要政策的细化和补充，由于生态补偿的实施范围、补偿标准和期限等往往需要根据实际情况灵活调整，法律自身固有的稳定性无法满足这一需要，只能留给具体的政策加以补充和细化。其三，尚未上升到法律层面的生态补偿政策，必须在法律框架下制定和运行，不得违背法律的规定，也即必须具有合法性。生态补偿领域呈现"政策法律化"和"法律政策化"，二者并行不悖，相互交织、互为补充，形成一个有机整体。从本体论的角度，生态补偿政策可以看作广义上的生态补偿法律体系的组成部分，二者共同构成生态补偿的制度体系。

二、"自我指涉"视角下的制度规范构造

系统论经过两个多世纪的发展，从社会系统的"整体/部分"之分、强调整体大于部分之和的"封闭论"，到以"系统/环境"之分，强调系统与环境的输入输出关系，且输入决定输出的"开放论"，再到卢曼倡导的以"自创生系统"为标志的新社会系统理论，经历了三次范式转换。卢曼的"自创生系统"理论仍坚持系统/环境之分，但认为环境输入无法决定系统输出，认为系统在规范上是封闭的，在认知上是开放的，开放立足于封闭。一言以概之，即"系统自主而不自足"。[1]在卢曼看来，作为社会系统子系统的法律系统，是一个可以实现自身循环构造的自创生系统，其自身运行形成一个闭合的网络，以区别于其他社会系统。法律在规范上是封闭的，亦即法律的各个组成部分之间通过自己的交流媒介和术语自己生产自己，完成系统的"自创生"。法律自创生的形式，主要有自我观察、自我描述、自我构成、自我生产和再生产，以此保持法律制度体系的独立性和自治性。但是，"自创生系统"并不主张法律是完全闭合的系统，就法律制度

[1]　Niklas Luhmann, Social Systems [M].Redwood: Stanford University Press, pp.196-209（1995）.转引自陆宇峰."自创生"系统论法学：一种理解现代法律的新思路[J].政法论坛, 2014（4）：154-171.

体系运作的外部环境而言，要从整个社会领域考察法律运作的形式和规律，即系统在认知上是开放的。主张法律在认知上开放就意味着法律系统在各方面要与环境相适应，当法律系统受到外部环境输入的影响时，它会按照环境的需要和要求重新解释自己，通过"自己的要素自己调整，自己的程序自己安排"，对环境做出适应。

生态补偿制度体系，涵摄了生态补偿政策体系和法律体系，关涉自然科学和社会科学的多学科角度的不同认知，以及诸多的制度外部条件约束，因之呈现出一定的复杂性。卢曼的法律自创生系统理论为从内部规范和外部环境两个角度认识这一制度提供了一个很好的理论分析工具。在中国，长期以来，生态补偿是作为一项环境经济政策运行的，生态学、经济学、公共管理学等学科从各自不同的角度阐明了生态补偿的制度机理。当生态补偿政策渐次进入立法领域，成为一项法律上所确认的正式制度之后，就需要从法律系统的内部视角，运用法学原理，同时以生态学原理和经济学原理等作为重要参照，对其本质含义做深入的学理论证，才能为法律制度建设提供充分的理论支持。从系统的内部视角也即"自我指涉"的角度，对法律制度进行功能、结构方面的认知，是建构规范意义上法律制度的基础。系统论法学虽然是社会学理论的分支，在"规范—事实"的二元关系中更加注重事实而不是规范，但在法律系统内部功能结构的认识路径上，并不排斥法教义学、规范分析等方法的运用。

如何从"自我指涉"的角度认识生态补偿制度体系的内部构造？笔者秉持规范分析方法对此做一分析。作为法学研究独有的方法，"规范分析方法主要关注法的合法性、法的运行效果、法的实体内容，全方位考察法的构成要素。"[1]作为法律系统的组成部分，生态补偿制度应当具备法律制度的基本要素，如正当性和合法性，制度功能和价值目标，明确的权利义务主体，补偿标准及不同主体之间权利义务

---

[1] 谢晖.论规范分析方法［J］.中国法学，2009（2）：36-44.

的公平配置，行为人对自己行为的可预期性，补偿运作模式，正当程序保障及法律责任等实体内容，以及生态补偿制度的运行效果等。

生态补偿的目的理念。回答"为什么要补"的问题，解决生态补偿的正当性和合法性，即生态补偿是为实现社会公平，维护生态公共利益，促进生态环境的保护和改善。生态补偿立法应当有明确的宪法和环境保护法依据。

生态补偿的原则。回答"依什么准则来补"的问题，规定指导生态补偿活动的基本准则，"受益者补偿，保护者受偿"，"开发利用者/生态破坏者补偿，利益受损者得偿"应当成为生态保护补偿、生态损害补偿的基本原则，以实现公平目标，促进经济社会的可持续发展。

生态补偿的主客体及权利义务配置。回答"谁来补，补给谁，怎么补"的问题，是生态补偿制度的核心内容。生态补偿主体分为补偿主体和受偿主体，应当按照生态保护补偿和生态损害补偿的不同类型，根据生态保护和建设活动提供的生态环境公共产品或生态系统服务功能的大小，开发利用或生态环境破坏带来的生态环境公共利益减损的范围等标准做出科学的界定。围绕补偿主体、受偿主体之间补偿义务、受偿权利的合理配置，设置科学合理的生态补偿标准，科学评估生态补偿的实施效果，建立相应的考核评估机制等。

生态补偿运行模式。回答"以何种机制实现补偿"的问题，政府补偿和市场补偿是生态补偿两种最主要的运行模式，应当根据不同类型的生态补偿的性质，选择恰当的补偿模式，实现不同补偿模式的互补。

生态补偿的程序保障和法律责任。回答"如何保障生态补偿的实施"的问题，程序正义是实体正义的前提，在生态补偿政策和法律制定和实施的全过程中，应当建立各环节的公众参与制度，保证利益相关者的知情权、提出意见的权利、监督权等。以严格的监督管理和法律责任保障生态补偿的实施。

生态补偿的运行效果。对生态补偿制度各要素及其相互关系的法律规制，主要是从静态角度进行的制度设计。在生态补偿的实践运行中，还需要根据制度运行的效果，对制度的建构进行动态考察，并及时做出调适。

三、 "外部指涉" 视角下的制度运行环境

按照社会系统论的观点，法律系统是社会系统的子系统，既有内在的自洽性，又与社会系统的其他子系统及其外部环境互相影响，产生输入和输出关系。从"外部指涉"的角度，生态补偿制度既要受自然生态系统的影响和制约，同时也要受人与自然相互影响中的社会系统的影响。

社会系统与自然生态系统的关系，表现为两个最基本的面向。首先，自然环境对人类社会的影响。自然生态系统和环境资源为一切生物的生存和演化提供了基础和条件，是人类必不可少的生存资源和发展资源，是大自然赐予人类的"红利"，是自然意义上的本源利益的提供者。地球生态系统自身的演化规律并不以人的意志为转移，春暖花开，四季更替，草木枯荣，物种繁衍……如果没有外力的干扰，地球生态系统会向着成熟的、稳定的方向演进，为人类的发展带来惠益。某些自然进程的演化可能会带来利益的增进，对社会经济的发展带来有利的影响，也有些自然进程可能会带来灾难性的后果，如地震、火山爆发、因自然演化进程而出现的周期性气候变化等，对人类社会而言会导致利益的减损，从总体上看，自然规律作用下的地球生态系统周而复始地自我演化、自我调节、自我更新，为人类提供了生存和发展的基础。因此，在本源意义上，自然系统是人类社会系统福祉的源泉，是经济繁荣和社会发展的基础。其次，人类活动对自然环境的影响。人类如果停止向自然索取物质和能量，将丧失生存的基础。因此，

开发利用、改造自然的活动就贯穿了人类的历史，成为社会发展的不竭动力与基本图景。纵观人类社会的发展史，就是一部利用自然、开发自然、改造自然的历史。通过有目的的生产活动，向大自然索取更多的利益，从而推动社会的进步、文明的发展。春种秋收，养殖放牧，植树造林，引渠灌溉……无不体现了人类对自然的改造和利用。社会系统对自然生态系统的影响主要体现在：一方面，对自然环境施加积极的建设性影响，合理利用自然资源，保护和改善环境，创造出新的更适合人类生活的人工自然或人工生态系统，实现了环境利益的创造或增进；另一方面，对自然环境产生消极的破坏性影响，使原有的自然生态平衡失调，引发环境问题，带来环境利益的减损。人类社会就是在人与自然的相互影响中不断发展的。

生态补偿是对自然生态系统功能受损而做出的制度安排，是对生态规律的社会因应。从本质上讲，生态补偿制度属于社会系统的调整机制，制度产生的动因在于人类活动造成生态系统功能受损、生态系统服务功能下降，制度的功能最终将作用于自然生态系统。因此，以"系统／环境"二维代码来看，生态补偿制度与自然生态系统、社会系统之间是通过"输入／输出"产生密切的关联。

第一，生态补偿制度的运行应当反映自然生态规律。比如，任何生态系统都有一个大致的承载能力上限，包括一定的生物生产能力、吸收消化污染物的能力、忍受一定程度的外部冲击的能力。过度的开采、开垦、放牧或其他形式的开发利用，一旦超过生态系统的承载能力或生物生产能力的上限，生态系统将趋于崩溃；过量向环境排放污染物和废弃物，如果超过环境的自我净化能力，将引起环境污染和公害问题，破坏生态系统的平衡。生态补偿制度通过协调不同社会主体之间的利益平衡，其最终目的是保护和改善环境，维持生态系统的良性运行，实现人与自然的和谐发展。因此，生态补偿制度的建立与完善，应当遵循基本的生态规律。

第二，生态补偿制度根据人对自然环境的影响程度而不断做出调整。人类对环境的影响程度，随着生产力水平的提高、技术的进步等而不断加深，也随着一个国家或区域生态环境保护力度的加大而不断发生变化。生态补偿制度不应当是静态的平面制度体系，而应当是根据生态环境的实际状况做出适时调整的动态体系。当一个国家或地区环境状况趋于恶化，生态系统服务功能严重下降，就需要加大生态补偿的政策法律支持力度，比如，扩大生态补偿的实施范围，提高生态补偿的标准，加大生态补偿的监管力度等，以达到保护和改善环境的目的。

第三，生态补偿制度受国家环境保护战略和政策的影响。国家战略决定了一定时期国家发展的总目标、总方向和宏观政策的制定。依据卢曼的理论，从方法论的角度，生态补偿制度体系中的生态补偿政策大致可以看作政治系统的组成部分，生态补偿法律可以看作法律系统的组成部分，二者有结构上的耦合关系，但存在方法路径上的分野。比如，我国生态文明战略的确立，改变了以往片面注重经济发展而忽视生态环境保护的传统发展战略，属于国家发展战略的转变。党和政府为落实这一战略而制定的相应政策，包括生态补偿政策都要依据生态文明战略目标来制定和实施。在"生态补偿政策—生态补偿法律"的二元架构中，虽然从本体论角度二者可以纳入统一的生态补偿制度体系，但政策和法律之间在体系内部仍然存在相互影响的关系，表现为：生态补偿政策催生了生态补偿法律，即政策的法律化；生态补偿法律既要体现、贯彻一定时期的生态文明建设的政策目标，又要通过具体的生态补偿政策加以补充和细化；生态补偿具体政策的制定要符合法律的原则和精神，否则将会与法律产生抵牾，面临"合法性"危机。

第四，生态补偿制度受国家和区域经济发展水平的影响。生态补偿是利益平衡机制，即生态受益者对生态保护和建设者进行一定的利益补偿，以实现社会公平，激励环境正外部性行为，促进生态环境保护和改善。由于环境资源的公共物品属性，很多情况下中央政府和地方政府是补偿的主体。从理论上来讲，生态补偿的范围、标准和额度只有完全弥补生态保护者的机会成本和发展成本，才能实现公平目标。但由于受经济发展水平的制约，实践中补偿标准并不能完全达到上述目标；一些区域或环境要素的生态环境保护活动并没有被纳入生态补偿的范围；区域性横向生态补偿不仅要考虑公平因素，还要受当地经济发展水平的制约。

第五，生态补偿制度受其他政策因素和社会因素的影响。生态补偿制度设计的目标，是通过"谁受益，谁补偿；谁利用，谁付费"的原则，实现生态环境保护者和受益者之间、开发利用者和利益受损者之间的公平，达到保护和改善环境的目的。因此，其本质是通过利益协调机制达到环境保护目的的制度。但是，在实际运行过程中，要受到相关政策因素和社会因素的影响和制约。比如，生态保护地往往是经济欠发达地区，生态补偿制度的实施往往与国家扶贫政策、产业转型政策、民族政策等相联系。

上述因素，构成了生态补偿制度运行的外部环境。生态补偿制度的建立和完善，既要关注制度体系、制度内容的建设，又要以开放的视角，充分关注制度的外部影响因素，在内外部的密切互动中走向成熟。

第二节　生态补偿法律关系

法律关系厘定是对某类法律制度进行规范分析的前提和基础。从学理层面，对生态补偿法律关系的主体、客体、权利义务进行准确的界定，回答"谁来补、补给谁"等问题，有助于为正在建构完善中的生态补偿法律制度奠定学理基础，为方兴未艾的生态补偿实践提供理论指导。

一、生态补偿法律关系及其特征

主流法理学理论认为，法律关系是指在法律规范调整社会关系的过程中形成的人们之间的权利义务关系。法律关系具有如下特征：第一，法律关系是根据法律规范建立的一种社会关系，具有合法性；第二，法律关系是体现国家意志的特种社会关系；第三，法律关系是特定的法律主体之间的权利义务关系。[1] 上述特征，使得法律关系与伦理道德关系、经济关系等其他社会关系有了明显的分野。通常认为，主体、客体、权利义务是构成法律关系的基本概念和核心要素，由于不同部门法调整的法律关系不同，上述基本概念被看作构建部门法知识体系的基础。[2]

环境法是一个新兴的部门法，常常与经济法、社会法等所谓的后现代部门法一起被称为"混合法"。正如哈贝马斯所阐述的那样，这一领域产生于"国家社会化和社会国家化这一互动过程中……公共利益的公共因素与契约的私法因素糅合在了一起……既不是一个纯粹的私人领域，也不是一个真正的公共领域；因为这个领域既不能完全归于私法领域，也不能完全算作公法领域"。因此，在环境法领域，法律关系往往体现出两重性的特点：既包含了"官僚科层制"公共权力架构下以命令控制为主要手段的纵向法律关系，也包含了平等的私人主体之间以社会化、市场化为手段的横向法律关系，前者主要是以"职权—责任"为内容的隶属型行政法律关系，后者

---

[1]　张文显.法理学［M］.北京：高等教育出版社，北京大学出版社，1999：110–111.

[2]　比如，孙宪忠教授对民法的基本概念和民法体系有过非常精辟的论述："正如力学有推力、阻力、功率这些基本概念，然后在这些概念的基础上建立科学体系一样，民法也有它的基本概念和以此建立的科学体系。民法的基本概念是，主体、客体、权利义务这三个要素，全部民法制度依据这些因素展开并形成体系。主体主要是自然人、法人。客体主要是人们能够控制和有必要控制的物品，也被表述为有形资产和无形资产，有形资产主要是动产、不动产，无形资产主要是知识财产和商业信誉等。权利，分为人身权和财产权两大类，人身权包括身份权（基于婚姻和血缘的权利）和人格权（基于人身自由和尊严的权利），财产权包括物权（以所有权为典型）、债权（以买卖中的双方当事人的权利为类型）、知识产权、投资性权利（股权等）等，此外，还包括无法类型化的法律利益。如果不履行义务，民事主体要承担法律责任，民事责任分为侵权责任和违约责任两大类。民法科学的体系正是基于上述基本概述而建立起来的。"上述观点，是对主体、客体、权利义务要素与法律科学体系关系的最具代表性的概括。参见孙宪忠.三言两语说说民法总则［N］.北京晚报，2017–3–10.

主要是以"权利—义务"为内容的平权型民事法律关系。这种特征使得环境法律关系既不同于传统公法所调整的社会关系，也不同于传统私法所调整的社会关系。笔者在《环境法学核心范畴之重构：环境法的法权结构论》一文中，曾主张对这两种不具"同质性"但彼此合作共进、竞争成长的调整机制进行整合，以"环境法法权"概念来重新塑造环境法学的核心范畴，着力探究围绕实现法权目标所形成的"环境权利—环境义务""环境职权—环境职责"二元结构的内外部互动关系，确定各自的边界，消解其内在张力和冲突，促进两者在竞争中成长，实现法权运行的动态平衡和协调稳定，进而实现多元合作环境治理之道。[1]

生态补偿法律关系，是指生态补偿的各方主体在依法进行生态补偿活动的过程中，围绕补偿和受偿所形成的以权利和义务为内容的社会关系。生态补偿法律关系是环境法调整社会关系的一个具体领域，符合上述对环境法律关系的基本认知。具体而言，生态补偿法律关系具有如下特征。

（一）生态补偿法律关系具有特定性

生态补偿制度是环境法所规范的制度，生态补偿法律关系是在环境资源开发利用和保护过程中形成的人与人之间的社会关系，这种社会关系是不同主体在进行生态补偿过程中所发生的社会关系，具有特定性。生态补偿法律关系由环境法中的一类特定的法律规范——生态补偿法律规范所确认和调整。我国目前在实践中所形成的生态补偿法律关系主要是依据国家法律、法规、规章和地方性法规、规章，以及相关的环境保护行政法规、部门规章等建立起来的。此外，有些领域和地方的补偿活动虽然没有明确的法律依据，但在补偿实践中以大量的规范性文件或政策加以指导，得到了有关部门的认可，按照法律关

系的一般理论，其生态补偿法律关系同样是合法有效的。

（二）生态补偿法律关系具有双重性

生态补偿法律关系既包含了纵向型环境行政法律关系，也包含了横向型环境民事法律关系。前者是基于国家权力的行使或职责的履行而发生的，后者是基于平等主体之间通过意思自治而达成。生态补偿法律关系是围绕对生态环境的保护建设、开发利用行为及其带来的不同后果而形成的，不同的行为后果往往给不特定的多数人的利益带来或积极或消极的影响，受影响的主体绝大多数情况下具有不特定性，这一点有别于一般的行政法律关系或民事法律关系。

第一，在"生态保护补偿"的情形下，做出生态保护贡献的一方主体，因其生态保护行为而致自身利益受到损害，应当作为受偿主体；由于生态保护行为具有明显的正外部性，所带来的利益增进受益者往往是不特定的多数人甚至全体国民，政府作为公共利益的代表者和自然资源的实际所有者，[1]基于法定职责的履行而成为补偿主体。此时政府与生态保护者和建设者之间形成生态补偿行政法律关系。

第二，在"生态损害补偿"的情形下，其消极影响的对象往往也是不特定的多数人，此时，政府以生态环境修复和治理为目标，对自然资源的合法开发利用者征收生态补偿费税，政府在此时成为受偿主体，而自然资源合法开发利用者是补偿主体。需要注意的是，政府征收费税是行使公权力、履行法定职责的行政行为。此时，资源开发利用者与政府之间形成生态补偿行政法律关系。[2]

---

[1] 按照《中华人民共和国宪法》第九条规定，"矿藏、水流、森林、山岭、草原、荒地、滩涂等自然资源，都属于国家所有，即全民所有；由法律规定属于集体所有的森林和山岭、草原、荒地、滩涂除外"。可见，我国重要的自然资源主要是国家所有。但在实践中，自然资源国家所有权的行使者往往是政府。

[2] "生态损害补偿"，即因自然资源的开发利用者因其合法开发利用行为造成生态损害后果，应当缴纳相应的生态补偿费税，由政府负责进行生态环境修复和治理。也有学者将"生态保护补偿"称为"增益型"补偿，将"生态损害补偿"称之为"抑损性补偿"（参见李爱年.生态效益补偿法律制度研究[M].北京：中国法制出版社，2008：49.）。笔者的观点是，以生态补偿费税为制度的生态损害补偿的确符合生态补偿的制度目标，将其归入生态补偿的范畴是恰当的，亦符合概念的逻辑自治性。但是，由于我国环境法同时规定了环境资源税费制度，其中就包含了"生态补偿费税"制度。两类制度指向同一，且目标和功能并无二致，可以看作是某种"制度竞合"。由于生态补偿费税制度在实践中由来已久，且相对成熟，因此，本书后续从制度层面主要探讨狭义的生态补偿即生态保护补偿。

第三，无论是"生态保护补偿"，还是"生态损害补偿"，在补偿主体和受偿主体相对确定的情形下，如特定的流域上下游之间、特定的生态功能区之间、特定的资源开发利用主体与可以确定的利益受损主体之间，双方通过平等协商达成补偿协议达到生态补偿的目的，是生态补偿的又一种情形。双方主体虽然可能涉及地方政府等公权力主体，但并不是基于公权力的行使，而是以平等主体地位通过意思合意而达成民事性质的协议，应当看作生态补偿民事法律关系。

（三）双重属性下生态补偿的性质分析

这里需要讨论一个问题：生态补偿究竟属于何种性质的行为？笔者认为，这一问题需要根据生态补偿法律关系的双重属性，区分为若干不同性质的行为。

在生态补偿行政法律关系中，对生态补偿的性质，可以做如下界分：第一，环境行政补偿行为。行政补偿，是指由于行政主体的合法行政行为使公民、法人或其他组织的合法权益受到特别损失，依公平合理的原则，行政主体承担的对该损失给予补偿的一种特殊行政责任。[1] 在生态受益主体不特定的情形下，由政府作为公共利益代表给予生态保护者或国家生态保护政策影响下的利益受损者以补偿，体现的就是一种环境行政补偿。[2] 第二，环境行政征收行为。行政法上的征收，指依法以强制方式取得相对人的财产所有权，也指收费和收税。在生态损害补偿中，政府基于国家管理职能向环境资源的开发利用者征收税费的行为，即属于环境征收行为。第三，环境行政合同行为。行政合同指行政主体基于行政目的，而与其他行政机关或公民、

---

[1]　李牧. 中国行政法学总论 [M]. 北京：中国方正出版社，2006：513. 转引自李爱年. 生态效益补偿法律制度研究 [M]. 北京：中国法制出版社，2008：58-59.

[2]　李爱年教授对此有深入的论述：因保护生态环境而对公益林区实施禁伐或限伐，给林农的经济带来的损失而引起的森林生态效益补偿；对沙化地区农民的土地使用权的限制引起的补偿；对自然保护区周围居民的自然资源使用权限制所引起的补偿等，都属于财产权限制特别牺牲的补偿。对因保护野生动物而使居民人身和财产受损的补偿属于行政权力随附效果特别牺牲的补偿。因保护生态而移民引起的补偿属于财产征用特别牺牲的补偿。因调节性生态功能有意提供的补偿就属于无因管理的补偿。这些领域的补偿实际上是行政补偿在环境保护管理领域的具体运用。参见李爱年. 生态效益补偿法律制度研究 [M]. 北京：中国法制出版社，2008：58-59.

法人和其他组织之间在意思表示一致的基础上设立、变更、终止行政法上权利义务关系的协议。在我国已开展的一些生态建设工程中，政府与农户之间签订的对某种生态保护行为的补偿协议，如退耕还林合同，就属于环境行政合同行为。[1]

在生态损害民事法律关系中，生态补偿的性质应当理解为民事合同行为。在横向生态补偿中，如流域上下游之间签订的补偿协议，虽然其签订主体可能是互相没有行政隶属关系的地方政府，补偿协议是为了维持特定行政区域的生态保护者和生态受益者之间的利益关系，实现区域生态利益的增进目标，但是，合同双方的身份是平等主体，合同的签订是双方通过协商合意而成，体现了双方的"自主性"，符合环境民事合同的要件。

二、生态补偿法律关系的主体

生态补偿法律关系的主体，指生态补偿实施过程中一定的权利享有者和义务承担者。理论上讲，凡是参与生态补偿法律关系的任何组织和个人，如政府、政府部门、法人、非法人组织、自然人都可以成为法律关系的主体。由于生态补偿法律关系的两重性，特别是在生态补偿调整和平衡的利益类型中，生态利益属于典型的公共利益，其主体往往表现为不特定的多数人，在生态补偿的某些具体领域，权利享有者和义务承担者有时并不容易做出清晰的界定，给生态补偿实践带来操作上的困难。以"行政—民事"法律关系的不同属性，生态补偿的权利享有者和义务承担者可以界分为行政补偿主体和民事补偿主体两类；以"补偿—受偿"的事实行为和逻辑关系为基础，可以界分为补偿主体和受偿主体两类。

[1] 李爱年.生态效益补偿法律制度研究［M］.北京：中国法制出版社，2008：60.

（一）生态保护补偿法律关系的主体

生态补偿的补偿主体，是指补偿义务的承担者。在"生态保护补偿"的情形下，依据受益者补偿原则，作为公共利益代言人的政府、特定的生态受益者是补偿的主体；生态补偿的受偿主体，是指生态补偿权利的享有者。在"生态保护补偿"的情形下，补偿权利的享有者，是生态保护和建设的参与者，以及生态保护政策影响下的利益受损者。

补偿主体1：政府。在生态保护补偿法律关系中，政府是最主要的补偿主体。这是因为，政府是公共权力的行使者，保护、提供公共利益是其法定职责。在人类社会的组织层级中，公共权力始终是一种维系社会秩序和社会有序发展的主导力量，公共权力有其来源正当性。按照"社会契约论""人民主权论"等政治学理论，政府公共权力来源于民众的让渡或授权，政府行使公共权力必须以谋求公共利益为目的，或者说必须履行保护所有社会成员的正当利益、管理社会公共事务的职责。生态保护和建设行为促进了生态系统服务功能的改善和提高，增进了生态公共利益，其受益者是不特定的多数人或全体国民，如果由受益者直接向从事生态保护和建设、提供生态服务而致自身利益受损的法人、非法人组织和自然人等各类主体提供补偿，交易成本将十分高昂，更为重要的是将面临无法操作的困境。此时，政府作为公共利益的代言人，就有承担补偿的义务，也有学者认为政府实际上是替代补偿主体。[1]政府基于保护生态公共利益的目的，做出生态补偿决策并负责实施，在生态保护补偿法律关系中，不仅是补偿主体，还是决策主体和实施主体，这是由政府公共权力的性质所决定的。从法律关系的性质分析，政府作为补偿主体是基于公权力的行使，属于行政法律关系的主体。

---

[1]　范俊荣.论政府介入自然资源损害补偿的角色［J］.甘肃政法学院学报，2011（4）：29-34.

表 2-1　政府作为生态补偿主要补偿主体的逻辑关系

生态系统服务类型	制度安排	补偿主体	受偿主体
具有纯公共物品性质	政府服务	不存在补偿问题	
	志愿服务	不存在补偿问题	
	合同承包	中央政府	农牧户、企业等
具有地方公共物品性质	部分公共提供	中央政府	地方政府
	合同承包	地方政府	农牧户、企业等
	政府间协议	地方政府 A	地方政府 B
具有混合物品性质	部分公共提供	政府	农牧户、企业等

　　补偿主体 2：特定的生态受益者。在生态保护补偿法律关系中，某些情况下，受益的主体可以做出相对明确的界定，比如，饮用水源区上游特定区域从事生态保护和建设，饮用水消费区域特定区域的特定群体由此受益。此时，双方通过协商谈判，或通过第三方机构达成补偿协议，不仅是现实可操作的，也是有效率的。在实践中，"特定的生态受益者"可能是具体的法人或非法人单位、个人，也可能是特定区域生态受益者替代主体的地方政府或有关机构，需要根据情况来甄别确认。从法律关系的性质分析，特定的生态受益者与生态保护和建设者之间达成的补偿协议是基于双方合意而形成的，体现出一定的自主性，属于民事法律关系的主体。

　　受偿主体 1：生态保护者。在生态保护补偿法律关系中，从事或参与生态维持、生态建设、生态恢复等一切生态保护活动的法人和非法人单位、自然人都是受偿的主体，应当由政府对其进行公平合理的补偿。生态保护是一种积极追求生态利益增进的行为。从经济学的角度，生态保护行为提供的生态公共产品具有很强的正外部性，完全按照市场机制会出现生产不足甚至产出为零的可能，这就需要政府为公共物品的私人提供者提供制度激励，通过补贴提供生态环境建设公共物品的私人主体，从而为私人提供公共物品创造良好的制度环境。比如，针对沙漠治理，政府可以通过补贴、给予一定年限的产权等方式来激励私人主体投资沙漠绿化。从法学的角度，生态保护和建设参与者促进了生态公共利益的增进，但其付出了劳动、时间和成本，只有得到相应的补偿，才能实现社会公平，否则，从事生态保护和建设将缺乏必要的激励，绝难持久。生态保护和建设参与者，一般情况下，包括从事生态保护和生态建设的法人和非法人组织、自然人。由于生态利益的公共利益属性，对应的补偿主体一般是政府。由于政府特别是中央政府直接对从事生态保护和建设的主体进行补偿存在一定的操作难度，在补偿方式上，一般是由中央政府从财政预算中列支专门的生态补偿资金（或其他补偿实物），以财政转移支付等方式转移给下级政府或政府部门，通过政府系统自上而下的方式最终落实给农牧户、个人或其他受偿主体，本质上是一种行政补偿。需要指出的是，这一情形下，并不存在上级政府对下级政府或政府部门的补偿，各级政府对生态补偿的监督管理是其法定的公共管理职能，上下级政府及其部门之间的财政转移支付是为了操作上的便利而进行的内部安排，其最终的受偿主体仍然是生态保护和建设的自然人、法人和非法人组织。在这种对生态补偿费用自上而下逐级传递的过程中，容易产生权力寻租的空间，需要有相应的监督机制，使受偿主体的受偿权得到充分保障。

受偿主体2：生态保护政策影响下的利益受损者。与生态保护者积极从事生态保护行为不同，受生态保护政策影响和限制的利益受损者，实际上是以相对消极的行为达到了生态保护的目的。生态保护政策，是指国家以保护生态环境为目的而实施的各项政策以及各类大型生态工程项目。如生态公益林保护政策、草原植被保护政策、天然林和公益林防护工程、退耕还林工程、江河源区重要生态功能区生态保护工程等。受生态保护政策的限制，一些被确定为生态保护区、自然保护区、重要生态功能区等区域范围内的居民，其发展机会将受到影响。比如，依据 2011 年我国公布的《全国主体功能区规划》，国家层面上对主体功能区分为优先开发、重点开发、限制开发和禁止开发四类模式。其中，在限制开发区对某些可能危害生态功能的开发利用行为规定了限制性措施；在禁止开发区域则对开发利用行为规定了严格的禁止性措施。这些区域的居民就成为生态保护政策影响下的利益受损者。有学者将其归类为无因管理的特别牺牲者、基于生存需要的自然资源使用者、财产权限制的特别牺牲者、公权力行使随附效果的牺牲者、基于生态保护的移民者几种类型。[1]其中，"无因管理的特别牺牲者"是借用民法概念，指本应由政府承担的生态保护责任，在未受委托或没有其他根据的情况下，由他人代为管护，如生态林公益林的自愿管护者，管护者由此而承受了特别牺牲时，应当由政府给予补偿。在贫困的地区，一些个人、家庭为了满足基本的生存需要而严重依赖当地的自然资源，靠山吃山、靠水吃水，也可能形成"越贫穷、越破坏；越破坏、越贫穷"的恶性循环，此即所谓的"贫穷污染"，这种情况在贫困落后的地区普遍存在。从外部注入一定的补偿资金，在保障其生存权的同时，促使其减少或停止破坏生态环境的行为，同样是生态补偿的应有之义。财产权限制的特别牺牲者，是指因生态补偿政策而丧失发展机会，其财产权利受到一定限制，如退耕还林工程中退还部分耕地的农户，其经济收益要受到直接影响，应当给予补偿。公权力行使随附效果的牺牲者，主要是在野生动物保护领域，因国家法律法规确定的重点野生保护动物造成农作物损失或其他损失的，应当由政府给予补偿。生态保护的移民，是指自然保护区核心区等生态敏感地区，为严格保护生态环境，防止人为活动的干预而对相关居民

---

[1]　李爱年.生态效益补偿法律制度研究［M］.北京：中国法制出版社，2008：70-71.

进行异地安置，政府应当支付相应的安置费用。

由此，在生态保护补偿法律关系中，不同的权利义务主体之间就形成了"政府→生态保护者""政府→生态保护政策影响下的利益受损者""特定的生态受益者→生态保护者"这样几组对应的补偿关系。前两组补偿关系是政府以公共利益代表和自然资源国家所有权行使者的身份实施的自上而下的纵向补偿，具有行政法律关系的属性；后一组补偿关系是平等权利主体依据市场机制进行的横向补偿，具有民事法律关系的属性。

（二）生态损害补偿法律关系的主体

在"生态损害补偿"的情形下，环境资源的开发利用者因其开发利用行为导致公共生态利益受到损害，依据开发利用者补偿原则，环境资源的开发利用者是补偿的主体，政府是受偿的主体。

补偿主体：环境资源开发利用者。环境资源开发利用者成为补偿的主体，主要存在于生态损害补偿的情形中。对环境资源的开发利用行为如果符合法定程序，经过国家有关主管部门的审批核准，就具有合法性，应当受到法律的保护。但是，这种合法开发利用行为仍然有可能造成生态环境损害，造成生态系统服务功能下降，带来各种环境问题。环境民事责任的构成要件之一，就是不以行为的违法性作为承担责任的必要条件，合法行为带来环境损害后果，仍然要承担相应责任。为此，环境法确立了"开发者养护、利用者补偿"原则。在实践中，环境资源开发的合法利用者主要是企业法人，也包括其他法人、非法人组织。自然人在某些情况下也可能成为资源的开发利用者，但需要注意的是，自然人基于生存目的对资源的"利用"行为是其生存权保障的基本需要，不能成为补偿主体；只有基于非生存目的的发展需要而进行的资源开发利用行为的自然人，才可以纳入补偿主体。资源开发利用者造成的生态损害后果，导致公共生态利益减损，应当通过向政府缴纳一定的生态补偿税费的方式予以补偿。[1]政府基于自然资源所有权的实际行使者和公共利益代表的双重身份，以公权力保障补偿的实施，因此，在生态补偿法律关系中，环境资源开发利用者属于行政法律关系的行政相对人主体。

受偿主体：政府。在生态损害补偿法律关系中，政府是主要的受偿主体。这是因为，政府是自然资源所有权的实际行使者和管理者。在我国，国家是自然资源所有权的最主要的主体，在实践运作中政府实际上代表国家行使对自然资源的所有权。20 世纪 60 年代，美国密执安大学的萨克斯教授提出的环境公共信托理论认为，阳光、大气、水等环境要素为人类生活所不可缺少，具有使用上的非竞争性和非排他性，并非无主物，而应当是属于全体国民的共有财产。全体国民作为委托人，将其共同所有的环境资源委托给政府管理，此时政府是信托关系中的受托人，基于国民委托而获得对信托财产——环境公共财产进行管理的公共权力。在萨克斯教授看来，政府对信托财产行使监管权力，应维持并增进公众对信托财产的利用上的便利，并且基于公共委托的性质，信托财产不得让渡给私人。

在生态损害补偿法律关系中，体现为"环境资源开发利用者→政府"之间的补偿关系。在这组补偿关系中，政府同样是以环境公共利益代表者和国家自然资源所有权行使者的双重身份，制定和实施环境资源税费等政策，环境资源的开发利用者负有缴纳相应税费的义务。因之体现为一种行政法律关系。

生态补偿法律关系的各方主体及其"补偿—受偿"逻辑如图 2-1 所示。

---

[1]　这里要强调"生态损害补偿"和"生态损害赔偿"的区别。前者是资源开发利用者对合法行为造成生态环境损害后果应承担的责任，实现方式一般是缴纳生态补偿费用；后者是资源开发利用者因其违法行为造成的生态损害后果应当承担的责任，是因其违法行为而引起的惩罚性措施，两者是不属于同一范畴的概念。针对生态损害赔偿，2016 年，中共中央办公厅、国务院办公厅印发了《生态环境损害赔偿制度改革试点方案》，对生态环境损害赔偿进行了政策规制。

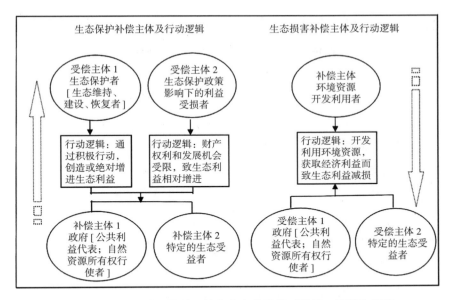

图 2-1　生态补偿法律关系的各方主体及其"补偿—受偿"逻辑

三、生态补偿法律关系的客体

　　生态补偿法律关系的客体，是指生态补偿法律关系的主体的权利和义务所指向的对象。按照法理学通说，法律关系的客体一般包括物、行为和精神财富。法律关系分为绝对法律关系和相对法律关系，二者的客体是不同的。这里我们引用一段经典论述：在绝对法律关系中，权利人通过自己的行动满足自己的利益，义务人承担消极的不作为义务，法律关系的客体表现为权利人积极行为指向的物质和非物质财富。绝对法律关系的客体具有两个特点：第一，由于这类法律关系旨在确定一定的事实关系，所以其客体往往是当时现存的物质和非物质财富；第二，其客体独立存在于权利人满足自己的利益的行为之外。在相对法律关系中，只有通过义务人的积极行为，权利人的利益才能得到满足。因此，法律关系客体表现为义务人积极行为所指向的物质和非物质财富。相对法律关系旨在建立一种当时还不存在的法律关系，从而形成和发展具体事实关系，因此其客体不是体现为现在的物质和非物质财富，而是表现为权利人要求义务人完成积极行为所要达到的结果上。[1]

在生态保护补偿法律关系中，在政府主导的纵向补偿的情形下，生态保护者实施了生态维持、生态建设、生态恢复等行为，使生态系统的功能得到维护和增强，促进了生态公共利益的整体增进，作为社会公共利益代言人的政府与生态保护者之间就产生了生态保护补偿法律关系。由于政府是公共权力的行使者，在生态保护补偿法律关系中，不仅是补偿主体，还是决策主体和实施主体，这是由政府公共权力的性质所决定的。从法律关系的性质分析，政府作为补偿主体是基于公权力行使而做出的，具有行政法律关系的属性。作为受偿权利人的生态保护者，很难通过自己的行动积极追求补偿的结果，只有通过作为补偿义务人的政府的积极补偿行为，才能满足其利益需求，因之属于相对法律关系。法律关系的客体，体现为权利人要求义务人完成积极行为所要达到的成效上，具体表现形式有：补偿资金、补偿实物等经济形式，以及政策优惠、技术扶持、劳动力安置等非经济形式。在市场机制作用的横向生态补偿的情形下，生态保护者和特定的生态受益者是明确可界定的，双方达成的补偿协议是基于合意而形成的，体现出一定的自主性，具有民事法律关系的属性。作为受偿权利人的生态保护者，可以通过自己的行动积极追求补偿的结果，因之属于绝对法律关系。法律关系的客体表现为权利人积极行为指向的物质和非物质财富，具体表现形式有：补偿资金、补偿实物，以及相互之间达成的技术支持等形式。

在生态损害补偿法律关系中，环境资源开发利用者因其合法开发利用行为导致生态损害的后果，使生态系统功能受到损害，引致了生态利益的整体减损，与作为公共利益代表者的政府之间就产生了生态

---

[1]　沈宗灵. 法理学 [M]. 北京：高等教育出版社，2004：396-397. 转引自李爱年. 生态效益补偿法律制度研究 [M]. 北京：中国法制出版社，2008：73-74.

补偿法律关系。此时，政府既是受偿主体，又是管理主体，与补偿义务人之间形成了行政法律关系，政府以制定和实施税费政策的方式积极追求对公共利益的补偿，义务人只能履行补偿义务，因之可以看作积极法律关系。在这一法律关系中，客体表现为各类自然资源与生态环境补偿税费。

四、生态补偿法律关系的内容

生态补偿法律关系的内容，即生态补偿法律关系主体依法所享有的权利和承担的义务。权利义务对等是公平正义原则的直接体现，在生态补偿法律关系中，对"补偿主体—受偿主体"之间的权利义务进行合理配置，是完善生态补偿法律制度的核心。

（一）利益分析视角下生态补偿的制度原理

从利益分析的视角，对生态补偿法律关系所涉及的基本利益类型、利益属性和利益冲突进行分析，有助于理解生态补偿的制度机理。利益法学派认为，利益是法律保护和调整的主要内容，法律本身就是利益分化和利益冲突的产物。当一种利益具有广泛社会需求时，就需要将其上升为实定法益，对其进行充分的保护；当受法律保护的正当利益之间发生冲突的时候，就需要确定利益的位序，对其进行平衡、协调和限制。生态补偿法律关系中，涉及的基本利益类型可以界分为生态利益和经济利益两大类，其中，"生态利益"是基于良好生态系统服务功能而产生的公共利益，体现了生态环境的生态价值；"经济利益"是通过开发利用行为而从环境资源中获取的私益性财产利益，体现了生态环境的经济价值。

生态保护者从事生态维持、生态建设、生态恢复等生态保护活动，促进了生态利益的增进，但其自身的经济利益或发展利益受到损害；从事环境资源开发利用活动，开发利用者通过对生态环境与资源的经济价值的获取，实现了其经济利益（财产权利），但造成了生态利益（公共利益）的减损。此时，"生态利益"与"经济利益"出现冲突和互相"侵害"的现象。两者都是应受法律保护的正当利益，但生态利益属于公共利益，经济利益则属于私人利益，从利益的保护位序上，生态利益应当得到优先保护。同时，对于因维护公益而受损的私益属性的经济利益（财产权利），应当给予合理的补偿。

（二）生态保护补偿法律关系的内容

在"政府→生态保护者"补偿关系中，作为补偿主体的政府，其权利（权力）体现为：确定生态保护补偿的范围，制定补偿的标准、额度、补偿方式和程序等。其义务体现为：对生态保护者的劳动付出成本、产生的生态价值进行合理评估；发布补偿方案；筹集补偿资金；拨付补偿支出；听取意见；等。生态保护者作为受偿主体，其权利主要有：补偿受领权；补偿信息知情权；补偿监督权、建议权和举报权等。其义务主要有：对生态保护情况提供信息的义务；对生态保护情况接受监督的义务；等。

在"政府→生态保护政策影响下的利益受损者"补偿关系中，政府的权利（权力）体现为：基于保护公共利益的需要，可以依法限制或剥夺特定区域和群体对环境与自然资源的开发利用权或财产权；制定对限制或剥夺的特定区域和群体的补偿标准、额度、补偿方式和程序等。其义务体现为：对利益受损者的显性和隐性损失进行调查评估；筹集补偿资金；拨付补偿支出；听取意见等。生态保护政策影响下的利益受损者享有的权利主要有：补偿要求权；补偿受领权；补偿信息知情权；程序性参与权、监督权等。其义务主要有：对因生态保护而丧失的机会成本等情况提供信息的义务；对遵守国家生态保护政策接受监督的义务；等等。

在"特定的生态受益者→生态保护者"补偿关系中，对于受益方来说，其权利体现为享受生态保护者提供的生态惠益，其义务是给予生态保护者合理的补偿。对于生态保护方来说，要求受益方补偿则是其权利，对生态保护情况提供信息并接受监督则是其义务。

（三）生态损害补偿法律关系的内容

生态损害补偿法律关系是"环境资源开发利用者→政府"之间的补偿关系。环境资源开发利用者的权利是：获得环境资源开发利用的权利；税费缴纳程序、缴纳情况的信息知情权；提出异议的权利等。其义务主要有：申报自然资源开发利用状况的义务；接受政府监督的义务；对开发利用信息的告知义务；等。政府的权利（权力）主要有：对环境资源合法开发利用情况的监督调查权；环境资源补偿税费缴纳额度的核定权；补偿税费的领受权；迟缴、拒缴的处罚权和强制执行权；等。政府的义务主要有：对合法开发利用者核准许可的义务；对环境资源补偿税费缴纳公告通知的义务；等。

权利和义务的对立统一主要表现在权利和义务的相互对应、相互依存、相互转化的辩证统一过程中。在生态补偿法律关系中，补偿主体和受偿主体之间的权利和义务也是相对应的。一项权利伴随着一个或几个保证其实现的义务。权利人要承担相应义务，义务人在一定条件下要享受权利，同一主体既是权利主体又是义务主体。生态补偿法律关系的内容，就是通过上述权利义务的公平配置平衡各方主体的利益关系，实现生态利益和经济利益的协调，促进人与自然的和谐发展。

第三节　生态补偿的标准

生态补偿的标准，是生态受益方对生态保护方进行补偿的依据，回答"补多少"的问题，是对生态补偿法律关系双方主体权利义务进行合理配置的基础。生态补偿能否实现协调利益冲突、促进和激励各方主体有效参与生态环境保护，关键在于补偿标准是否公平合理。补偿标准历来是生态补偿研究中的核心问题和难点问题。关于生态补偿标准的研究主要集中在生态学、地理学、经济学等学科领域。在法律层面，目前尚没有形成能够指导生态补偿实践的统一的生态补偿标准规范体系。

我国的生态补偿实践已经在森林、草原、流域、湿地、重点生态功能区、矿产资源等不同领域渐次展开，由于缺乏统一的国家层面的生态补偿标准技术指导规范，不同领域的生态补偿政策、法律所确定的生态补偿标准不尽相同，政府补偿模式下的补偿标准往往是由政府单方面确定，比较随意。比如，有的领域的补偿偏重对直接成本的补偿，有的地方政府和部门把补偿与当地扶贫、最低生活保障相联系，等等。笔者认为，生态补偿标准的科学界定，除了考虑制定标准的技术因素、操作因素、公平与效率等因素以外，还应当从实现环境正义的价值目标出发，遵循一定的原则，综合考虑不同主体之间的利益平衡、一定时期经济社会发展的水平、技术上的可行性与可操作性等因素，选择最优方案。

一、生态补偿标准的设定理论

梳理学术界对生态补偿标准的研究，大致遵从以下几个基本的参照线：一是从生态保护者"付出"的角度，把生态保护者因保护生态环境而付出的机会成本作为补偿标准；二是从生态受益者"受益"的角度，把因生态保护而对生态受益者产生的生态系统服务价值作为补偿标准；三是从补偿者与受偿者"合意"的角度，把双方通过协调谈判达成补偿的合意作为补偿的标准。考察生态学、经济学研究成果，不同的补偿标准及其评估方法如下。

（一）弥补保护成本角度的"机会成本标准"

机会成本是经济学术语，是指"在面临多种选择时，做出一个选择后所丧失的不做该选择而可能获得的最大利益"。在实施生态建设工程或落实生态补偿政策过程中，生态保护地区的地方政府以及企业、农林牧民等微观主体为保护生态环境，付出了相应的劳动和投入，或因政策限制而丧失了发展机会，即付出了"成本"。生态补偿中的成本，大致包括了直接成本、机会成本和发展成本。当然，并不是所有的生态保护活动都会发生上述三类成本，具体成本的付出主要取决于生态保护项目的性质。[1]

直接成本，包括直接投入和直接损失。直接投入是为生态保护、建设和修复而投入的人力、物力和财力。在森林生态补偿中，直接投入包括造林成本、育林成本和管护成本等，如退耕还林工程中投入的种苗、人工；在流域生态补偿中，直接投入包括上游地区为保护流域生态环境而付出的成本或为恢复生态和净化水质而付出的成本，如在涵养水源、水土流失治理、工业污染治理、农业非点源污染治理、城镇污水处理、其他水利设施等方面的投入。直接损失是因政策性保护措施或实现生态服务交易时给当地农牧民造成的损失，如修建水库等毁坏的房屋、树木等财产，国家划定的自然保护区内关闭原有的厂矿企业、旅游景点设施等。直接投入的计算，以投入的资金、人力为依据；直接损失则按年限折旧或采用市场重置法进行估价。对于持续时间较长的生态补偿项目，还应当把通货膨胀、人均收入水平变动、社会环境变动等因素考虑进去。这里特别对"社会环境变动因素"加以阐释：不同地区具有不同的传统习俗、风土人情、饮食习惯等，这些"地方性知识"可以对个人的幸福观产生影响。在生态脆弱地区和库区，如三江源保护区和南水北调路线工程，生态补偿项目要求将部

---

[1]　中国 21 世纪议程管理中心 . 生态补偿原理与应用 [M]. 北京：社会科学文献出版社，2009：165-166.

分农牧民迁移。移民外迁后，脱离了原来的文化网络，需要重新适应当地的社会文化环境。所以，移民的直接损失不只是物质上的，还包括精神层面的。

机会成本，是生态保护地由于政策限制等因素，主动或被动选择有利于生态保护的生产方式，而放弃原来的生产模式而产生的成本。在退耕还林工程中，原来种植农作物的山地、坡地因政策原因而要求植树种草，农民由此承担的农作物收入减少的损失，草原生态保护地区牧民因国家禁牧政策而造成牧业收入减少的损失，水源地保护区禁止渔民捕鱼、禁止农民施肥和喷洒农药而导致的收入减少，基本农田被列入休耕计划而导致农作物收入减少，等等，都是机会成本。机会成本是世界各国生态补偿标准首先要考虑的因素，如欧盟根据因采取各类环境保护措施所导致的收益损失来确定补偿标准，然后再根据不同地区的环境条件等因素制定有差别的区域补偿标准。

发展成本，是指生态保护地区为保护生态环境而放弃部分发展权而导致的损失。如水源保护区严格限制加工业尤其是污染工业的发展，自然保护区禁止开采矿产资源，地方政府、企业会因为这种禁止开发利用的限制而牺牲发展机会，个人也可能因生态保护而牺牲发展机会。生态移民实际上割断了移民原有的社会网络，削弱了他们运用资源的能力，损害了他们的社会资本和发展机会。由于社会经济环境及市场的复杂性和不确定性，对生态保护区的发展成本进行直接测算有一定困难，但可以根据具有可比性的替代地区或行业一定时期的发展水平做出估算，通过财政转移支付，使当地居民与周边地区或其他可类比的地区享受同等的教育、医疗、养老等公共服务。

对机会成本的评估方法，主要有以下几种。

第一，维护成本法。维护成本是指为维护生态系统正常功能的发挥，植树种苗所需要的苗木、人工投入等直接费用，以及对生态系统各环境要素的管护成本，如森林的日常管理费、防治病虫害费、管护费、森林防火费用等，直接投入的费用依据市场价格即可直接做出测算，管护成本主要按照当前投资标准进行计算（防火费、病虫害防治费、管护费分别参考目前相关工程投资标准，日常管理费一般按照工程建设投资的一定比例计算）。

第二，机会成本法。机会成本是指在其他条件相同时，把一定的资源用于生产某种产品时所放弃的另一种产品的价值，或利用一定的资源获得某种收入时所放弃的另一种收入。机会成本法是费用—效益分析法的重要组成部分，常适用于某些资源应用的社会净效益不能直接估算的场合，尤其适用于自然保护区生态保护或具有唯一性特征的自然资源开发项目的评估。该方法操作性强，易于被接受，已经成为很多国家生态补偿的主要标准。需要指出的是，利用机会成本法进行核算时，发展成本也应当被考虑其中。

第三，替代工程法。又叫影子工程法，是生态系统受到破坏后，以模拟人工建造一个工程来替代原来被破坏的生态系统的费用，以此进行估算的方法。当生态系统服务的价值难以进行价值量化时，使用该方法来替代该生态系统的服务价值。替代工程法的优点是便于对生态系统服务的价值进行"比较量化"，但也有不足之处，如替代工程可以有多种选择，不同的工程造价会有很大的差异；替代工程的服务效用与真正生态系统的服务效用是不一样的，如生态系统涵养水分的量与生态系统土壤的结构、性质、植被和凋落物层有直接关系，而水利工程所提供的服务则存在很大差异。因此，替代工程法不能完全替代生态系统给人类提供的服务。

（二）生态受益付费角度的"生态系统服务价值标准"

生态系统对人类社会的支持是通过"产品"和"服务"两方面来实现的。生态系统产品，是指生态系统提供的可以在市场上用货币表现的实物型商品，如木材、矿产资源等，具有非公共的性质；生态系统服务，是指不能在市场上买卖，但对人类有重要影响的非实物型的功能，如森林涵养水源、防风固沙、调节气候等功能。1997 年，格雷琴·戴利（Gretchen Daily）将生态系统服务定义为："生态系统服务是指生态系统与生态过程所形成及所维持的人类赖以生存的自然环境条件与效用。它不仅为人类提供了食物、医药及其他工农业生产的原料，而且维持了人类赖以生存和发展的生命支持系统。"2003 年，由联合国和相关机构发起的国际合作项目"千年生态系统评估"，将生态系统服务定义为："人类从生态系统中获得的各种收益。"并将生态系统服务划分为供给服务、调节服务、文化服务和支持服务四大类型。其中，供给服务是从生态系统中获取的各种产品，如食物、淡水、薪材、生化药剂、遗传资源等；调节服务是从生态系统的调节功能中获得的各种惠益，如气候调节、水资源调节、疾病调控、净化水质、授粉等；文化服务是指从生态系统中获得的各种非物质性惠益，如精神与宗教、消遣与生态旅游、美学、灵感、教育、故土情结、文化遗产等；支持服务，是指对所有其他生态系统服务必 不可少的服务，如初级生产、土壤形成与保持、养分循环、提供"避难所（栖息地）"等。

生态系统服务价值，就是生态系统服务为人类带来的生态性价值、社会文化性价值、经济性价值。生态保护和建设促进了生态系统服务功能提升，引致了生态系统服务价值的增加，对增加的这部分价值进行评估和量化，据此可以作为并没有参与生态保护和建设的受益者付费依据。生态系统服务价值评估是当前国内外生态学研究的热点和国际科学前沿之一。尽管目前对生态系统服务价值的研究还存在很多分歧，但人们对生态系统评估的重要性和现实必要性已达成共识。

理论界对生态系统服务价值评估主要有三种方法。

第一，能值评价法。运用能值理论与方法，以生态系统的能量流动为基础，把生态系统服务进行价值量化。能值是生态学概念，是指一种流动或储存的能量中所包含的另一种类别能量的数量，即产品或劳务形成过程中直接或间接投入应用的一种有效能的总量，就是其所具有的能值。以能值为基础，把系统中不同种类、不可比较的能量转化成同一标准的能值。生态系统中任何形式的能量本质上都来自太阳能，因此常以太阳能为度量标准，所有不同能值的能量都可以转换为其所包含的太阳能值，从而达到统一度量评价的目的。能值分析评价是一种以生态为中心的评价方法。在具体研究某一地区生态系统时，只要将各种储存或作用之能量乘以其太阳能转换率，即可得出其所包含的太阳能值。然后再据以对生态系统的结构、功能、效率进行分析，把生态系统和经济系统一起进行定量分析研究，为能量流、物质流、货币流的评价提供了一个共同的尺度，能值分析理论和方法为生态系统、生态经济系统及人类生产活动的研究开拓了一条定量分析研究途径，在国际学术界引起强烈反响并被广泛应用。

第二，生态足迹评价法。以生态系统中的物质流为基础，研究生态系统的实物价值（主要是生态系统产品的价值），来对生态系统服务的实物进行量化。1992 年，加拿大经济学家威廉·E. 里斯（William E.Rees）提出了"生态足迹"的概念。生态足迹，是指生产一定人口消费的资源及吸纳产生的废弃物所需要的具有生态生产力的地域空间面积。形象地说，就是人类社会活动在区域现状、生态现状中的印记，反映的是生态承载现状。生态足迹理论认为，自然资本总能与一定的地球表面相联系，因此土地面积可以作为基本指标来指示自然资本，即生态足迹理论是以土地面积代表生态资本。生态足迹的概念模型是基于以下事实：人类社会消费的大部分资源和产生的废弃物是可以跟踪的，这些被消费的资源和产生的废弃物可以折算成生产和消化这些资源和废弃物流的生态生产面积。[1]通过跟踪人类利用的大多数消费品和产生的大部分废弃物所需要的生态生产力的地域空间面积、不同尺度的生态服务消费足迹，可以从不同尺度范围确定人类对自然资

[1]　中国 21 世纪议程管理中心.生态补偿原理与应用［M］.北京：社会科学文献出版社，2009：108-109.

源利用的程度，测试某一区域的社会经济发展是否在生态承载力的范围之内。[1]

第三，新兴技术评价法。随着计算机技术和信息集成技术的快速发展，一些新兴技术被应用到生态系统服务价值评估中。特别是地理信息系统、遥感技术、全球定位系统（统称"3R"技术）的日趋成熟，这些技术正逐步成为地学、生态学领域的新的技术方法，在资源管理、区域发展决策方面取得了实际效益，推动了生态系统研究从定性到定量、从静态到动态、从单一评价到综合评价、从单尺度到多尺度的发展。比如，联合国开展的"千年生态系统评估项目"，就应用了遥感、地理信息系统和数学模型等新兴技术对生态系统服务价值进行评价，其中包括对生态系统现状的评估、对生态系统的未来变化趋势和生态系统管理工作应采取的对策的评估，以及一些重要地区启动若干区域性生态系统评估计划，为国际生态系统综合评估提供了全新的研究范式。[2]

（三）基于市场补偿模式的"协商补偿标准"

在生态补偿的市场补偿模式中，经过"一对一"协商谈判达成生态补偿协议，补偿标准的达成通常并不是以严格的科学评价标准为依据，而是双方讨价还价的结果。能否达成协议，取决于补偿主体的支付意愿和受偿主体的得偿意愿的"合意"，只要符合公平、自愿、协商一致、不损害他人合法权益和社会公共利益，达成的补偿标准和补偿协议就是有效的。一般而言，谈判达成协议的过程，要受到包括补偿主体的经济能力和补偿意愿、受偿主体的要价能力、政府引导甚至扶贫政策等各种因素的影响。但是，机会成本法、生态系统服务价值

---

[1]　生态足迹计算是根据生态生产力的大小不同将生态生产土地划分为6种类型：化石能源用地、耕地、林地、牧草地、建筑用地和水域，这6类具有不同生态生产力的生态生产面积通过一个共同度量单位"均衡因子"，使所有国家、地区和个人的生态足迹计算结果可以直接比较，同时又保证了地球全部土地生态生产力不被曲解。现采用的均衡因子分别为，耕地、建筑用地2.8，森林、化石能源土地1.1，草地0.5，海洋（水域）0.2。参见中国21世纪议程管理中心．生态补偿原理与应用［M］．北京：社会科学文献出版社，2009：111.

[2]　赵士洞．新千年生态系统评估：背景、任务和建议［J］．第四纪研究，2001（4）：330-336.

评估法等方法的确立，为协商谈判提供重要的参照系，是谈判协商中实现公平目标的重要标准规范参考。

二、生态补偿标准的最优选择

"机会成本法"和"生态系统服务价值评估法"是目前理论界讨论最多的两个生态补偿标准。理论上，为了建立生态补偿机制，只有机会成本小于生态系统服务价值，存在福利改进的空间，才能进一步构建生态补偿机制，即在机会成本和生态系统服务价值之间，形成了生态补偿标准的合理区间。生态补偿标准如果小于机会成本，则生态系统保护者、经营者会面临"得不偿失"的局面，生态补偿的标准如果大于生态系统服务价值，则生态系统受益者会面临"过度付费"的局面，两种情况都不符合权利义务对等的公平原则，前者会导致生态系统保护者不愿改变已有的土地利用方式或生产方式；后者会导致生态受益者不愿意支付补偿费用。只有当生态补偿标准介于这二者之间时，才能制定出补偿方和受偿方共同接受的生态补偿政策或生态工程方案，生态补偿机制才可能发挥作用。因此，较为理想的生态补偿标准应当是介于两个参照系之间。[1]

"生态保护机会成本" ＜生态补偿标准＜ "生态系统服务价值"

生态系统服务价值评估法因计量方法和标准存在困难，不同评估方法得出的结果有较大差异，依据这一方法得出的补偿额度过高，因之难以被付费方接受。有学者认为，将生态效益价值货币化作为生态价值补偿的标准在理论上是错误的，在现实社会中也难以被接受，补偿标准应该在国家的经济发展水平和其对生态效益的需求间寻求平衡点。[2]在实际操作中，普遍接受的补偿标准以生态保护的机会成本为主，如我国的退耕还林工程、草原生态保护奖励补助机制，以及国

---

[1]　靳乐山.中国生态补偿：全领域探索与进展［M］.北京：经济科学出版社，2016：45.

[2]　李爱年，彭丽娟.生态效益补偿机制及其立法思考［J］.时代法学，2005（3）：65-74.

外的很多生态付费项目。但从公平的角度而言，"机会成本法"仅仅是实现了对生态保护者成本机会最低限度的补偿，虽然弥补了其因保护生态环境而受到的损失，但缺乏激励生态保护者参与生态环境保护的动力。笔者认为，生态补偿标准应当在"机会成本法"和"生态系统服务价值评估法"之间，综合考虑经济社会发展水平，兼顾社会公平，做出科学的最优化选择。在国家统一生态补偿标准的基础上，各地还应当根据各自的实际情况制定差异化的地方补偿标准。

（一）最低补偿标准

最低补偿标准，即以生态保护的机会成本作为补偿标准。我国已开展的生态保护补偿实践中，基本上都采用这一标准。但很多补偿实际上只是对生态保护者直接成本、机会成本的补偿，缺少对发展成本的考量，有些补偿标准甚至连生态保护者的机会成本也不能完全弥补。这种状况实际上是没有达到最低补偿标准，不可避免地，将不能调动生态保护者的积极性，使得政策在实施过程中遭遇或明或暗的阻力，成为诸如禁牧区偷牧、退耕区返耕等现象的制度根源。最低补偿标准是"最低限度的公平"，应当充分考虑生态保护者付出的直接成本、机会成本和发展成本，还应当从历史角度考虑通货膨胀或紧缩、物价涨跌、居民人均收入增减等因素，做出科学的界定。

这里还需要澄清一个相关的问题。有些论著把生态保护区或生态工程建设区居民的最低生活保障，或当地脱贫任务与生态补偿的最低标准相联系，笔者认为，这是对生态补偿制度目标的误读。生态补偿的目标，是通过一定形式的补偿，达到生态保护者和生态受益者之间的利益平衡，以保障、激励生态环境保护目标的实现。至于最低生活保障、脱贫任务等，不是生态补偿制度的价值目标，而是生态补偿"不能承受之重"，这些任务的完成应当通过社会保障制度、扶贫开发政策等相关制度来实现。当然，在生态补偿的具体方式上，可以结合当地最低生活保障、扶贫开发等具体情况，在资金补偿之外，更多考虑以政策扶持、技术支持、产业对接等"造血式"方式，提高当地的发展能力。

（二）合理补偿标准

合理补偿标准，是指在最低补偿标准的基础上，适当考虑生态系统服务价值，合理提高生态补偿的标准，以激励生态保护者的积极性，更好地实现生态补偿的政策目标。在我国，生态文明建设成为"五位一体"的国家发展战略，"美丽中国"目标的实践、"绿水青山就是金山银山"论断的提出，无不昭示当今中国已经进入了一个生态文明时代，生态保护和建设成为这个时代的主旋律之一。生态文明建设需要有完善的制度保障，生态补偿作为其中的支柱性制度之一，应当为实现更高生态保护价值目标而做出制度变革。在以政府补偿为主导的生态补偿模式下，我国的国民经济发展水平逐步提高，为适当提高生态补偿标准奠定了基础。为此，应当加强对生态系统服务价值评估的研究，在"机会成本补偿标准"和"生态系统服务价值补偿标准"之间，综合考虑经济社会发展水平，兼顾社会公平，确定合理补偿标准。

（三）差异化补偿标准

由于各地自然环境禀赋不同，经济社会发展水平不平衡，在国家层面统一的生态补偿标准的基础上，各地可根据各自不同的自然资源环境状况与经济发展水平，制定出不同的区域差异化补偿标准。比如，在草原生态保护奖励补助机制中，国家规定的奖励补助标准是：禁牧补助 6 元／亩，草畜平衡奖励 1.5 元／亩。甘肃省根据本地的实际情况，实施了三个区域的标准，分别是：青藏高原区禁牧补助 20 元／亩，草畜平衡奖励 2.18 元／亩；西部荒漠区禁牧补助 2.2 元／亩，草畜平衡奖励 1 元／亩；黄土高原区禁牧补助 2.95 元／亩，草畜平衡奖励 1.5 元／亩。

上述三个标准中，最低补偿标准属于对机会成本的补偿，是任何一类生态补偿都应当遵从的低线标准。合理补偿标准是机会成本补偿标准和生态系统服务价值补偿标准之间的补偿标准，更能体现公平价值，也更容易发挥制度的激励作用，调动生态保护者的积极性，因而应当成为生态补偿制度的发展方向。由于生态补偿涉及多个领域，在一些相对成熟的领域，比如，流域上下游的横向生态补偿中，如果作为生态受益者的省份经济发展水平较高，有支付较高补偿费用的能力，同时也有支付较高补偿费用以换取优质生态环境质量的意愿，则可以先行试点实践。最终应当把建立"合理补偿标准"作为生态补偿的标准。差异补偿标准属于地方性补偿标准，应当以因地制宜为原则，根据各地实际情况制定。

此外，生态补偿标准的制定，还应当符合程序正义的原则。在政府补偿模式下，政府制定生态补偿标准时应当按照一定的程序，如委托专业的第三方评估机构，严格遵循生态保护机会成本评估标准、生态系统服务价值评估标准等科学依据，使生态补偿标准尽可能符合客观实际。标准制定过程中应当广泛征求生态保护区政府、企业和农牧民的意见，听取生态受益区政府的补偿意愿。在市场补偿的模式下，应当大力发展协商谈判的交易平台，通过平台提供专业咨询和服务，降低交易费用，促进利益相关主体之间合意的达成。

第四节　生态补偿的模式

生态补偿模式，就是在法律制度框架下以何种方式达到补偿的目的，是解决"怎么补"的问题，其目的是解决不同区域、不同利益主体之间因生态保护、环境资源开发利用而发生的利益失衡。正如李爱年教授所论述的：生态效益补偿不仅是一项经济工程，更是一项法律工程。[1]生态保护补偿是一项综合工程，需要各方面齐力推进，既

---

[1]　李爱年.生态效益补偿法律制度研究［M］.北京：中国法制出版社，2008：135.

要运用法律手段，又要运用经济、行政手段；既要求有经济补偿形式，又需要有非经济补偿形式。因此，在法律制度框架下，生态保护补偿模式应综合运用各种手段，构建以经济补偿模式为主，以非经济补偿模式为辅的多元补偿模式。按照本文的界分，广义的生态补偿包括了生态保护补偿和生态损害补偿两大类型，前者是生态受益者对从事正外部行为的生态保护者的补偿，后者是从事负外部行为生态损害者对生态利益受损者的补偿。对应的两类补偿模式也有所不同。

　　生态保护补偿制度是随着人们对生态环境价值的认知和社会权利意识的提高而逐步建立起来的。生态保护补偿制度的核心，是通过将生态环境价值以一定的标准加以量化，并以此为依据对生态保护的贡献者和利益受损者给予补偿。以流域生态保护补偿为例，水源地为了保护水源，限制当地居民从事开发利用行为，客观上导致其收入降低或丧失发展机会，根据"谁受益、谁补偿"的原则，下游生态受益地区应当对其进行合理补偿。在流域共同体内，一部分人因保护生态而牺牲自身利益，另一部分人则无偿从中受益，无论从权利义务维度还是从公平角度出发，都应当由受益方对受损方进行补偿，从而保证受损方经济利益得到弥补，生态保护行为得以持续，同时其生态利益也得以进一步保障。因生态保护而导致的发展不均衡，不仅体现在经济上，在政治、社会、文化、生态等方面都有所体现。生态保护补偿制度作为一项法律制度，其目的在于协调不同地区之间因保护生态所导致的发展不均衡，其实质是对不同主体之间利益的再分配，是利益协调机制。

一、生态补偿的类型

（一）生态保护补偿的类型

　　生态保护补偿是对增进生态利益的正外部性行为的补偿。我国

2014 年修订的《环境保护法》第三十一条明确了生态保护补偿制度，规定由生态受益者对生态保护者进行补偿。[1] 在国内外实践中，对生态保护补偿的类型界分，一般是依据实施补偿的不同领域，区分为森林生态保护补偿、草原生态保护补偿、湿地生态保护补偿、流域生态保护补偿、海洋生态保护补偿、重点生态功能区生态保护补偿等。这种标准，是从生态环境要素的横断面上进行的划分。此种界分，优点在于明确了补偿的领域，与我国条块分割的环境与资源法律相衔接，便于"科层官僚制"行政架构中各主管部门职责的对应。缺点在于，由于生态环境具有整体性，各种领域呈现相互交叉、你中有我我中有你的状态，表面上看来清晰可循，在实际操作中却容易出现主管部门之间职责重叠，出现对生态保护补偿的多头管理、标准不一、层次不齐等一系列问题。

笔者认为，从纵断面对生态保护补偿予以类型化解读，有助于更为科学地认识生态保护补偿的制度机理。目前，我国除《环境保护法》对生态保护补偿做了原则性规定之外，其他环境资源单行法律、法规及政府规章都直接或间接地规定了生态保护补偿制度。[2] 在生态保护补偿制度中，"生态保护行为"是补偿的原因，依据生态保护行为起点状态的不同，可以将生态保护分为生态维持、生态建设和生态恢

---

[1]　在生态保护过程中，贡献者和受损者往往是一致的，贡献者的损失在于失去了本属于自己的利益，受损者的贡献在于放弃了本应得到的发展机会，两者具有内在一致性。贡献者和受损者可以统称为受偿者、保护者。

[2]　比如，《中华人民共和国森林法》《中华人民共和国森林法实施条例》既规定了森林生态效益补偿基金，又规定了防护林和特种用途林的经营者有获得森林生态效益补偿的权利；《中华人民共和国矿产资源法》《中华人民共和国矿产资源法实施条例》既规定了缴纳资源税和矿产资源补偿费，又规定了奖励成绩显著的单位和个人；《中华人民共和国水土保持法》《中华人民共和国水土保持法实施条例》中既规定了水土保持生态效益补偿，又规定了奖励、表彰成绩显著的单位和个人；《中华人民共和国渔业法》既规定了征收渔业资源增殖保护费，又规定了对成绩显著的单位和个人给予精神或者物质奖励；《中华人民共和国水污染防治法》既规定建立健全水环境生态保护补偿机制，又表彰奖励做出贡献的单位和个人；《中华人民共和国野生动物保护法》《中华人民共和国陆生野生动物保护实施条例》《中华人民共和国水生野生动物保护实施条例》《中华人民共和国土地管理法》规定因保护受有损失给予补偿或可以要求补偿，对有突出贡献的单位和个人给予奖励；《中华人民共和国草原法》《中华人民共和国自然保护区条例》规定奖励、补助做出贡献的单位和个人，间接体现了生态保护补偿。但是仔细审视不难发现，环境资源法律、法规中无论直接还是间接规定的生态保护补偿制度，其补偿的对象都呈现一定的规律性，如《森林法》中规定生态效益补偿基金用于提供生态效益的防护林和特种用途林的森林资源、林木的营造、抚育、保护和管理；《草原法》规定奖励的对象是草原管理、保护、建设、合理利用和科学研究等工作中做出显著成绩的单位和个人；《水土保持法》规定水土保持补偿费专项用于水土流失预防和治理，奖励在水土保持工作中成绩显著的单位和个人。

复三种类型。

生态维持，是指以维持生态现状为手段实现生态保护目标。学界有类似的"生态保存"的提法，但笔者认为生态维持的概念更为准确：保存是原封不动的，任其自由衰减；维持是动态的，通过适度的维护达到保持现状的目的。生态建设，是通过各种建设行为，使生态环境在原有状态的基础上向更为良性的方向转变。生态恢复，是通过采取恢复性措施，使已经遭到破坏的生态环境恢复到原有的状态。三者都包含于生态保护概念的内涵之中，但各有侧重。现行环境法规中，无论是生态维持、生态建设还是生态恢复，都能找到一一对应的法律条文，甚至一个条文中不止体现一种保护类型。比如，《渔业法》第五条中规定的"增殖和保护渔业资源"，其中"增殖"体现的是生态建设，"保护"体现的是生态维持；《草原法》第十八条规定的"保护为主、加强建设、分批改良、合理利用"，其中"保护为主、合理利用"体现的是生态维持，"加强建设"体现的是生态建设，"分批改良"体现的是生态恢复。尽管现行法律法规中存在"保护"与"维持"混用的情形，但并不妨碍生态保护成为生态维持、生态建设和生态恢复的上位概念。对"生态保护"行为做上述纵断面的划分，将有助于提高生态保护的针对性，实现保护效益的最大化。与之相对应，生态保护补偿可以划分为三种基本类型，即生态维持补偿、生态建设补偿和生态恢复补偿。

1. 生态维持补偿

单位和个人采取必要的手段和措施，维持生态环境的现有状态以防止出现生态恶化，根据生态补偿的原理，这些单位和个人理应得到补偿，此即生态维持补偿。这种补偿体现的是一种"现状—维护保益—补偿"的逻辑关系，保护者一方面以消极的措施限制自身行为，从而避免对生态的破坏，另一方面采取积极的措施使生态维持在原有的状态。以森林保护为例，不砍伐树木属于前者，人们守住"青山"却得不到"银山"，通过"抑制消费"来换取生态利益；更新造林则属于后者，挖走了"银山"的同时积极营造"青山"，通过"积极生产"
来保持森林的正常更替。生态维持行为保障了生态利益的持续供应。
比如，按照《草原法》的规定，通过舍饲圈养牲畜的方式保护草原的，
国家应当给予补偿。[1] 也就是说，舍饲圈养牲畜是一种限制牲畜饲
养方式，以这种方式避免破坏草原，国家对这种行为予以补偿，体现
的就是生态维持补偿。

2. 生态建设补偿

生态建设补偿，单位或个人通过各种建设行为使生态环境在原有
状态的基础上实现改善，增进了生态利益，生态受益者应当予以补偿。
这种补偿体现的是一种"现状—建设增益—补偿"的逻辑关系，生态
建设者通过卓有成效的建设行为，创造了更多的生态利益，生态利益
的受益者应当对建设者受到的损失给予补偿。依然以森林保护为例，
为了建设美好家园，改善恶劣的生存环境，保护者积极采取有效措施，
大力植树造林，拿出"银山"营造"青山"，即属于生态建设。生态
建设使生态利益得到大幅增进。按照《森林法》的规定，[2] 对森林
的"营造"即种植树木，"抚育"即以各种管护措施保证林木的生长，
两者体现的都是生态建设，将森林生态效益补偿基金用于补偿森林资
源、林木的营造和抚育就是生态建设补偿。又如，位于毛乌素沙漠南
端的陕西定边县长年受到风沙的侵害，陕西定边县农民石光银成立了
全国第一个治沙公司，几十年如一日进行沙漠治理，在毛乌素沙漠南
端营造了 20 多万亩的绿色屏障，为当地生态环境的保护做出了重大
贡献。石光银植树种草治沙，使沙漠变绿洲，为当地乃至全国输送了
生态利益，理应获得生态建设补偿以弥补其治沙的成本，回报其做出
的贡献。

---

[1] 《草原法》第三十五条规定，国家提倡在农区、半农半牧区和有条件的牧区实行牲畜圈养。草原承包经营者应当按照饲养牲畜的种类和数量，调剂、储备饲草饲料，采用青贮和饲草饲料加工等新技术，逐步改变依赖天然草地放牧的生产方式。在草原禁牧、休牧、轮牧区，国家对实行舍饲圈养的给予粮食和资金补助，具体办法由国务院或者国务院授权的有关部门规定。

[2] 《森林法》第八条规定，森林生态效益补偿基金用于提供生态效益的防护林和特种用途林的森林资源、林木的营造、抚育、保护和管理（1998 年）。

3. 生态恢复补偿

生态恢复补偿是指，生态环境遭到破坏后，单位或个人进行积极的恢复治理从而产生的生态利益，生态受益者应当予以补偿。这种补偿体现的是"破坏—恢复补益—补偿"的逻辑关系。仍以森林保护为例，在因生态遭到破坏而日益恶化的地区植树造林，以"银山"换"青山"，就是生态恢复。生态恢复的最终效果，是实现了受损生态系统的服务功能恢复如昔。需要说明的是，生态恢复补偿中的"恢复"与"开发者保护、破坏者恢复"原则中的"恢复"不同。首先，体现在主体上，前者是增进生态利益的生态恢复主体，后者是减损生态利益的生态破坏主体，本身负有恢复生态的义务。其次，体现在行为性质上，前者在恢复生态上是一种贡献行为；后者在恢复生态上是一种强制义务行为。我国《草原法》《森林法》和《水土保持法》等法律分别规定了对退耕还草、恢复森林植被和治理水土流失等的补偿措施。如《水土保持法》中规定的对治理水土流失的补偿即是生态恢复补偿。[1]内蒙古居延海之所以能由日渐干涸恢复到碧波荡漾，除上下游协调水量分配、水权交易外，还与黑河流域治理祁连山生态以发挥其涵养水源功能不无关系。祁连山生态治理就属于生态恢复，下游受益地区对治理者所做的补偿，就属于生态恢复补偿的范畴。

需要注意的是，在有些情形下，生态维持补偿、生态建设补偿和生态恢复补偿往往体现在同一法律关系中。如陕西省与甘肃省相关地方政府达成的渭河流域生态补偿协议即是一个典型例证。位于渭河上游的甘肃省天水、定西等地为了保护渭河水质，以牺牲自身发展为代价，延缓了工业化、城镇化进程，2012年1月，陕西省财政厅和环保厅给予上游甘肃省天水市、定西市生态补偿资金各300万元，用于专项补偿渭河上游的污染治理工程和水源地生态建设工程。2014年，陕

---

[1] 我国《水土保持法》第三十一条规定，国家加强江河源头区、饮用水水源保护区和水源涵养区水土流失的预防和治理工作，多渠道筹集资金，将水土保持生态效益补偿纳入国家建立的生态效益补偿制度。

西省政府共支付生态补偿资金 2000 多万元，集中用于沿渭县区的 22 个重点项目污染防治工程。2011 年底，陕西省政府拨付给两市政府共 600 万元作为渭河上游水质保护生态补偿资金。这一生态保护补偿关系中，同时包含了上述三种类型的补偿形态。

由此，生态保护补偿法律关系中的受偿主体，可以相应地类型化为生态维持者、建设者和恢复者，由于他们在维持、建设和恢复生态的过程中做出了贡献、付出了成本或受到了损失，因此受偿主体也可统称为维持、建设和恢复生态的贡献者和利益受损者。从横向、纵向两个断面对生态保护补偿的类型进行界分，可以帮助我们更为准确地把握生态保护补偿的原理，明确"谁来补偿""对谁补偿"，对于探讨生态保护补偿模式即"如何补偿"也大有裨益。

（二）生态损害补偿的类型

生态损害补偿，是环境与自然资源的开发利用主体的合法开发利用行为造成了生态损害后果时所应当承担的补偿责任。生态损害补偿区别于因违反法律或虽未违法但依法应当承担无过错责任的生态损害赔偿。对生态损害补偿的类型界分，按照实施补偿的不同领域从横断面上进行的划分，可以分为森林生态损害补偿、草原生态损害补偿、湿地生态损害补偿、流域生态损害补偿、海洋生态损害补偿等。按照生态损害行为的状态划分，可以分为自然资源开发补偿、生态环境利用补偿两大类。

1. 自然资源开发补偿

我国环境法规定了自然资源有偿开发利用制度。其中，"开发"是指以土地、森林、草原、矿山、水流等自然资源为对象进行劳动，以获取经济利益为目标的活动。从事自然资源开发，需要缴纳自然资源补偿费，用以恢复生态环境和补偿开发行为所造成的生态环境损害后果。我国自然资源单行法律法规中对此都有规定。例如，矿产资源补偿费、草原植被恢复费、森林植被恢复费、水土保持补偿费、耕地开垦费、土地复垦费、土地有偿使用费和渔业资源增殖保护费等。自然资源补偿费实行专款专用，用于修复因开发行为而导致的生态环境损害，体现了对治理开发利用者负外部行为的补偿。

2. 生态环境利用补偿

在我国的环境法律法规中，"开发利用"经常是连缀使用的。其中，"利用"是借助某类环境要素的本身效用，以达到利用者的经济利益目的。与"开发"相比，"利用"并不完全体现为积极的劳动。比如，在我国新近开展的大气生态补偿实践中，排污者向大气环境排放大气污染物，就是一种对大气环境容量的利用。我国一些地方已尝试开展大气生态补偿工作，按照"谁改善、谁受益，谁污染、谁付费"的原则，根据生态保护成本、发展机会成本，运用经济和行政手段，对大气环境的保护者和受大气环境破坏带来不良影响的受损者进行经济补偿。我国目前尚没有这一领域的国家立法，一些地方结合大气污染治理的地方实践，先行出台了地方大气生态补偿办法，成为我国近年来探索生态补偿的新领域。

二、生态保护补偿模式

由于我国重要生态功能区、生态脆弱区往往与经济落后地区相重合，以及生态补偿的直接目的是解决利益失衡问题，因此生态补偿最主要的模式是经济补偿。依据生态保护补偿的实施主体、运行机制等标准来划分，经济补偿模式大致可以分为：政府主导下的财政转移支付、市场机制下的交易补偿、多主体参与的基金补偿等。尽管依据一定标准对经济补偿模式做了划分，但是每种方式并不是各主体独立运作的，各主体之间互相牵连，只是不同方式下发挥作用大小不一。《环境保护法》第三十一条规定，国家指导受益地区和生态保护地区人民政府通过协商或者按照市场规则进行生态保护补偿，就体现了这一点。

（一）经济补偿模式

经济补偿模式，是通过向受偿者提供经济补偿的方式，平衡生态保护者和生态受益者之间的利益关系。主要有政府主导下的生态保护补偿和基于市场机制的交易补偿两种模式。其中，政府主导下的补偿一般通过财政转移支付、生态补偿专项基金、实物补偿、生态型产品提留等方式进行；市场机制的补偿主要通过协商谈判、一对一交易、配额交易等方式进行。

1. 财政转移支付

财政转移支付是财政学概念，最早由经济学家庇古提出，旨在解决纵向失衡和横向失衡问题。纵向失衡是在公共服务中下级政府承担了更多的支出责任，与其财政收入不对称，需要上级政府予以财政支持；横向失衡是由于各种因素导致不同地区间经济发展水平不一，通过财政支付实现各地区公共服务能力均等化。在生态补偿制度中，政府主导下的财政转移支付，是基于生态维持者、建设者和恢复者创造了生态利益，为了实现生态系统的可持续性，由国家或上级政府对下级政府或生态维持者、建设者和恢复者或者同级政府之间以财政为手段，补偿其做出的贡献或受到的损失。财政转移支付的形式，主要有税收返还、专项拨款、财政援助、财政补贴及专项奖励等。加大对生态保护补偿的财政投入，提高各方主体保护生态环境的积极性，为生态保护补偿提供充分的保障，是生态文明建设的重要任务之一。在制订国民经济发展计划、编制财政预算时，应当将生态保护补偿资金纳入其中。我国环境法律法规也对此多有规定，典型的表述是：各级人民政府应当将生态保护补偿资金纳入本级政府财政资金预算，并提高资金利用效率。目前财政转移支付是生态保护补偿最重要的支撑。有纵向财政转移支付和横向财政转移支付两种方式。

　　纵向财政转移支付，是由中央政府或上级政府以财政转移支付的方式履行生态补偿职责，同时也督促下级政府积极履行职责，从而实现受偿者得到补偿，生态利益得以持续供应。自 20 世纪 80 年代以来，国家立法层面陆续规定了纵向财政转移支付，我国的《环境保护法》以及环境与资源保护单行法中，大都规定了纵向财政转移支付制度。其中，纵向财政转移支付分为中央财政转移支付和地方财政转移支付两种。从理论上讲，生态维持、生态建设和生态恢复等生态保护行为带来全局性生态利益的增进，如国家重要生态功能区的保护和建设，受益者为全体国民或不特定的多数区域，应当由中央政府进行补偿。而当生态维持、生态建设和生态恢复等生态保护行为带来局部性生态利益的增进时，如相对较小的生态功能区的保护和建设，受益者主要限于本行政区域，应当由地方政府进行补偿。[1]纵向财政转移支付是我国当下最主要的生态补偿方式。

　　横向财政转移支付，是指没有行政隶属关系的地方政府之间财政资金的转移。我国生态保护补偿领域的横向财政转移支付一直面临"无法可依"的窘况，直到 2014 年《环境保护法》修订时，增加了受益地区和生态保护地区人民政府通过协商的方式进行补偿的规定。这一规定为现实中存在的横向财政转移支付提供了法律依据，为尚处在起步阶段的横向财政转移支付制度提供了法律保障，将生态补偿财政转移支付制度向前推进了一大步。[2]横向财政转移支付很好地体现了生态保护的正外部性内部化，保护区为受益区输送了生态利益，受益区为保护区提供补偿，协调了受益区和保护区的权利义务关系，有助于受益区和保护区公平发展。

---

　　[1]　曹明德.对建立生态补偿法律机制的再思考［J］.中国地质大学学报（社会科学版），2010（5）：28-35.

　　[2]　我国在《环境保护法》修订之前，横向财政转移支付虽然没有相应法律依据，但地方政府已经有了相关的探索实践。比较典型的是 2005 年的福建省九龙江流域生态补偿、2006 年的京冀两地水资源合作项目、2011 年的新安江流域生态补偿、2011 年陕西和甘肃地方政府之间的渭河上游流域生态补偿等。

2. 生态补偿专项基金

基金作为筹集资金的重要渠道之一，政府性基金作为一项具有专项用途的非税收入，政府可以设立生态保护补偿专项基金来充实生态保护补偿资金。设立专项基金，能有效发挥政府的宏观调控能力，集中基金的使用方向、领域和地区，提高有限资金的利用效率。[1]比如，按照我国的《森林法》规定设立的"国家森林生态效益补偿基金"，为森林资源、林木的营造、抚育、保护和管理提供专项资金。在国外，设立生态补偿专项基金也是筹集生态补偿资金的普遍做法，如日本的水源涵养林建设基金、法国的国家林业基金等。值得注意的是，我国近年来为加强对财政资金的统筹使用，对专项基金的设立采取了紧缩、控制的政策。比如，2015 年国务院印发的《推进财政资金统筹使用方案》中明确规定：一般不新设政府性基金和专项收入项目；个别需要新设立政府性基金或专项收入项目的，应有明确的法律、行政法规依据或经国务院批准，并明确征收期限。依据这一规定，生态补偿专项基金的设立也在从严控制之列，须有明确的法律法规依据或经过国务院批准。

3. 生态型产品提留补偿

生态型产品的产生源自保护者的贡献，因此从生态型产品中提取一定数额的资金来补偿保护者具有天然的合理性。目前我国法律对森林型产品、野生动物型产品提取一定资金，并对资金的用途做了规定，从煤炭和木浆纸张等产品中提取的资金专门用于坑木、造纸等用材林的营造；野生动物保护管理费专户储存，专款专用，全部用于野生动物资源的保护管理、资源调查、宣传教育、驯养繁殖、科学研究等方面。在以色列，由于水资源短缺，其水生态补偿不是以资金形式，而是用水资源循环利用的方式，即排放者产生多少废水，经过污水收

---

[1]　中国二十一世纪议程管理中心.生态补偿原理与应用［M］.北京：社会科学文献出版社，2009：209.

集处理机构处理后，再反馈给其多少水量，称之为"中水回用"。[1]
与之相类似的，我国在退耕还林工程生态补偿中，还使用过粮食补偿
的方式，可以看作一种"实物补偿"。

4. 协商谈判补偿

通过协商谈判方式达成补偿协议，国外称之为"一对一交易"补
偿。这一模式适用于补偿双方主体明确，权利义务关系明晰，可以以
协商谈判的方式确定受益区对保护区的支付金额。政府在一对一交易
中扮演着重要的角色，生态环境服务的核算技术标准、谈判平台、法
律与技术服务支持以及环境仲裁机制等方面需要政府的参与，政府的
参与能够有效降低交易成本。我国的《环境保护法》第三十一条规定
了国家指导受益地区和生态保护区人民政府按照市场规则进行生态保
护补偿，确立了按照市场规则进行协商谈判的交易补偿机制。我国
"一对一交易"的典型案例是浙江省义乌—东阳水权交易。义乌市以
每立方米 4 元的价格购买东阳市的水资源，合理补偿东阳市对水资源
的保护，实现了交易双方的"双赢"。

5. 配额交易补偿

配额交易的主体较多或具有不确定性，并且补偿金额能够按照一
定的标准予以量化，因此也被称作开放式贸易。

（二）非经济补偿模式

作为一种辅助补偿模式，非经济补偿模式更关注生态补偿的实效
性。如果说经济性补偿是"输血"，那么非经济补偿就是"造血"。
非经济性补偿是基于经济补偿手段的资金保障不足，以及受偿地区和
群体发展的可持续性而提出的，主要分为替代性补偿、参与性补偿和
政策性补偿。非经济补偿模式不仅能够有效缓解政府财政压力，还能
为生态保护者提供发展机会，解除其有环保无发展的后顾之忧。

---

[1]　龚高健.中国生态补偿若干问题研究［M］.北京：中国社会科学出版社，2011：162.

1. 替代性补偿

替代性补偿是指，为维持、建设和恢复生态的贡献者和损失者提供非经济补偿以代替他们应获得的粮食、资金等补给性经济补偿，使他们在此基础上获得新的发展。例如，退耕还林工程中，在当地兴办企业就是一种非常重要的替代性补偿方式，既可以解决退耕劳动力的就业问题，又可以巩固退耕还林还草成果，不致因补偿不足以维持生计而复耕。

2. 参与性补偿

参与性补偿不仅是"造血"，而且有反哺生态的功能。在参与性补偿中，保护生态不仅是善举而且是一项事业，保护者在保护生态的过程中倘若能得到持续稳定的收入将大大激发其保护生态的积极性。其中最典型的就是发展生态旅游，现代人对旅游的需求比较旺盛，能够保证为生态旅游业带来充足的收益。保护者在生态旅游中得到了就业机会，其工作内容之一就是保护生态，并且能够因此获得收入，一举两得，生态补偿的效果也就得以持续。

3. 政策性补偿

政策性补偿主要指政策优惠，比如，给予贷款优惠、减免税费，以及把生态补偿与"精准扶贫"政策挂钩等。在当前的社会环境下，政策性补偿颇受民众欢迎。为生态保护者提供政策优惠，将会大大提高其保护生态的积极性。

三、生态损害补偿模式

生态损害补偿，属于环境资源开发利用者因其合法开发利用行为对生态环境带来负外部性的补偿。补偿的模式，主要是通过向开发利用者征收生态保证金、资源费税的方式，用以恢复被损害的生态环境。本书第一章对生态补偿法学概念的分析中做过如下说明：环境与自然资源税费制度中的资源和生态保护补偿费是实现生态损害补偿的制度措施，至于排污费、资源开发使用费、自然资源税以及即将开征的环境保护税，可以看作生态补偿的关联制度或上游制度，在未来的制度建设中，应当对其加以改造以有利于实现生态补偿的制度目标，但税费制度不是生态补偿的全部内容。与生态损害补偿有直接关系的，主要有生态保证金、资源补偿费、资源税等形式。

1. 生态补偿保证金

生态补偿保证金，是指在开发利用自然资源的过程中，向开发利用者征收一定的保证金或押金，用于补偿生态环境的恢复治理。美国、法国、澳大利亚、德国等国家都建立了类似的制度，对矿区开采实行复垦抵押金制度，未能完成复垦计划的，由政府组织将抵押金用于资助第三方进行替代修复，不足部分由矿山企业承担；完成复垦计划的，返还抵押金。我国的生态补偿保证金，主要是向相关开发矿山企业收取矿山环境治理恢复保证金，督促企业对矿山环境进行恢复治理，如完不成恢复治理目标任务，将实行替代修复。

2. 自然资源补偿税费

我国环境法律法规中自然资源补偿费种类繁多，有矿产资源补偿费、草原植被恢复费、森林植被恢复费、水土保持补偿费、耕地开垦费、土地复垦费、土地有偿使用费和渔业资源增殖保护费等。但自然资源补偿费具有短期、易变的特点，不能为补偿资金提供稳定的保证。在自然资源税方面，《矿产资源法》第五条规定了资源税，征收对象是矿产资源的开采者，但未就税款的使用做出规定。2016年，财政部、税务总局发布《关于全面推进资源税改革的通知》，全面清理涉及矿产资源的收费基金，实行费改税，扩大资源税征收范围，实施矿产资源税从价计征改革。需要说明的是，自然资源税费制度是环境法中既有的传统制度，虽然都涉及生态补偿的内容，如为生态补偿提供部分资金来源，但并不是纯粹意义上的生态补偿。

　　生态保护补偿、生态损害补偿虽然有不同的制度机理，但在我国生态补偿的立法和实践中，由于环境要素的整体性，以及生态保护、开发利用等不同逻辑的行为往往相互交织，有时不同模式之间会出现互有交叉又各有侧重的特点。因此，采用何种方式进行补偿，一要根据不同的行动逻辑，采取最为适当的方法，二要综合运用不同方法，形成系统性方法。践行以人为本的环境保护理念，协调生态保护者与受益者之间的利益关系。

第三章　中国生态补偿政策、法律体系之发展演进

　　在我国，生态补偿首先是作为一种政策工具而展开广泛实践，即前期开展分领域、分部门的生态补偿试点，国家出台相应的政策文件予以规范和指导。同时，对某些试点实践比较成熟的领域，国家出台相应的专门立法或在某一单行法律法规中以专门条款对其做出规定，将其上升到立法层面，以法律制度的形式予以规范。针对立法对生态补偿所做的规定往往具有原则性较强而操作性不足的特点，再通过制定相应的政策措施予以细化和补充。可见，在生态补偿领域，我国遵循的是"政策"和"法律"两种治理路径并行的治理模式，并由此在多年实践中形成了一整套相应的政策、法律体系。

　　生态补偿政策和法律体系是一个协同作用的有机整体，二者共同构成了生态补偿的正式制度，相互交织，彼此协作，生态补偿政策法律化和生态补偿法律政策化同时并存。但是，二者仍然有着不同的制度定位和规范功能，对生态补偿政策体系和法律体系做适当的分野，有利于更加准确地揭示生态补偿政策、法律体系的发展演进脉络，探寻实现生态补偿法治化的路径。其中，生态补偿政策体系，是指中共中央、国务院为保护生态环境、实现生态文明建设目标而发布的对生态补偿实践起指导作用的规划、方针、指导意见，以及国家党政机关为实现生态补偿目标而出台的各种政策措施和规范性文件，具有普遍性、指导性、灵活性的特点；生态补偿法律体系，是立法机关或授权

立法的行政机关制定的调整生态补偿法律关系的法律、行政法规、地
方性法规和行政规章，具有普适性、规范性、稳定性的特点。对中国
生态补偿政策体系、法律体系之发展演进进行历时性梳理和共时性分
析，有助于从历史发展脉络和当下"活的"社会生活中总结经验，探
寻制度运行的绩效和缺陷，进而提出生态补偿制度走向规范化、法治
化的路径。

第一节　生态补偿政策工具之演进

从我国生态补偿数十年的发展实践来看，生态补偿主要是以政策
工具的形式来保障运行的，这是由生态补偿本身具有很强的政策性这
一特点决定的。中国的生态补偿政策，最早可以追溯到 20 世纪 50 年
代的"育林基金"政策，经过长期的演进发展，已经形成一整套涵盖
环境保护各主要领域的生态补偿政策体系。下文以生态补偿政策的不
同历史发展阶段为主线，从"历时性"的角度，对生态补偿政策的萌
芽阶段、探索阶段、发展阶段和深化阶段进行较为全面的梳理；同时，
对每一个阶段生态补偿政策的重点领域、政策内容等进行分析，对不
同阶段的发展脉络和特点进行梳理；进而从"共时性"的角度，对当
下生态补偿政策和法律制度建设的特征及不足展开探讨。

一、生态补偿政策的萌芽（1990 年之前）

（一）政策演进

20 世纪 90 年代以前，中国并没有严格意义上的生态补偿政策。
但是，在森林资源开发利用中实行的育林基金、矿产资源开发中实行
的征收生态环境补偿费等政策，可视为早期生态补偿政策的萌芽。

早在 1953 年，林业部就发布了《关于在国有林建立育林基金的

决定》，其中虽然并未明确出现"生态补偿"一词，但首次提出"育林基金"，内容具有一定的生态补偿色彩，暗含了对受害者、付出者等补偿的内容。1972 年 5 月，农林部、财政部发布的《育林基金管理暂行办法》中，再次提出建立育林基金制度。1979 年 2 月，《中华人民共和国森林法（试行）》颁布，正式在法律层面建立了育林基金制度，根据森林资源的生长周期较为漫长的自然属性，在森林资源转化为商品过程中征收部分费用用于修复森林资源所遭受的破坏和影响。1981 年，中共中央、国务院发布《关于保护森林发展林业若干问题的决定》（以下简称《决定》），把育林基金纳入林业基金的范畴，从中央到地方分级负责扶持林业发展。《决定》中要求，要适当提高国有林和集体林区的征收标准和扩大育林基金的征收范围，并交由林业部与财政部制定具体办法。1984 年 9 月，全国人民代表大会常务委员会通过《中华人民共和国森林法》，其中第六条第五款将"育林基金制度"改为"林业基金制度"。1988 年，国务院批准将林业基金划分为中央级林业基金和省级林业基金，坚持将"以林养林"作为解决林业资金问题的基本原则。从"育林基金制度"到"林业基金制度"的转变，是我国森林生态补偿政策的早期探索。

20 世纪 50 年代初至 90 年代初，我国的生态补偿从森林生态补偿领域，逐步向矿产资源开发和生态补偿等领域延伸，开始对矿产资源开发征收生态环境补偿费。1983 年，云南省针对采矿业对生态环境造成严重影响和破坏，以昆阳磷矿为试点，每吨矿石征收 0.3 元，用于采矿区植被恢复及其他生态破坏的恢复治理。随后，又有一些省（区）陆续开始征收针对矿产开发的补偿费用。1986 年实施的《矿产资源法》第五条规定，开采矿产资源必须缴纳资源税和资源补偿费。

（二）主要特点

这一阶段是我国生态补偿的萌芽阶段。其特点是：

第一，虽然相关的森林保护和建设政策带有生态补偿性质，但并没有明确提出生态补偿的概念。生态补偿处于不自觉阶段。

第二，生态补偿开展，局限于森林资源开发利用中的育林基金、矿产资源开发中的生态环境补偿费等少数领域。从"育林基金制度"到"林业基金制度"，初步建立以"基金制度"为主要形式的森林生态补偿；初步确立了以资源的有偿使用和生态环境补偿费为主要形式的矿产资源生态补偿。

第三，无论是林业基金，还是矿产资源补偿费，其目的主要是林业生态建设和矿产资源的生态环境治理，虽然都包含有生态补偿的内容，但并不是纯粹意义上的生态补偿。

二、生态补偿政策的探索（1990—1997 年）

（一）政策演进

从 20 世纪 90 年代开始，生态补偿得到国家的进一步重视。1990 年，国务院发布《关于进一步加强环境保护工作的决定》，提出了"谁开发谁保护，谁破坏谁恢复，谁利用谁补偿"和"开发利用和保护增殖并重"的方针。1992 年，中共中央、国务院转批的外交部、国家环保局《关于出席联合国环境与发展大会的情况及有关对策》中提出自然资源有偿使用原则，承认自然资源与环境具有相应的经济价值，并根据使用价值征收相应的费用。同年，国务院批转国家体改委《关于1992 年经济体制改革要点的通知》，提出要建立林价制度和森林生态效益补偿制度，实行森林资源的有偿使用。普遍认为，这一文件是我国政府正式将"森林生态效益补偿制度"纳入政策框架的开始。随后，国务院批转国家体改委文件《关于 1992 年经济体制改革要点的通知》中，提出要建立森林资源的有偿使用、林价制度和森林生态效益补偿并行的制度。1993 年，国务院发布《关于进一步加强造林绿化工作的通知》，提出逐步实行征收生态效益补偿费措施。其后，国家计委、财政部、国家体改委、林业部等部委在相关政策文件中也多次重申要建立和完善森林生态效益补偿制度。

在生态环境补偿费征收方面，1993 年，国务院批准国家环保局发布的《关于确定国家环保局生态环境补偿费试点的通知》，确定了 14 个省 18 个市、县（区）为试点单位，试行生态环境补偿费政策，将生态补偿费的征收范围扩大到土地、矿产资源等领域。征收的范围涵盖了矿产、土地、旅游、水、森林、草原、药用植物等资源开发和电力建设等方面。1991 年出台的《水土保持法》第二十七条规定，建设过程中产生的水土流失防治费用，从基本建设投资中列支；生产过程中产生的水土流失防治费用，从生产费用中列支。1994 年，国务院颁布《矿产资源补偿费征收管理规定》，对矿产资源补偿费的征收范围、缴纳主体、征收主体、计征依据、征收标准、费率等做了明确规定。一些地方也出台了相应的生态环境补偿费征收办法。1996 年，国务院颁布《关于环境保护若干问题的决定》，提出要建立并完善有偿使用自然资源和恢复生态环境的经济补偿机制。1997 年，国家环境保护总局发布《关于加强生态保护工作的意见》，正式将生态补偿用于湿地保护并制定针对湿地破坏的生态补偿措施，严格监督矿产资源开发中造成的生态破坏问题并实行限期治理和重点恢复治理区的措施。1996 年，中共中央、国务院颁布《关于"九五"时期和今年农村工作的重要任务和政策措施》，提出"逐步建立森林生态效益补偿费制度和生态公益林建设投入机制，加快森林植被的恢复和发展"。生态公益林提供了森林生态和社会服务产品，有防风固沙、保持水土、涵养水源等作用。

（二）主要特点

这一阶段是我国生态补偿政策的探索阶段。其特点是：

第一，生态补偿的领域开始由森林生态补偿向其他环境与自然资源要素领域扩展。

第二，生态补偿的方式以征收生态环境补偿费为主，实质是对环境资源开发利用者的开发利用行为造成的生态环境损害进行的补偿，属于生态补偿中的"生态损失补偿"。但在个别领域，如森林生态效益补偿基金、生态公益林建设投入方面，体现了对生态保护做出贡献和牺牲的主体进行"生态保护补偿"的理念。

第三，生态补偿的实践，是以国家政策为指导，由地方出台相应的细化政策予以落实，在不同领域体现出各自为政的特点。

三、生态补偿政策的发展（1998—2006 年）

（一）政策演进

1998 年，我国长江流域发生特大洪水之后，国家相继启动了天然林资源保护、退耕还林、退耕还草等一系列大型生态建设工程项目，其涉及区域之广、投入力度之大前所未有。与之相适应，我国生态补偿政策进入全面发展时期。同年，国务院颁布《全国生态环境建设规划》，在该规划确定的几项关于生态环境建设的政策措施中，重申按照"谁受益、谁补偿，谁破坏、谁恢复"的原则，建立生态效益补偿制度。其中，"谁受益、谁补偿"指的是对增进生态价值的生态保护者和服务者提供补偿，是对环境正外部性行为的补偿，这一原则为建立"生态保护补偿"制度提供了依据。

在森林生态效益补偿方面，1998 年修订后的《森林法》第八条第六款确立了林业基金制度，将过去的"育林基金"替换为"森林生态效益补偿基金"，该基金用于对森林的营造、抚育、保护和管理。2001 年，财政部、国家林业局颁布《森林生态效益补偿基金筹集和使用管理办法（暂行）》，提出建立"有偿使用、全民受益、政府统筹、社会投入"的生态补偿机制，旨在从根本上改变森林生态效益"多数人受益、少数人负担"的状况，逐步确立"谁受益、谁负担"的生态补偿机制。2003 年，中共中央、国务院颁布了《关于加快林业发展的决定》（以下简称《决定》），明确提出："凡纳入公益林管理的森林资源，政府将以多种方式对投资者给予合理补偿，……公益林建设投资和森林生态效益补偿基金，按照事权划分，分别由中央政府和各级地方政府承担。"为深入贯彻《决定》，2004 年，在总结森林生态效益补偿试点经验的基础上，国家林业局、财政部发布《重点公益林区划界定办法》《中央森林生态效益补偿基金管理办法》，正式建立了中央森林生态效益补偿基金制度。

在矿产资源生态补偿领域，2013 年，财政部、国土资源部颁布了《矿山地质环境恢复治理专项资金管理办法》，设立矿山地质环境专项资金，用于开展因矿山开采活动造成矿山地质环境破坏的恢复和治理工作。2006 年，国务院批复《关于在山西省开展煤炭工业可持续发展政策措施试点的意见》，提出要"完善矿业权有偿取得制度"。同年，财政部、国土资源部、环保总局出台了《关于逐步建立矿山环境治理和生态恢复责任机制的指导意见》，要求按矿产品销售收入的一定比例，收取矿山环境治理和生态恢复保证金。

在水土保持和水资源有偿使用等领域，生态补偿政策也渐次出台。1999 年，水利部、财政部颁布了《小型农田水利和水土保持补助费管理规定》，将"小型农田水利和水土保持补助费"的专项资金纳入国家预算，用于补贴、扶持农村发展小型农田水利、防治水土流失、建设小水电站和抗旱等。2006 年，国务院颁布了《取水许可和水资源费征收管理条例》，明确了水资源费的征收标准。

以"退耕还林"等为代表的"生态保护补偿"在生态补偿政策中开始占据越来越重要的位置。1999 年，国家首先在四川、陕西和甘肃开展了"退耕还林"的试点工作，并在 3 年后制定了退耕还林 10 年规划。为了加强对"退耕还林"试点的指导，2000 年，国务院下发了《关于进一步做好退耕还林还草工作的若干意见》。从 2001 年起，国家在全国 11 个省（自治区）进行退耕还林试点工作，并全面开展公益林建设、天然林保护、防沙治沙等一系列工程。2002 年 12 月，在总结试点经验的基础上，国务院颁布了《退耕还林条例》，在全国全面实施退耕还林（草）政策，退耕还林（草）工程的实施使得我国的生态保护补偿政策迈出了根本的一步，有了统一的补偿标准、补偿程序和相应的保障机制，标志着中国的生态保护补偿进入了一个新的阶段。

建立国家层面的生态补偿机制已经列入党和政府的工作议程。2005 年，国务院发布了《关于落实科学发展观加强环境保护的决定》，进一步明确要求完善生态补偿政策，尽快建立生态补偿机制。党的十六届五中全会首次提出，按照"谁开发谁保护、谁受益谁补偿"的原则，加快建立生态补偿机制，并写入国家"十一五"发展规划。自2005 年起，生态补偿机制建设每年都成为国务院年度工作的重点。比如，2006 年政府工作报告中指出："要综合运用各种手段，特别是价格、税收等经济手段，促进资源合理开发和节约使用，抓紧建立生态补偿机制。"同年，国家发展改革委根据第十届全国人大四次会议审议通过的"十一五"规划纲要要求，组织编制《全国主体功能区规划》，为建立生态补偿机制提供了空间布局框架和制度基础。

（二）主要特点

这一阶段是我国生态补偿政策的发展阶段。其特点是：

第一，生态补偿在注重以资源有偿利用和资源税费为主要形式的"生态损失补偿"的同时，注重对生态保护做出贡献和牺牲的主体进行补偿，即"生态保护补偿"，其中退耕还林（草）政策最具有代表性。

第二，一些较早开展生态补偿的领域，如森林生态效益补偿基金建立了比较完善的政策、法律保障体系，建立了中央森林生态效益补偿基金制度，逐步走上规范化、法治化的轨道。

第三，生态补偿政策调整的领域逐步拓展，涉及森林、草原、矿产资源、耕地、水土保持等领域。

第四，建立国家层面的生态补偿机制已经提升为党和政府的重要工作议题，在一系列政策文件中被反复要求。特别是《全国主体功能区规划》的颁布，为建立生态补偿机制提供了制度基础。

四、生态补偿政策的深化（2007 年至今）

（一）政策演进

2007 年，国家环保总局印发《关于开展生态补偿试点工作的指导意见》（以下简称《指导意见》），这是我国首次专门就开展生态补偿试点工作发布的指导性文件。《指导意见》明确了开展生态补偿试点工作的指导思想、原则和目标，并提出建立重点领域的生态补偿机制的目标，包括自然保护区生态补偿机制、重要生态功能区生态补偿机制、矿产资源开发的生态补偿机制、流域水环境保护的生态补偿机制等。《指导意见》的出台，标志着建立生态补偿机制进入全面的、实质性的操作阶段。这一时期，建立健全生态补偿的机制体制，成为每年中央政府工作报告的"必备项"，并在"十二五"规划和党和十八大报告中得到确认。[1] 2008 年，确立了以国家发展改革委和财政部统筹负责，国务院相关部门分工负责的生态补偿管理体制。[2]由此，我国的生态补偿政策进入全面深化阶段。

---

[1]　比如，2008 年 3 月中央政府工作报告中提出，"改革资源税费制度，完善自然资源有偿使用制度和生态环境补偿机制"。2009 年 3 月中央政府工作报告中提出，"加快建立生态补偿机制，改革完善资源税制度"。2010 年 3 月中央政府工作报告中提出，"深化资源性产品价格和环保收费改革"。2011 年审议通过的"十二五"规划纲要提出，要加快建立生态补偿机制，研究设立国家生态补偿专项资金，推行资源型企业可持续发展准备金制度，加快制定实施生态补偿条例。2012 年党的十八大报告中提出，建立反映市场供求和资源稀缺程度、体现生态价值和代际补偿的资源有偿使用制度和生态补偿制度。

[2]　2008 年，国务院实行机构改革，由国家发展改革委和财政部主要负责生态补偿工作的统筹安排、协调合作及重大问题的解决。国务院下属的发展改革委、财政、国土资源、环保、住建、水利、农业、林业、海洋、统计等各部门均分担其工作范围内生态补偿的具体工作，比如，督促指导、资金分配等，实现了生态补偿在国务院工作中的常态化。

1. 森林生态效益补偿政策进展

森林生态效益补偿相关政策继续深化。2007 年，财政部、林业局颁布新的《中央森林生态效益补偿基金管理办法》，对中央财政补偿基金的标准做了调整，并在其后随着国家财力的增长和相关制度的完善不断加大投入力度。2009 年，国家林业局、财政部颁布新的《国家级公益林区划界定办法》，对国家级公益林的区划范围、区划标准、保护等级、区划界定等做了明确的规定，为森林生态效益补偿提供了基础标准。在退耕还林生态补偿方面，2010 年，国务院发布了《关于进一步做好退耕还林还草试点工作的若干意见》，2012 年发布了《关于进一步完善退耕还林政策措施的若干意见》，对退耕还林还草提出政策性指导意见。2014 年，国务院批准五部委的《新一轮退耕还林还草总体方案》（以下简称《总体方案》），其中对退耕还林还草的补助标准和补助政策做了明确规定。[1]

2. 草原生态补偿政策进展

国家决定从 2011 年起，在西北五省（区）和西藏、四川和云南 8 个主要草原牧区省（区）及新疆生产建设兵团，全面建立草原生态保护补助奖励机制。2012 年又将政策实施范围扩大到黑龙江等 5 个非主要牧区省的 36 个牧区半牧区县，这是新中国成立以来在我国草原牧区实施的规模最大、覆盖面最广、牧民受益最多的一项政策。2011 年，国务院发布了《关于完善退牧还草政策的意见》，2011 年，农业部、财政部发布了《草原生态保护补助奖励机制政策实施的指导意见》，对草原生态保护补助奖励的范围、补助标准和奖励政策做了明确规

---

[1] 《总体方案》确定的主要补助政策如下。（一）中央根据退耕还林还草面积将补助资金拨付给省级人民政府。补助资金按以下标准测算：退耕还林每亩补助 1500 元，其中，财政部通过专项资金安排现金补助 1200 元、国家发展改革委通过中央预算内投资安排种苗造林费 300 元；退耕还草每亩补助 800 元，其中，财政部通过专项资金安排现金补助 680 元、国家发展改革委通过中央预算内投资安排种苗种草费 120 元。（二）中央安排的退耕还林补助资金分三次下达给省级人民政府，每亩第一年 800 元（其中，种苗造林费 300 元）、第三年 300 元、第五年 400 元；退耕还草补助资金分两次下达，每亩第一年 500 元（其中，种苗种草费 120 元）、第三年 300 元。（三）省级人民政府可在不低于中央补助标准的基础上自主确定兑现给退耕农民的具体补助标准和分次数额。地方提高标准超出中央补助规模部分，由地方财政自行负担。（四）地方各级人民政府有关政策宣传、作业设计、技术指导、检查验收、政策兑现、确权发证、档案管理等工作所需经费，主要由省级财政承担，中央财政给予适当补助。

定。2013 年，修订后的《草原法》对草原禁牧、休牧、轮牧区补偿、退耕还草和禁牧休牧补助做出原则性规定。2016 年，农业部、财政部发布《新一轮草原生态保护补助奖励政策实施指导意见（2016—2020年）》，进一步提高了禁牧补助和草畜平衡奖励标准，并完善了相应政策机制。[1]

3. 矿山环境治理和矿产资源生态补偿政策进展

2010 年，国土资源部发布《关于贯彻落实全国矿产资源规划发展绿色矿业建设绿色矿山工作的指导意见》（以下简称《意见》），提出要逐步完善税费等经济政策，通过资源税费改革和税费减免，形成矿山企业资源消耗的自我约束机制。2013 年，财政部、国土资源部印发《矿山地质环境恢复治理专项资金管理办法》。2014 年，为落实国务院资源税改革工作，财政部、国家发展改革委发布《关于全面清理涉及煤炭原油天然气收费基金有关问题的通知》，决定自 2014 年 12月 1 日起，在全国范围统一将煤炭、原油、天然气矿产资源补偿费费率降为零，停止征收煤炭、原油、天然气价格调节基金。2016 年，财政部、税务总局发布《关于全面推进资源税改革的通知》，全面清理涉及矿产资源的收费基金，实行费改税，扩大资源税征收范围，实施矿产资源税从价计征改革。从此，我国自 1994 年起征收的矿产资源补偿费停止征收，改为征收矿产资源税。

4. 水资源和水土保持生态补偿政策进展

2008 年，财政部、国家发展改革委、水利部发布《水资源费征收使用管理办法》，2013 年，上述三部委出台文件要求进一步提高水资源费征收标准。2010 年，修订后的《水土保持法》规定了江河源

---

[1]　《意见》确定的草原生态保护补助奖励政策主要内容如下。（一）禁牧补助。对生存环境恶劣、退化严重、不宜放牧以及位于大江大河水源涵养区的草原实行禁牧封育，中央财政按照每年每亩 7.5 元的测算标准给予禁牧补助。5 年为一个补助周期，禁牧期满后，根据草原生态功能恢复情况，继续实施禁牧或者转入草畜平衡管理。（二）草畜平衡奖励。对禁牧区域以外的草原根据承载能力核定合理载畜量，实施草畜平衡管理，中央财政对履行草畜平衡义务的牧民按照每年每亩 2.5 元的测算标准给予草畜平衡奖励。引导鼓励牧民在草畜平衡的基础上实施季节性休牧和划区轮牧，形成合理利用草原的长效机制。（三）绩效考核奖励。中央财政每年安排绩效评价奖励资金，对工作突出、成效显著的省区给予资金奖励，由地方政府统筹用于草原生态保护建设和草牧业发展。

头区、饮用水水源保护区和水源涵养区的水土保持生态效益补偿标准；并规定容易发生水土流失的地区应当缴纳水土保持补偿费；《水土保持法》第三十一条规定，将江河源头区、饮用水水源保护区和水源涵养区水土保持生态效益补偿纳入国家建立的生态效益补偿制度。第三十二条规定，山区、丘陵区、风沙区以及水土保持规划确定的容易发生水土流失的地区的水土保持，应当缴纳水土保持补偿费，水土保持补偿费收取使用管理办法由国务院财政部门、价格部门会同水行政主管部门制定。2014 年，财政部、国家发展改革委、水利部、中国人民银行出台《水土保持补偿费征收使用管理办法》，对水土流失补偿费的征收范围、计征方式等做了规定。同年，国家发展改革委、财政部、水利部发布《关于水土保持补偿费收费标准（试行）的通知》，对水土保持补偿费的收费标准做出细化规定。

5. 湿地生态保护补偿政策进展

《中共中央、国务院关于 2009 年促进农业稳定发展、农民持续增收的若干意见》中要求启动全国湿地补偿工作。2011 年，财政部、国家林业局印发《中央财政湿地保护补助资金管理暂行办法》，为建立湿地生态补偿制度奠定了基础。2014 年，财政部、国家林业局印发《关于切实做好退耕还湿和湿地生态效益补偿试点工作的通知》，进一步明确了省级财政部门、林业主管部门和承担试点任务的县级人民政府及其实施单位的任务，提出了加强财政资金管理的要求。湿地生态补偿试点工作的开展，拓展了我国生态补偿的领域。

6. 水源区和流域生态补偿政策进展

2008 年修订的《中国人民共和国水污染防治法》首次以法律形式规定了饮用水源区、保护区的水生态环境保护补偿制度。流域生态补偿方面，在各地试点的基础上，2016 年，财政部、环境保护部、国家发展改革委出台《关于加快建立流域上下游横向生态保护补偿机制的指导意见》（以下简称《指导意见》），该意见对我国流域横向生态补偿的基本原则、工作目标和主要内容做了明确要求。[1]《指导意见》的出台，标志着我国流域横向生态保护补偿工作正式启动。流域横向生态保护补偿与纵向生态保护补偿的最大区别在于，突出地方自主协商，引入市场机制。与我国传统纵向生态补偿的"政府主导、社会参与"不同的是，横向补偿体现了"地方为主，中央引导"的特征。流域横向生态保护补偿政策的出台，使我国生态补偿制度又迈出了实质性的一步。

7. 重点生态功能区生态补偿政策进展

2011年，财政部出台《国家重点生态功能区转移支付办法》，对国家重点生态功能区的财政转移支付的范围、资金分配办法等做了规定。[2]此后，转移支付的范围逐步扩大，目前，转移支付实施范围已扩大到466个县（市、区）。同时，中央财政还对国家级自然保护区、国家级风景名胜区、国家森林公园、国家地质公园等禁止开发区给予补助。

8. 其他领域的生态补偿政策进展

除上述领域的生态补偿外，我国还在海洋、耕地、大气等领域开展生态补偿工作。例如，2016年修订的《海洋环境保护法》以法律的形式确立了海洋生态保护补偿制度。特别值得一提的是，一些地方还先行先试，将生态补偿的领域扩展到大气领域，开展环境空气质量补偿工作并出台了相应的地方政策，如2013年山东省出台了《山东省环境空气质量生态补偿暂行办法》，2014年安阳市出台了《安阳市环

---

［1］　根据该意见，我国流域横向生态补偿的基本原则是，区际公平、权责对等；地方为主、中央引导；试点先行、分步推进。工作目标是，到2020年，各省（区、市）行政区域内流域上下游横向生态保护补偿机制基本建立；在具备重要饮用水功能及生态服务价值、受益主体明确、上下游补偿意愿强烈的跨省流域初步建立横向生态保护补偿机制，探索开展跨多个省份流域上下游横向生态保护补偿试点；到2025年，跨多个省份的流域上下游横向生态保护补偿试点范围进一步扩大；流域上下游横向生态保护补偿内容更加丰富、方式更加多样、评价方法更加科学合理、机制基本成熟定型，对流域保护和治理的支撑保障作用明显增强。主要内容是，明确补偿基准；科学选择补偿方式；合理确定补偿标准；建立联防共治机制；签订补偿协议。

［2］　该办法确定的中央财政转移支付的范围：1.青海三江源自然保护区、南水北调中线水源地保护区、海南国际旅游岛中部山区生态保护核心区等国家重点生态功能区；2.《全国主体功能区规划》中限制开发区域（重点生态功能区）和禁止开发区域；3.生态环境保护较好的省区。对环境保护部制定的《全国生态功能区划》中其他国家生态功能区，给予引导性补助。

境空气质量生态补偿暂行办法》等。

在各领域生态补偿工作持续推进的基础上，2016 年 5 月，国务院办公厅发布《关于健全生态保护补偿机制的意见》，提出到 2020 年基本建立符合我国国情的生态保护补偿制度体系。[1] 从 2009 年 3 月至 2017 年 3 月，全国人民代表大会环境与资源保护委员会收到来自不同地区人民代表约 15 次与生态补偿制度建设有关的提案，其中 12 次是出台生态补偿立法。2010 年，《生态补偿条例》被国务院列入立法计划，进入立法调研、论证、起草阶段。2014 年，经过修订的《环境保护法》第三十一条专门规定了生态保护补偿制度，对生态保护补偿的补偿主体、受偿主体、补偿方式和补偿标准等做了原则性规定。

（二）主要特点

这一阶段是我国生态补偿政策的深化阶段。其特点是：

第一，生态补偿的概念逐渐清晰，"生态保护补偿"概念为立法所确认，并在国家的政策文件中得到越来越清晰的表述，成为生态补偿的主要形态。同时，以资源税费为主要形式的"生态损害补偿"政策继续走向深化。

第二，生态保护补偿逐步走向规范化。生态补偿各重点领域均出台了相应的政策指导意见，有的已经由相关环境与自然资源法律法规加以确认。其中，2016 年的《关于健全生态保护补偿机制的意见》，2014 年的《环境保护法》规定了生态保护补偿制度，这在政策法律框架内为生态保护补偿制度的建立奠定了"顶层设计"基础。

第三，生态保护补偿的范围进一步扩大，涵盖了森林、草原、湿地、荒漠、海洋、水流、耕地等重点领域和禁止开发区域、重点生态功能区等。一些地方针对大气生态补偿开展先行先试，进一步扩展了

---

[1]　该意见提出我国生态补偿的目标任务是，到 2020 年，实现森林、草原、湿地、荒漠、海洋、水流、耕地等重点领域和禁止开发区域、重点生态功能区等重要区域生态保护补偿全覆盖，补偿水平与经济社会发展状况相适应，跨地区、跨流域补偿试点示范取得明显进展，多元化补偿机制初步建立，基本建立符合我国国情的生态保护补偿制度体系，促进形成绿色生产方式和生活方式。

生态补偿的领域。

第四，生态保护补偿的模式上，在完善纵向生态补偿政策的同时，以流域横向生态保护补偿政策为代表的横向生态补偿模式开始实施，标志着我国生态补偿工作开始走向政府主导、地方自主、市场机制多元并举的补偿模式。

第五，生态损害补偿有了新的发展。全面清理涉及矿产资源的收费基金，实行费改税，停止征收资源补偿费，改为征收矿产资源税。扩大资源税征收范围，实施矿产资源税从价计征改革。

第二节　中国生态补偿立法之发展

加强生态补偿法制建设，是生态文明时代环境法治建设的重要内容。党的十八届四中全会以来，依法治国被提到了前所未有的高度，依法治国首先要有完整的法律制度做保障。为什么要将生态补偿制度纳入法治化轨道？一方面，作为政策工具的生态补偿固然有灵活性等优点，但也有其自身的缺陷，比如，缺乏法律制度的稳定性、强制性和预期性等，不能替代法律制度。构建完善的生态补偿政策体系和法律体系，发挥政策和法律各自的制度优势，实现两种治理模式的互补共进，是实现生态补偿价值目标的基本进路。从法律层面考察，我国目前的生态补偿立法尚处于比较落后的境地，环境立法中有关生态补偿的零散规定，呈现出"各自为政"的碎片化状态，迄今为止还没有一部国家层面的生态补偿立法。在当下，建立完备的生态补偿法律制度体系，是适应生态文明法治建设这一时代主题的需要。

生态补偿立法，包括国家立法和地方立法两个层面。国家立法是指由国家立法机关或授权立法的国家行政机关制定的，在全国范围内适用的有关生态补偿方面的立法。目前，全国人大常委会尚没有出台关于生态补偿方面的专门国家立法，但在《中华人民共和国宪法》《环境保护法》以及环境与自然资源单行法律、行政法规和部门行政规章中，都有相关生态补偿的立法依据和法律规范。这些规定不仅指导着我国的生态补偿实践，而且也是地方性生态补偿立法的依据。地方立法是指地方立法机关、省级和较大市级地方政府制定的有关生态补偿的专门地方性法规、地方政府规章，或在相关地方立法中以专门条款规定了生态补偿的内容。

对既有的呈现"碎片化"状态的生态补偿法律规范进行全面、系统的类型化梳理并不容易。这是因为，从"历时性"的角度，生态补偿相关立法已经经历了一个较长的历史发展过程；从法体系的角度，生态补偿相关的立法基本上散见于环境与资源保护各单行法中，甚至出现在行政法、经济法等部门法中；从立法的效力位阶的角度，有关生态补偿的规定在相关法律、法规、规章以及规范性文件中都有体现。这种特征，使得有关生态补偿的法律规定呈现出散乱、庞杂，缺少体系性与统合性等特征。本节对中国生态补偿立法发展的回顾与梳理，不以立法时间为主序，也不以立法的效力位阶为标准，而是尝试以生态补偿的不同领域为标准，对现有的生态补偿立法进行共时性梳理，这样更有利于从宏观上把握生态补偿的立法现状与问题。

一、生态补偿的宪法依据及顶层设计

我国宪法并没有直接规定生态补偿的法律条文，但是，从宪法有关保护和改善环境、合理利用自然资源的相关条款的立法精神中，包含了生态保护和生态补偿的理念和依据。此外，由于我国大多数的民族自治地区具有独特的生态屏障作用，作为宪法性法律的《中华人民共和国民族区域自治法》也对民族自治地区的生态补偿做了原则性规定。

2014 年修订的《环境保护法》在总结生态补偿实践经验的基

础上，首次对生态保护补偿做出了原则性的规定。作为环境保护领域的基本法或综合法，这一规定为生态补偿专门立法及环境与资源单行法中不同领域生态补偿立法提供了依据和指导，是生态补偿立法的"顶层设计"。相关的法律及条款如下表所示。

法源	颁布（修改）时间	具体条款（或主要内容）
《宪法》	全国人民代表大会（2014年修正）	第九条　国家保障自然资源的合理利用，保护珍贵的动物和植物。禁止任何组织和个人利用任何手段侵占或破坏自然资源。 第二十六条　国家保护和改善生活环境和生态环境，防治污染和其他公害
《民族区域自治法》	全国人大常委会（1984年颁布，2001年修正）	第六十六条　民族自治地方为国家的生态平衡、环境保护做出贡献的，国家给予一定的利益补偿
《环境保护法》	全国人大常委（1979年试行，2014年修订）	第三十一条　国家建立、健全生态保护补偿制度。国家加大对生态保护地区的财政转移支付力度。有关地方人民政府应当落实生态保护补偿资金，确保其用于生态保护补偿。 国家指导受益地区和生态保护地区人民政府通过协商或者按照市场规则进行生态保护补偿

二、生态补偿各领域的国家立法概述

我国的生态补偿是在分领域、分部门试点的基础上展开的，相关的立法也呈现出较为明显的"部门本位"特征。从法体系构成要素的基本理论出发，这些不同领域的国家立法包括了立法机关制定的法律，国务院制定的行政法规以及国务院各部门制定的行政规章。其表现形式，一是以专门立法出现，二是以相关法律法规中的专门条款出现。下文以此为主线，对生态补偿各领域的主要法律、法规和部门行政规章进行梳理。

（一）森林生态效益补偿立法

森林生态效益补偿是我国较早开展生态补偿的领域。在政策指导和总结实践经验的基础上，《森林法》及其实施细则，以及《中央财政林业补助资金管理办法》等规章、规范性文件确立了森林生态效益补偿制度。《退耕还林条例》及其相关配套办法为退耕还林生态补偿提供了法律依据。

法源	颁布（修改）时间	具体条款（或主要内容）
《森林法》	全国人大常委会（1984年颁布，1998年修订）	第八条（六）　建立林业基金制度 国家设立森林生态效益补偿基金，用于提供生态效益的防护林和特种用途林的森林资源、林木的营造、抚育、保护和管理。森林生态效益补偿基金必须专款专用，不得挪作他用。具体办法由国务院规定
《森林法实施条例》	国务院（2000年颁布，2016年最新修订）	第十五条（第三款）　防护林和特种用途林的经营者，有获得森林生态效益补偿的权利
《中央财政林业补助资金管理办法》[1]	财政部国家林业局（2014年颁布）	本办法专门针对中央财政林业补助资金的管理做出具体规定，内容包括中央财政林业补助资金的预算管理、森林生态效益补偿、林业补贴、森林公安补助、国有林场改革补助、监督检查等
《退耕还林条例》	国务院（2002年颁布）	第三十五条　国家按照核定的退耕还林实际面积，向土地承包经营权人提供补助粮食、种苗造林补助费和生活补助费。具体补助标准和补助年限按照国务院有关规定执行
《退耕还林工程现金补助资金管理办法》	财政部（2002年颁布）	本办法对退耕还林工程现金补助资金的管理做了规定。具体内容包括补助资金的补助标准、补助期限、核查验收、补助资金使用和管理、监督检查等

---

[1]　本办法公布前，财政部、国家林业局先后颁布实施了一系列相关管理办法，如《中央财政森林生态效益补偿基金管理办法》（2009）、《中央财政林业补贴资金管理办法》（2012）、《林业国家级自然保护区补助资金管理暂行办法》（2009）、《中央财政湿地保护补助资金管理暂行办法》（2011）、《林业有害生物防治补助费管理办法》（2005）、《林业生产救灾资金管理暂行办法》（2011）、《中央财政森林公安转移支付资金管理暂行办法》（2011）、《中央财政林业科技推广示范资金管理暂行办法》（2009）、《林业贷款中央财政贴息资金管理规定》（2009）。本办法自2014年6月1日实施后，上述管理办法同时废止。

续表

法源	颁布（修改）时间	具体条款（或主要内容）
《完善退耕还林政策补助资金管理办法》	财政部（2007年颁布）	本办法对退耕还林工程现金补助资金的管理做了补充、完善

（注：国务院相关部委以"办法"出台的相关生态补偿资金管理的部门规章，涉及数量较多，且修改比较频繁。本部分仅统计现行有效的规章，对已经失效的规章不再纳入统计范围。下同。）

（二）草原生态补偿立法

草原生态补偿的立法，主要是《草原法》以专门条款做了规定，财政部、农业部先后颁布实施了《中央财政草原生态保护补助奖励资金管理暂行办法》等一系列补偿资金管理办法对其予以细化，这些办法被2015年出台的《中央财政农业资源及生态保护补助资金管理办法》整合。

法源	颁布（修改）时间	具体条款（或主要内容）
《草原法》	（1985年颁布，2013年最新修正）	第三十五条 在草原禁牧、休牧、轮牧区，国家对实行舍饲圈养的给予粮食和资金补助，具体办法由国务院或国务院授权的有关部门规定； 第四十八条 国家支持依法实行退耕还草和禁牧、休牧。具体办法由国务院或者省、自治区、直辖市人民政府制定。对在国务院批准规划范围内实施退耕还草的农牧民，按照国家规定给予粮食、现金、草种费补助
《中央财政农业资源及生态保护补助资金管理办法》	财政部、农业部（2015年颁布）	本办法的主要内容：规定了农业资源保护资金补助的区域范围；农业资源保护资金的支出内容；把"中央财政草原生态保护补助奖励资金"[1]纳入其中；农业部根据政策确定的实施范围，耕地、草原、渔业等资源状况和畜牧业发展情况提出保护与治理任务目标，综合考虑相关因素，并结合绩效评价情况提出资金分配建议。财政部结合预算资金安排等情况，对农业部提出的资金分配建议审核后安排分配资金

---

[1] 《中央财政农业资源及生态保护补助资金管理办法》自2014年6月9日起施行后，财政部、农业部此前颁布实施的《中央财政草原生态保护补助奖励资金管理暂行办法》（2011），《中央财政飞播种草补助费管理暂行规定》（2004），《海洋捕捞渔民转产转业专项资金使用管理规定》（2003）同时废止。其中，《中央财政草原生态保护补助奖励资金管理暂行办法》对中央财政草原生态保护补助奖励资金管理做出具体规定，内容包括，补助奖励范围（用于禁牧补助、草畜平衡奖励、牧草良种补贴、牧民生产资料综合补贴和绩效考核奖励）、奖励标准、资金拨付与发放、资金管理与监督等。

（三）矿产资源开发生态补偿立法

矿产资源开发生态补偿立法，主要见于《矿产资源法》及国务院出台的配套管理规定，《资源税暂行条例》及国家税务总局的实施细则，以及国土资源部《矿山地质环境保护规定》。值得注意的是，2016 年，财政部、税务总局发布《关于全面推进资源税改革的通知》，全面清理涉及矿产资源的收费基金，实行费改税，扩大资源税征收范围，实施矿产资源税从价计征改革。从此，我国长期以来征收的矿产资源补偿费改为矿产资源税。

法源	颁布（修改）时间	具体条款（或主要内容）
《矿产资源法》	全国人大常委会（1986 年颁布，1996 年修正）	第五条　国家实行探矿权、采矿权有偿取得的制度；但是，国家对探矿权、采矿权有偿取得的费用，可以根据不同情况规定予以减缴、免缴。具体办法和实施步骤由国务院规定。 开采矿产资源，必须按照国家有关规定缴纳资源税和资源补偿费
《矿产资源补偿费征收管理规定》	国务院（1994 年颁布）	主要内容：具体落实了《矿产资源法》中有偿开采的原则，规定了矿产资源补偿费的自征收方法、缴纳方、征收方及费用使用等
《资源税暂行条例》	国务院（1993 年颁布，2011 年修订）	第一条　在中华人民共和国领域及管辖海域开采本条例规定的矿产品或者生产盐（以下称开采或者生产应税产品）的单位和个人，为资源税的纳税人，应当依照本条例缴纳资源税。 第二条　资源税的税目、税率，依照本条例所附《资源税税目税率表》及财政部的有关规定执行。税目、税率的部分调整，由国务院决定
《资源税暂行条例实施细则》	国家税务总局（2011 年颁布）	主要内容：具体落实了《资源税暂行条例》，规定了资源税的征税范围为原油、天然气、煤炭、其他非金属矿原矿和盐；规定了资源税应税产品的具体适用税率、征收方法、纳税方、征税方、征税程序等
《矿山地质环境保护规定》	国土资源部（2009 年颁布，2015 年修订）	第十八条　采矿权人应当依照国家有关规定，缴存矿山地质环境治理恢复保证金。 矿山地质环境治理恢复保证金缴存标准和缴存办法，按照省、自治区、直辖市的规定执行。矿山地质环境治理恢复保证金的缴存数额，不得低于矿山地质环境治理恢复所需费用。 矿山地质环境治理恢复保证金遵循企业所有、政府监管、专户储存、专款专用的原则

续表

法源	颁布（修改）时间	具体条款（或主要内容）
《矿山地质环境恢复治理专项资金管理办法》	财政部、国土资源部（2013 年颁布）	本办法专门针对矿山地质环境恢复治理专项资金管理做出具体规定。主要内容包括资金的支出范围、预算管理、财务管理、监督管理等

（四）水资源与水土保持生态补偿立法

我国《水法》规定了水资源有偿使用制度。国务院颁布的《取水许可和水资源费征收管理条例》，财政部、国家发展改革委、水利部等部委颁布的《水资源费征收使用管理办法》对水资源费的征收、使用、管理做了具体规定。《水土保持法》规定了水土保持补偿费制度，财政部、国家发展改革委等部委颁布的《水土保持补偿费征收使用管理办法》对水土保持补偿费的征收、使用、管理做了具体规定。上述法律、规章一方面是征收水资源费与水土保持补偿费的法律依据，也是制定相关政策的依据，另一方面又根据政策的实施情况而不断加以调整和完善。

法源	颁布（修改）时间	具体条款（或主要内容）
《中华人民共和国水法》	全国人大常委会（1988 年颁布，2016 年最新修订）	第七条　国家对水资源依法实行取水许可制度和有偿使用制度。但是，农村集体经济组织及其成员使用本集体经济组织的水塘、水库中的水除外。国务院水行政主管部门负责全国取水许可制度和水资源有偿使用制度的组织实施
《取水许可和水资源费征收管理条例》	国务院（2006 年颁布）	本办法对取水许可和水资源费的征收管理做了具体规定。主要内容包括取水的申请和受理、取水许可的审查和决定、水资源费的征收和使用管理、监督管理、法律责任等
《水资源费征收使用管理办法》	财政部、国家发展改革委、水利部（2008 年颁布）	本办法对水资源费征收的使用管理做了具体规定。具体内容包括水资源费的征收范围、征收标准、征收程序等

续表

法源	颁布（修改）时间	具体条款（或主要内容）
《水土保持法》	全国人大常委会（1991年颁布，2010年修订）	第三十二条　在山区、丘陵区、风沙区以及水土保持规划确定的容易发生水土流失的其他区域开办生产建设项目或者从事其他生产建设活动，损坏水土保持设施、地貌植被，不能恢复原有水土保持功能的，应当缴纳水土保持补偿费，专项用于水土流失预防和治理。专项水土流失预防和治理由水行政主管部门负责组织实施。水土保持补偿费的收取使用管理办法由国务院财政部门、国务院价格主管部门会同国务院水行政主管部门制定
《水土保持补偿费征收使用管理办法》	财政部、国家发展改革委、水利部、中国人民银行（2014年颁布）	本办法对水土保持补偿费征收使用管理做了具体规定，主要内容包括水土流失补偿费的征收范围、计征标准、征收程序、缴库、使用管理、法律责任等

（五）水源地保护和流域生态补偿立法

我国水源地和流域生态补偿是以政府主导下的纵向补偿为主，主要是在相关的政策指导下运行，有关流域横向生态补偿的政策出台较晚，2016年出台《关于加快建立流域上下游横向生态保护补偿机制的指导意见》，标志着我国流域横向生态保护补偿工作正式启动。这方面的立法主要有：《水污染防治法》对水源地和流域水环境生态保护补偿机制做了原则性规定；《水土保持法》对水土保持生态效益补偿做了原则性规定。此外，尚未有水源地和流域生态补偿的专门立法。

法源	颁布（修改）时间	具体条款（或主要内容）
《水污染防治法》	全国人大常委会（1984年颁布，2017年最新修正）	第八条　国家通过财政转移支付等方式，建立健全位于饮用水水源保护区区域和江河、湖泊、水库上游地区的水环境生态保护补偿机制

续表

法源	颁布（修改）时间	具体条款（或主要内容）
《水土保持法》	全国人大常委会（1991年颁布，2010年修订）	第三十一条　国家加强江河源头区、饮用水水源保护区和水源涵养区水土流失的预防和治理工作，多渠道筹集资金，将水土保持生态效益补偿纳入国家建立的生态效益补偿制度

（六）重要生态功能区生态补偿立法

重要生态功能区生态补偿的立法，目前主要是国务院颁布的《自然保护区条例》中的有关规定；财政部、国家林业局颁布的《林业国家级自然保护区补助资金管理暂行办法》对补助资金的管理和使用做了具体规定；财政部印发的《国家重点生态功能区转移支付办法》对国家重点生态功能区的财政转移支付的范围、资金分配办法等做了具体规定；《防沙治沙法》对沙化土地治理生态补偿做了规定。

法源	颁布（修改）时间	具体条款（或主要内容）
《自然保护区条例》	国务院（1994年颁布，2011年修订）	第二十三条　管理自然保护区所需经费，由自然保护区所在地的县级以上地方人民政府安排。国家对国家级自然保护区管理，给予适当资金补助
《中华人民共和国防沙治沙法》	全国人大常委会（2002年施行）	第三十五条　因保护生态的特殊要求，将治理后的土地批准划为自然保护区或者沙化土地封禁保护区的，批准机关应当给予治理者合理的经济补偿
《林业国家级自然保护区补助资金管理暂行办法》	财政部、国家林业局（2009年颁布）	本办法对林业国家级自然保护区补助资金的管理做了规定。主要内容包括：林业国家级自然保护区补助资金安排和使用的原则、补助资金的用途、资金申请和分配、资金管理和监督使用等
《国家重点生态功能区转移支付办法》	财政部（2009年颁布，2011年、2012年均有新的补充规定）	本办法把"青海三江源自然保护区、南水北调中线水源地保护区、海南国际旅游岛中部山区生态保护核心区等国家重点生态功能区、《全国主体功能区规划》中限制开发区域（重点生态功能区）和禁止开发区域、生态环境保护较好的省区"纳入财政转移支付的范围，并规定"对环境保护部制定的《全国生态功能区划》中其他国家生态功能区，给予引导性补助"

（七）其他领域生态补偿立法

除上述领域的生态补偿国家立法外，《中华人民共和国海洋环境保护法》对海洋生态保护补偿做了原则性规定，《中华人民共和国野生动物环境保护法》对野生动物生态保护补偿做了规定。除此之外，还有相关的行政法规也对生态补偿做出了相关规定，例如，《河道管理条例》《蓄滞洪区运用补偿暂行办法》《城市绿化条例》等。

法源	颁布（修改）时间	具体条款（或主要内容）
《海洋环境保护法》	全国人大常委会（1982 年颁布，2016 年最新修订）	第二十四条　国家建立健全海洋生态保护补偿制度； 开发利用海洋资源，应当根据海洋功能区划合理布局，严格遵守生态保护红线，不得造成海洋生态环境破坏
《野生动物保护法》	全国人大常委会（1988 年颁布，2016 年最新修订）	第十四条　因保护国家和地方重点保护野生动物，造成农作物或者其他损失的，由当地政府给予补偿。补偿办法由省、自治区、直辖市政府制定

三、生态补偿各领域的地方立法概述

地方立法是我国法律体系的有机组成部分。在我国，地方立法主要是指地方立法机关制定的地方性法规，以及省、自治区、直辖市的人民政府和省、自治区的人民政府所在地的市以及设区市的人民政府制定的地方行政规章。在与上位法的关系中，我国的生态补偿地方立法分为两种情形：一是结合地方实际对已有的国家立法做进一步的细化规定，出台专门的生态补偿地方法规、规章，或在相关地方立法中以专门条款加以规定；二是在没有上位立法的情况下，地方"先试先行"出台地方立法，为国家立法的出台积累地方经验。

（一）地方"实施性"生态补偿立法

按照立法的不同类别，地方性立法可分为实施性立法、创制性立法和授权性立法。前述第一种情形属于实施性立法，第二种情形属于创制性立法或授权性立法。我国地方立法中存在大量的实施性立法。其中生态补偿方面的地方立法，涵盖了生态补偿的各主要领域，比如，涉及森林生态效益补偿的方面，绝大多数省份出台了生态效益林建设和森林生态效益补偿基金管理办法或细则；涉及草原生态补偿的，全国主要草原牧区数省份均出台了草原生态保护奖励补助相关办法或规定。其特点是：结合国家出台的生态补偿不同领域的政策或法律、法规、部门行政规章，结合本地实际，制定落实措施和实施方案。

这方面的立法数量比较庞杂。以西北五省（自治区）森林效益补偿为例，为落实《森林法》《中央财政森林生态效益补偿基金管理办法》《中央财政林业补助资金管理办法》等上位法关于森林生态效益补偿的原则、精神和具体要求，2010 年，青海省制定了《青海国家级公益林森林生态效益补偿方案》明确了青海省国家级公益林的范围，具体包括重要江河干流源头、两岸的林地、森林和陆生野生动物类型的国家级自然保护区的林地、重要湿地和水库的林地以及荒漠化和水土流失严重的林地。2010 年，甘肃省颁布了《甘肃省森林生态效益补偿基金管理实施细则》；2014 年，陕西省制定了《陕西省森林生态效益补偿基金管理办法》；2016 年，新疆维吾尔自治区制定了《新疆维吾尔族自治区中央财政森林生态效益补偿基金管理使用实施的细则》。在草原生态补偿、矿产资源开发利用生态补偿、水资源和水土保持生态补偿、水源地和流域生态补偿、重要生态功能区生态补偿等各个领域，各地一般都对有关上位法或上位政策的落实出台了专门的地方性立法。

这类地方立法是在遵循上位法规定的前提下，结合地方实际做出进一步的细化规定，既体现了法制统一原则，又反映了地方的特殊性。鉴于这类地方立法的"实施性"特征，一般都是对上位法的细化和补充，本文不再对其做一一列举。

（二）地方"创制性"生态补偿立法

根据我国《立法法》的规定，在没有上位法的前提下，地方立法机关和行政机关可以在符合法律规定的条件下先行立法。[1] 这为生态补偿的地方创制性立法提供了法律依据。由于这类立法的"创制性"特征，具有弥补国家立法不足、为国家立法积累经验的重要价值。我国生态补偿立法在很多领域走过"先地方立法、后国家立法"的渐进式道路。目前，在综合性生态补偿立法、湿地生态保护和生态补偿立法、大气环境质量生态补偿立法等领域，还没有出台国家层面的法律、法规，但各地在实践中已经出台了不少地方性法规和地方政府规章，笔者拟重点对这类地方生态补偿立法进行梳理。

第一类，综合性生态补偿地方立法。

我国目前尚未出台生态补偿方面的专门法律、法规，仅在《环境保护法》等法律中对生态保护补偿做了原则性规定。一些地方根据这些原则性规定，结合本地开展生态补偿的实际，先行制定了专门的地方生态补偿条例或办法。比如，2014 年 4 月，苏州市人大常委会制定了《苏州市生态补偿条例》（以下简称《条例》），并经江苏省人大常委会批准后于 2014 年 10 月 1 日起施行。《条例》对苏州市开展生态补偿的基本原则、监督管理机制、生态补偿范围、补偿和受偿主体、生态补偿标准、生态补偿资金的分类管理、申报审核、补偿程序、资金筹集和监管、法律责任等做出了全面规定。2015 年 1 月，苏州市政

府颁布了《苏州市生态补偿条例实施细则》，自 2015 年 10 月 1 日起
执行。2016 年，南京市政府颁布了《南京市生态保护补偿办法》，以
地方政府规章的形式颁布执行。这类先行立法的地方生态补偿法规、
规章为我国《生态保护条例》的出台积累了宝贵经验。

第二类，湿地生态保护及湿地生态补偿地方立法。

由于对湿地的重要性认识不足，我国《环境保护法》在很长时期
并没有将湿地作为受环境保护法保护的环境要素。2014 年修订的《环
境保护法》第二条对"环境"的定义之中开始增加了"湿地"这一重
要的生态环境要素。湿地生态补偿工作在 2009 年才开始进入国家政策
层面，2014 年启动湿地生态补偿的试点。目前，在湿地生态补偿方面，
国家林业局于 2013 年颁布的《湿地保护管理规定》，规定"因保护
湿地给湿地所有者或者经营者合法权益造成损失的，应当按照有关规
定予以补偿"。财政部、国家林业局于 2011 年出台了《中央财政湿
地保护补助资金管理暂行办法》。上述有关湿地生态补偿的规范，其
位阶仅为部门政策规范性文件，除此之外尚无专门的湿地生态保护的
国家法律、法规。与之形成鲜明对照的是，这方面的地方立法则早在
21 世纪初期就出现了，并已形成了比较完整的湿地生态保护和湿地生
态补偿地方性法规、规章体系。

2003 年，黑龙江省、甘肃省率先出台了湿地保护条例，此后，各
省、自治区、直辖市立法机关陆续颁布实施了省级层面的湿地保护条例。
据笔者统计，截至 2017 年 7 月，我国黑龙江、甘肃、湖南、陕西、
广东、内蒙古、宁夏、四川、西藏、江西、浙江、北京、青海、云南、
安徽、河北、福建、天津、新疆等至少 19 个省、自治区、直辖市出
台了各自的《湿地保护条例》。另外，一些省会所在地城市如郑州、
济南等地的立法机关出台了专门的湿地保护条例；一些省市如山东省
则由省政府出台了《湿地保护办法》。上述地方性法规、规章中均涉
及湿地生态补偿的内容。审视其中的条款规定会发现，早期的立法条

文往往比较简略，仅对湿地生态补偿做出原则性的规定，而具体的补偿实施办法则授权由同级人民政府制定，如2003年《黑龙江省湿地保护条例》第九条规定：建立湿地保护补偿制度，具体实施办法由省人民政府另行制定。后期出台的规定则比较详细和具有较强的可操作性，如2016年《河北省湿地保护条例》第七条规定：建立湿地生态效益补偿制度。因湿地保护需要造成湿地所有者、使用者的合法权益受到损失的，应当依法补偿；对其生产、生活造成影响的，应当做出妥善安排。鼓励受益地区与湿地保护地区通过资金补偿、对口协作、产业转移、人才培训等方式建立横向补偿关系。这些规定已经对补偿主体、受偿主体、补偿的法定事由、多元补偿方式等做出了明确的界分，为下一步国家湿地生态补偿法律法规的出台提供了地方经验和实践参照。

第三类，大气生态补偿的探索与地方立法。

大气生态补偿是我国生态补偿最新拓展的领域，是生态补偿理论在大气保护方面的应用。面对雾霾多发、大气环境质量恶化的现状，我国一些地方尝试开展大气生态补偿工作。按照"谁改善、谁受益，谁污染、谁付费"的原则，根据生态保护成本、发展机会成本，运用经济和行政手段，对大气环境的保护者和受大气环境破坏带来不良影响的受损者进行经济补偿。我国目前尚没有这一领域的国家立法，一些地方结合大气污染治理的地方实践，先行出台了地方大气生态补偿办法，成为我国近年来探索的生态补偿的新领域。比如，2015年出台的《山东省环境空气质量生态补偿暂行办法》《湖北省环境空气质量生态补偿暂行办法》，2016年出台的《河南省城市环境空气质量生态补偿暂行办法》《河南省安阳市环境空气质量生态补偿暂行办法》等。大气生态补偿是实现大气污染治理或排污活动产生的外部收益或外部成本内部化，促使其"内化"到经济社会发展成本中的重要制度设计。具体的操作步骤是：通过对主要大气污染物监测结果的指标考核，没有完成空气质量指标的市县，需要缴纳一定的罚金，用以向空气质量改善明显的市县进行补偿。[1]

　　大气生态补偿实际上是一种把奖励与惩罚结合起来的补偿机制，在地方大气治理实践中发挥了积极的作用。作为地方自主探索，这一制度能否发展成熟，取决于补偿标准是否合理、空气质量监测数据是否准确，以及生态补偿金最终由地方财政还是污染企业来承担。

　　此外，在国家公园生态保护补偿等方面，也有地方立法先行的实践。比如，在我国国家公园及国家公园生态补偿立法尚付阙如的情况下，2017年青海省率先出台了《三江源国家公园条例（试行）》，其中第四十六条规定：完善三江源国家公园生态补偿机制，健全国家财政投入为主、规范长效的生态补偿政策体系，建立以资金补偿为主，技术、实物、安排就业岗位等补偿为辅的生态补偿方式。

第三节　生态补偿制度体系的整体评价

　　生态补偿政策和法律是指导生态补偿实践最为重要的两种制度工具。通过对生态补偿政策工具之演进、立法之发展的梳理，我们认识到：中国的生态补偿呈现出"政策主导、试点先行、立法跟进"的特征；政策与法律相互交织，互为补充，生态补偿"政策法律化"和"法律政策化"两种思路并存，呈现"你中有我、我中有你"的特点；在生态补偿的政策体系中，由于遵从分领域、分部门推进的思路，政策体系庞大而杂乱；在生态补偿的法律体系中，由于长期坚持"摸着石头过河""成熟一个、制定一个"的立法思路，生态补偿的法律体系也呈现出"各自为政"的碎片化状态，不同领域的生态补偿立法往往出

[1]　比如，根据《山东省环境空气质量生态补偿暂行办法》省、市两级均建立环境空气质量生态补偿资金，省对各设区的市实行季度考核，每季度根据考核结果下达补偿资金额度。市级环境空气质量改善，对全省空气质量改善做出正贡献，省级向市级补偿；市级环境空气质量恶化，对全省空气质量改善做出负贡献，市级向省级补偿。市级向省级缴纳的资金纳入省级生态补偿资金进行统筹，用于补偿环境空气质量改善的市，实质上是建立了环境空气质量恶化城市向改善城市进行补偿的横向机制。大气生态补偿兼具纵向生态补偿和横向生态补偿的双重特征。

现交叉重叠甚至相互冲突的情况，一些重要领域的生态补偿立法缺失，迄今尚未出台起统领作用的生态补偿专门立法；生态补偿概念的内涵和外延在不同发展阶段具有不同的含义；补偿主体、受偿主体有时模糊不清；补偿的标准缺乏科学性；补偿方式基本以政府补偿为主，市场手段运用不足等。这些不足，制约了生态补偿政策法律制度的发展。

一、生态补偿政策法律体系的特点

（一）政策主导、试点先行，立法跟进

分析表明，我国生态补偿是从单一环境要素的试点开始，以政策为主导加以指导和规范。试点领域的实践比较成熟的时候，出台相应的专门立法或在某一单行法律法规中以专门条款对其做出规定，上升到立法层面，以法律制度的形式予以规范。这一特点，既是生态补偿本身的属性所决定的，也受法治建设进程的影响。

生态补偿涉及补偿主体、受偿主体的识别，涉及生态利益、经济利益的平衡，涉及生态环境保护、社会公平等多重目标的协调。生态保护和建设行为带来的生态环境质量的改善和提高，提供了生态环境公共产品，这种公共产品可能是纯粹的公共产品，也可能是部分提供的公共产品，其受益者往往是不特定的群体。此种情形下，对生态补偿的主体进行准确的界定需要根据实践情况。生态补偿的标准也需要综合考虑生态保护和建设者的机会成本、发展成本，以及国民经济与社会发展水平、受偿地区的发展能力等多重因素。在实现社会公平目标和生态环境保护目标之间，也需要对生态补偿相关配套制度如扶贫开发、产业结构转型政策等加以保障。生态补偿政策因其灵活性而能够满足上述复杂多变的要求，因此承担了生态补偿政策先导和试点先行的任务。如果没有政策的"试验性经验"作为引导和依据，仅仅依靠单一的法律治理，僵化的法律制度很可能无法适应生态补偿实践的

需要。因此，在政策主导的基础上，对其中发展比较成熟的领域及时出台立法加以规范，符合生态补偿自身的特性和要求。

从法治发展的脉络来看，改革开放之前，中国的社会治理并不注重法治手段，而是以各种政策手段实现治理目标。改革开放之后，中国走上了社会主义法治建设的道路，开始注重依靠法律手段保障公民权利、管理社会事务，但传统的政策治理仍然保持了强大的惯性。这一点在环境保护方面表现得尤为明显。我国当下开展的生态补偿，政策调整手段仍然占据了相当大的比重。随着依法治国进程的推进和生态补偿实践的深入，把生态补偿政策纳入法治化轨道，在法律框架内实现生态补偿政策和法律的协同，将是生态补偿制度建设的关键。

（二）政策与法律相互交织，互为补充

我国的《环境保护法》及其他环境资源单行法律法规大多是从环境管理政策发展而来，带有强烈的"命令管制型"特征。一方面，实现环境政策法律化是依法治国的要求；另一方面，环境法律的实施需要以环境政策加以补充，反过来又体现出环境法律政策化的特征。两者互为补充，共同构成了我国环境治理的制度体系。前文对生态补偿政策和立法做了适当分野，实际上，政策和法律虽然有不同的制定主体、制定程序和功能面向，但在调整和规范的内容上，很多情况下是相互交织、互为补充的关系，很难做出明确的界分，具体表现为：生态补偿政策的发展成熟，催生了某一领域的生态补偿立法；由于生态补偿制度要素的复杂性，立法往往不能对具体的补偿标准、补偿期限、补偿办法做出明确的规定，而倾向于做出比较原则性的规定；立法的这一特点，要求政府及相关部门再制定相应的可操作性的政策措施，予以细化和补充。

因此，我国生态补偿政策和法律经常是相互交织在一起的，政策引导法律、细化和补充法律，法律则强化和保障政策，形成互为补充的关系。以退耕还林（草）生态补偿工程为例，在退耕还林（草）工程试点阶段，1999 年，国家出台了"退耕还林（草）、封山绿化、个体承包、以粮代赈"的政策，开展退耕还林（草）试点；2002 年在试点经验的基础上面向全国推进，国务院专门出台了针对退耕还林工程的行政法规《退耕还林条例》（以下简称《条例》），对退耕还林的原则、监督管理体制、退耕还林规划计划、验收和补助、保障措施、法律责任等做出了规定。《条例》对实施退耕还林的相关补充和细化政策预留了"接口"，如《条例》第三十五条规定：国家按照核定的退耕还林实际面积，向土地承包经营权人提供补助粮食、种苗造林补助费和生活补助费。具体补助标准和补助年限按照国务院有关规定执行。第三十七条规定：种苗造林补助费和生活补助费由国务院计划，财政、林业部门按照有关规定及时下达、核拨。第三十八条规定：粮食补助费按照国家有关政策处理。依据上述规定，国务院及有关部门在政策层面制定实施了相应的补助费标准和补偿办法。同时，依据《条例》的原则和精神，国家退耕还林的政策持续深化，如 2007 年国务院颁布了《关于完善退耕还林政策的通知》，财政部印发了《完善退耕还林政策补助资金管理办法》；2014 年，经国务院批准，国家发展改革委、财政部、林业部、农业部、国土资源部联合印发了《新一轮退耕还林还草总体方案》《关于加快落实新一轮退耕还林还草任务的通知》。可见，生态补偿的政策和法律是相互交织、互为补充的关系。政策实践侧重了立法的发展，法律法规的出台又为生态补偿政策提供了保障，把政策纳入了法律的框架，促进生态补偿政策向纵深方向发展。

二、生态补偿政策法律体系的不足

（一）政策文件和法律规定中"生态补偿"概念内涵不统一

对生态补偿概念、内涵的认识在学术界经历了长时期的讨论。在实践层面，我国的生态补偿最初主要是针对国家向环境资源的开发利用者征收环境资源补偿税费，其实质是针对环境资源开发利用者的开发利用行为造成的生态环境损害进行的补偿，即"生态损失补偿"，后来逐渐转向生态受益主体对为生态环境的保护做出贡献或牺牲的社会主体进行补偿，即"生态保护补偿"。早期出台的相关政策文件中所称的生态补偿，大都包含了这两种形式的补偿方式。两种补偿方式的补偿原理、补偿主体和受偿主体不同，前者是环境资源开发利用主体因其负外部性行为对国家或相关利益受损者的补偿，后者是生态受益主体对生态保护主体的环境正外部性行为的补偿；但两者又有密切联系，比如，国家征收的环境资源补偿税费，可以作为生态保护补偿的筹资方式。2015年实施的新修订的《环境保护法》从法律层面确认了"生态保护补偿"制度，而作为"生态损失补偿"制度核心内容的环境资源补偿税费制度，在我国环境保护的另外一项制度即环境税费制度中已经有所规制。因此，《环境保护法》明确了我国生态补偿制度建构的重点是建立健全生态保护补偿制度。如2016年5月国务院办公厅发布的《关于健全生态保护补偿机制的意见》严格遵循《环境保护法》对生态保护补偿概念的界定，把生态保护补偿的领域界定在森林、草原、湿地、荒漠、海洋、水流、耕地等方面，而把以往政策文件中包含的矿产资源等领域的生态损害补偿的内容剔除在外。

但是，新《环境保护法》实施后，我国出台的有关生态保护补偿政策中，仍然出现对概念的含义认知不一的问题。2016年财政部、环境保护部、发展改革委、水利部四部委联合出台的《关于加快建立流域上下游横向生态保护补偿机制的指导意见》中规定：流域上游承担保护生态环境的责任，同时享有水质改善、水量保障带来利益的权利。流域下游地区对上游地区为改善生态环境付出的努力做出补偿，同时享有水质恶化、上游过度用水的受偿权利。这一规定中，"下游地区对上游地区为改善生态环境付出的努力进行补偿"毫无疑问是典型的生态保护补偿，但"因水质恶化、上游过度用水，上游地区应当向下游地区进行补偿"是否属于生态保护补偿，则需要认真讨论。笔者认为，造成流域水质恶化、用水过度的结果，从理论上讲，无非出于两种情形：一是上游地区合法开发利用行为导致的环境损害；二是上游地区违法开发利用活动如超标排污、超限开采等导致的环境损害。前者应当承担生态损害补偿责任，后者应当承担生态损害赔偿责任。无论何种情形，均不属于生态保护补偿责任的范畴。在实践中，造成生态环境损害后果的大多是因为违法超标排污、超限开采等。这种流域"上下游相互补偿"模式在一些地方立法中也有体现，如《太湖流域管理条例》第四十九条规定：上游地区未完成重点水污染物排放总量削减和控制计划、行政区域边界断面水质未达到阶段水质目标的，应当对下游地区予以补偿；上游地区完成重点水污染物排放总量削减和控制计划、行政区域边界断面水质达到阶段水质目标的，下游地区应当对上游地区予以补偿。

生态保护补偿政策文件中表述的"双向补偿"，实际上是把生态保护补偿、生态损害补偿、生态损害赔偿几个不同概念混为一谈了。正如有学者指出：流域生态补偿的补偿主体关系混乱、环境正外部性与负外部性糅杂、补偿与赔偿混淆，甚至出现流域上下游双向可逆的"相互补偿"论。[1] 笔者认为，生态补偿政策、法律法规中对于类似的规定对概念的表述应当更加明确，以免造成实践操作中不必要的歧义。

（二）多头管理体制下政策法律的"碎片化"

我国的环境资源管理体制是一种条块分割式的多部门多头管理体制。生态补偿不同领域的政策往往由各部门分头制定和实施，体现出各自为政的特征。比如，在生态损失补偿方面，矿产资源补偿费、土

[1] 谢玲，李爱年.责任分配抑或权利确认：流域生态补偿适用条件之辨析 [J].中国人口·资源与环境，2016（10）：109-115.

地损失补偿费、水资源费、水土保持补偿费、排污收费等各类收费往往由各个产业部门收取、管理；资源税、环境保护税及其他有益于环境的财政政策由综合管理部门执行；在生态保护补偿方面，森林生态效益补偿基金、草原生态保护奖励补助资金、退耕还林（草）补偿资金、重点生态功能区补偿资金等的管理使用，一般由财政部门会同相关产业主管部门制定政策，以财政转移支付方式实施。发展与改革、财政、国土资源、农业与农村、水利、环保等部门对生态补偿都有一定的管辖权，各部门往往都有一套自己的程序和方法。[1]这种管理体制呈现出庞大而杂乱的特点，不同领域的补偿政策之间的协调性不足。

2008 年国务院机构改革中，确立了以国家发展改革委和财政部统筹负责，国务院相关部门分工负责的生态补偿管理体制，在很大程度上改变了以往各部门各自为政的局面。2016 年 5 月，国务院办公厅发布了《关于健全生态保护补偿机制的意见》，从宏观政策层面对生态保护补偿的开展提出指导意见，[2]其中对各部门在生态保护补偿领域的职责和任务做了划分，但是，由于生态保护补偿涉及众多主管部门，各部门的职责往往又存在交叉重叠，如何建立部际间的高效协作机制，把不同领域的生态补偿政策整合到国家统一政策体系之下，增强政策实施的协调性，在"科层官僚制"的行政权力架构和权力分工中，仍然是一个艰巨的任务。

对应生态补偿政策各自为政、体系庞大而杂乱的特点，生态补偿立法也呈现出"碎片化"的特征。目前，环境法律体系中对生态补偿的规定只是零星地散布在不同的环境资源单项立法之中。例如，《环境保护法》对生态保护补偿制度做了原则性规定；《森林法》规定了生态效益补偿制度；《草原法》规定了草原生态保护奖励补助资金制度；《水土保持法》规定了水土流失补偿费制度；《水污染防治法》

---

[1]　杨娟.生态补偿的法律制度化设计［J］.华东理工大学学报，2004（1）：81-84.

[2]　此前国家环境保护总局于 2007 年发布了《关于开展生态补偿试点工作的指导意见》，这是我国首次专门就开展生态补偿试点工作发布的指导性文件，但这一指导文件是国务院部门出台的指导意见，位阶较低，对国务院其他相关部门的统合力不足。

规定了流域生态补偿制度；《海洋环境保护法》规定了海洋生态补偿制度；《矿产资源法》规定了资源税和资源补偿费制度，等等。一些重要领域的生态补偿，如国家重点生态功能区的生态补偿，尚以位阶较低的政策性文件《国家重点生态功能区转移支付办法》来加以规范。纵观上述法律法规对于生态补偿的规定，大多比较笼统，可操作性不强。此外，"碎片化"立法不可避免地带有较强的部门立法色彩，补偿标准、补偿模式和补偿程序不统一，相互之间协调性不足。

（三）不同领域的生态补偿政策法律发展呈现出不平衡性

我国早期的生态补偿政策中，以自然资源税费政策为主要形式的"生态损失补偿"占了相当大的比重。后期的生态补偿政策逐渐向"生态保护补偿"发展，并成为生态补偿的核心内涵。在生态保护补偿政策中，森林、草原等领域开展生态补偿较早，相关的政策、法律体系比较完善，而流域、湿地、国家重点生态功能区等领域的生态补偿试点起步较晚，相关的政策仍处于试点总结经验、不断调整和完善之中。在生态损害补偿方面，早期的自然资源生态补偿税费政策政出多门、税费重叠，部门利益问题比较突出，近期实施资源税费改革，停止征收矿产资源补偿费，改为征收矿产资源税，扩大资源税征收范围，实施矿产资源税从价计征改革。但是，在水资源利用、水土保持等领域，仍然实行收费政策。生态补偿在不同领域的政策法律呈现出明显的不平衡性。

（四）生态补偿模式大多调整纵向补偿，横向生态补偿机制不足

现有的生态保护补偿政策中，绝大多数是调整纵向生态补偿的，即以中央财政转移支付为主，中央财政、地方财政自上而下的转移支付为补偿的主要方式。生态保护补偿的原则是"谁受益、谁补偿"，把中央政府作为生态补偿的补偿主体，在生态受益范围较大、生态受

益者不确定的情形下是合理的，但在生态保护者、生态受益者相对的
情形下，政府作为补偿主体则不合理。因为从理论上讲，中央财政来
自全体纳税人所支付的税收，用全体纳税人的钱为一部分生态受益者
付费，是不公平的。因此，建立横向生态补偿机制，由特定的生态受
益者对生态保护者进行补偿，才符合权责对等原则。我国目前的横向
生态补偿政策，仅有 2016 年出台的《关于加快建立流域上下游横向
生态保护补偿机制的指导意见》，确立了流域横向生态补偿的基本框
架，指导着流域横向生态保护补偿的试点实践。此外，其他领域的横
向生态补偿政策及法律机制很不健全，缺少跨省市的协作机制。

（五）生态补偿政策随意性较大，法律调控不足

生态补偿政策因其灵活性而适应了不同时空的补偿标准、补偿期
限等特殊性需求，能够弥补法律制度僵化性的不足，但生态补偿政策
必须纳入法律框架，遵循一定的规范。否则，脱离法治原则和法治精
神将导致政策本身面临合法性质疑。比如，2002 年颁布的《退耕还林
条例》第三十五条规定："国家按照核定的退耕还林实际面积，向土
地承包经营权人提供补助粮食、种苗造林补助费和生活补助费"。第
五十八条规定："批准粮食企业向退耕还林者供应不符合国家质量标
准的补助粮食或者将补助粮食折算成现金、代金券支付的，要承担相
应法律责任。"国家对退耕农户实行粮食补助，经济林补助 5 年，生
态林政策上，政府与农户据此签订了退耕合同。由于从 2003 年开始
粮食市场出现反弹，政府当初给粮食企业的每单位的结算价格，不能
反映粮食市场上购得等量的实物。2004 年 4 月，国务院办公厅下发了
《关于完善退耕还林粮食补助办法的通知》，规定"从今年起，原则
上将向农户补助的粮食改为现金补助"。这一变化实际上改变了上位
法的规定，影响了退耕还林的公信力。[1] 在退耕还林补助期限届满后，

---

[1] 李爱年.生态效益补偿法律制度研究［M］.北京：法制出版社，2008：182.

国家调整了退耕还林政策，延长了补助期限。但是，在农业直补政策力度加大、退耕延长期补助标准降低以及粮食价格上涨等多种因素的影响下，毁林复耕的压力在增大。目前我国的生态补偿主要以政策调控手段为主，法律调控力度不足。一些在实践中行之有效的生态补偿政策没有及时上升为法律规范，缺少起统合作用的生态补偿专门立法。

此外，生态补偿的相关配套制度不健全。环境资源产权制度、生态环境损害赔偿制度、生态产品市场交易机制并没有完全建立起来，使得生态补偿政策、法律体系的完善面临"本底不足"的问题。

第四章　生态补偿重点领域的实践探索

——以西部生态脆弱区若干典型样态为实证

生态补偿的本质，是对政府、社会、公众等多元主体错综复杂的利益关系和利益诉求进行协调，通过制度的利益平衡、行为矫正、目标激励等功能的发挥，最终达到生态环境保护的目的。中国的生态补偿实践，起始于20世纪90年代生态环境保护的探索，从矿产资源的生态损害补偿领域，逐渐扩大到森林、草原、流域等各生态环境要素的生态保护补偿。中共中央、国务院十分重视生态补偿机制建设，早在2005年，党的十六届五中全会在《关于制定国民经济和社会发展第十一个五年规划的建议》中，就提出按照"谁开发谁保护，谁受益谁补偿"的原则，加快建立生态补偿机制。在2005年以来的10多年中，国务院每年都将生态补偿机制建设列为年度工作重点。全国人大也高度关注生态补偿机制的建设，2010年将《生态补偿条例》列入立法计划，2013年审议了《国务院关于生态补偿机制建设工作情况的报告》。党的十八大把生态文明建设纳入中国特色社会主义事业"五位一体"的总体布局，生态补偿机制被确立为建设生态文明的八大制度之一。2016年，国务院办公厅发布了《关于健全生态保护补偿机制的意见》，提出到2020年实现重点领域和重要区域生态保护补偿全覆盖，基本建立符合我国国情的生态保护补偿制度体系。

为全面落实中共中央、国务院关于生态补偿机制建设的目标任务，我国在大规模实施具有生态补偿性质的生态保护和建设工程，如天然林保护工程、京津风沙源治理工程、西南岩溶地区石漠化治理工程、长江黄河中上游等重点区域水土流失综合治理工程、退耕还林还草工程的同时，按照现行统一监督管理与分级、分部门监督管理相结合的生态环境管理体制，在中共中央、国务院的统一部署下，各部门和地方积极开展了森林生态保护补偿、草原生态保护补偿、水源地生态保护补偿、流域生态保护补偿、重点生态功能区生态保护补偿、湿地生态保护补偿、海洋生态保护补偿、矿产资源生态损害补偿等工作。以生态补偿中最主要的中央财政转移支付为例，2001—2014 年，中央财政开展森林生态效益补偿试点以来，共安排森林生态效益补偿资金802 亿元；2008—2014 年，中央财政设立生态功能区财政转移支付以来，共安排重点生态功能区转移支付资金2004 亿元；2011—2014 年，累计安排生态补偿奖励资金606 亿元；2014 年开始国家层面的湿地生态保护补偿试点以来，共安排资金 10.9 亿元；2012—2014 年新安江流域开展流域上下游生态补偿试点以来，中央财政及安徽、浙江两省财政共安排资金 15 亿元。[1] 这些财政资金的投入，有力地支持了各地生态补偿工作的开展。近年来，全国各地的生态补偿案例迅速增加，尤其是党的十八大以后，随着生态文明建设的加快，生态补偿的实践也呈现出向纵深推进的态势。

西部地区既是我国重要的生态安全屏障，又是我国经济欠发达地区。长期以来，西部地区发展经济、摆脱贫困、改善民生的诉求与保护生态环境、维护生态安全之间存在着尖锐的矛盾。经济发展不足导致的粗放式经济发展和掠夺式资源开发，加剧了自然条件的恶化和自然灾害的发生，在加重贫困的同时，进而削弱了当地居民保护自然资源和生态环境的能力，形成了一种经济发展和生态环境保护之间的恶性循环。生态补偿机制的建设和完善，为打破这一悖论提供了一种制度路径，在一定程度上缓解了西部地区经济发展和生态保护的矛盾。我们可以认为，在西部生态脆弱区开展生态补偿实践最具迫切性和现

---

[1]　靳乐山.中国生态补偿全流域探索与进展 [M].北京：经济科学出版社，2016：16.

实意义，在我国业已全面开展的生态补偿实践中最具典型性、代表性。基于这一认识，本章拟在对西部生态环境问题及其制度成因、西部生态脆弱区生态补偿的典型意义进行分析的基础上，重点选取西部地区森林、草原、流域、重要生态功能区、矿产资源等重点领域开展生态补偿的若干典型样态调研，以之为例证，通过对政策推进情况分析、典型案例分析、调研结论分析，运用规范法学分析、法社会学分析、法经济学分析等方法，对我国生态补偿的实践绩效与存在的不足进行考察。

第一节 西部生态脆弱区开展生态补偿的动因

从生态安全和自然资源分布的角度看，西部是我国的生态安全屏障区、自然资源和生物多样性富集区，对国家的生态安全和资源安全具有重大的地缘战略意义。从生态环境问题的现状出发，西部是中国生态脆弱区分布最为集中的地区，本已脆弱的生态环境又面临着严重的功能退化、生态破坏、自然灾害频发、环境风险增大等一系列的环境问题。从经济发展的角度，西部是中国内陆经济欠发达地区，区域内多民族面临发展经济、改善民生的迫切任务。一系列矛盾交织共生，构成了西部区域经济社会发展最基本的图景。在西部地区各种社会矛盾和冲突中，经济发展目标和生态环境保护目标的矛盾无疑是主要矛盾或矛盾的主要方面。生态补偿制度的建立和完善，是化解上述矛盾的正式制度安排。在西部生态脆弱区积极开展生态补偿，对于协调经济发展和环境保护的突出矛盾，实现环境公平正义，促进西部经济社会的可持续发展，有其制度动因和迫切的现实意义。

一、西部地区的生态地位及其全局意义

西部地区包括 12 个省（自治区、直辖市），即西南五省区市、

西北五省区和内蒙古、广西，总面积约 686 万平方公里，约占全国总面积的 71.4%。[1] 西部地区是我国生态脆弱区分布比较集中的地区。2008 年，国家环境保护总局颁布了《全国生态脆弱区保护规划纲要》，将我国生态脆弱区划分为八大生态脆弱区。[2] 其中，西部地区是生态脆弱区分布最广、生态安全屏障最为重要的地区。

从地缘生态功能的角度来说，西部地区是我国的生态安全屏障和生物多样性基因库。我国地势西高东低，自西向东呈三级阶梯。西部地区处于我国地势阶梯中的第一阶梯和第二阶梯，占据了我国地势阶梯的一半左右。受地形地貌和气候条件的支配，土壤植被的分布规律显著，类型丰富多样。占国土面积四分之一的青藏高原是长江、黄河、珠江三大水系和雅鲁藏布江、怒江、澜沧江、金沙江等主要河流和西北季风的发源地，是我国最为重要的天然生态屏障区。类型多样的自然条件和生态环境蕴涵了丰富的自然资源和生物物种资源。这种自然地理区位特点，使得西部区域生态系统成为我国生态系统中最为重要的组成部分。河流发源地和季风发源地的位置，使得西部生态系统的任何变化都会对中下游地区乃至全国的生态安全和经济社会发展造成影响，对保持我国生态系统平衡、维护全国乃至全球区域内生态安全意义重大。

从生态系统服务价值的角度来说，西部地区生态系统服务价值巨大。西部是我国森林、草原和内陆湿地的主要分布区，而这些生态系统要素又是内陆最为重要的生态系统。西部地区的森林面积占全国森林面积的一半以上，其中，天然林面积约占全国的 2/3。森林

---

[1]　西部地区包括重庆市、四川省、贵州省、云南省、西藏自治区、陕西省、甘肃省、宁夏回族自治区、青海省、新疆维吾尔自治区、内蒙古自治区、广西壮族自治区。参见《国务院西部开发办关于西部大开发若干政策措施实施意见的通知》，国务院办公厅 2001 年发布。

[2]　生态脆弱区，是指两种不同类型生态系统交界过渡区域，相对于稳定成熟的生态系统核心区域，生态脆弱区生态系统结构稳定性较差，环境与生物因子均处于相变的临界状态，系统抗干扰能力弱、对气候变化反应灵敏、时空波动性强、边缘效应显著、环境异质性高等特点。《全国生态脆弱区保护规划纲要》划定的八大生态脆弱区是，东北林草交错生态脆弱区、北方农牧交错生态脆弱区、西北荒漠绿洲交接生态脆弱区、南方红壤丘陵山地生态脆弱区、西南岩溶山地石漠化生态脆弱区、西南山地农牧交错生态脆弱区、青藏高原复合侵蚀生态脆弱区、沿海水陆交接带生态脆弱区。参见《全国生态脆弱区保护规划纲要》，国家环境保护部 2008 年发布。

主要分布在江河发源地和中上游流域，区域内森林的质量、数量，森林的涵养水源、防止水土流失、防风固沙等功能的发挥，与流域内整体环境状况具有密切的互动关系。西部地区草原面积占到全国总量的 84.4%，其中天然草场面积更是占到全国总量的 97.8%。全国18 类草地类型在西部地区都有不同程度的分布。西部地区草地主要分布在西北和青藏高原地区，西北地区是我国的主要风沙源区，青藏高原地区则是我国的大江大河发源区，被称为"中华水塔"，因此，草地生态功能的变化，会对流域特别是黄河流域和我国中东部地区的生态系统功能、水土流失和风沙危害带来连锁性影响。西部地区内陆湿地面积占全国内陆湿地总面积的 59.2%，其中大部分分布在青藏高原区和西北地区；河流湿地面积虽然只占全国湿地面积的37.3%，但全部处于上游地区，对于维护流域整体生态功能同样意义重大。[1]总之，西部地区森林、草原、湿地及重点生态功能区产生的巨大的生态系统服务价值，对于维系生态系统的平衡和生产能力，具有生态战略的意义。

从生物多样性的角度来说，西部地区是我国最主要的生物多样性基因库。西部地区生物多样性丰富，且特有性高，在全国乃至全球都占有重要地位。[2]比如，《中国生物多样性国情研究报告》中所列的 243 种中国被子植物特有属代表种中，199 种在西部地区有分布，其中约有 58% 的植物仅在西部地区有分布。西南地区是全球 25 个生物多样性热点地区之一。生态系统和各物种之间、各物种与其生存环境之间存在相互联系、协同进化的关系，西部地区丰富的生物多样性，对维护生态系统平衡、稳定和良性发展同样具有战略意义。

[1]　刘燕.西部地区生态建设补偿机制及其配套政策研究［M］.北京：科学出版社，2010：4.
[2]　就物种而言，西部苔藓类植物 2200 种，占世界总数的 70%，蕨类植物 52 科，占世界总数的80%；许多动植物种属我国所特有。在我国公布的 335 种重点保护野生动物中，西藏有 125 种，新疆有 115 种，青海有 67 种，宁夏有 51 种，云南有 199 种。国家保护的许多珍稀野生动物如亚洲象、野牛、绿孔雀、赤颈鹤、藏羚羊、雪豹和野牦牛等仅存于我国西部地区。

二、西部地区的环境问题及其制度根源

西部生态脆弱区的生态系统结构稳定性差、生态功能很容易因人为干预而受到侵害。在西北，生态脆弱的主要症结在干旱，而西南的生态脆弱问题主要在于喀斯特地貌和多山。西部绝大部分省区位于生态环境脆弱地区，其中宁夏、西藏、甘肃、青海和贵州是全国生态最为脆弱的5个省区。目前西部地区的生态环境状况为：普遍脆弱、局部改善、总体恶化。[1]

面对生态环境趋于恶化的趋势，我国自改革开放以来，先后实施了"三北"防护林、长江中上游防护林、天然林保护和退耕还林等一系列林业工程项目，开展黄河、长江等七大水系流域水土流失综合治理，加强草原和生态农业建设，加大荒漠化治理力度。特别是20世纪90年代以来逐步启动了生态补偿政策，按照"谁利用，谁费付；谁受益，谁补偿"的原则，平衡生态保护者和生态受益者的关系，政策的实施取得了明显的效果，生态环境有了很大的改善。但是，我国生态环境恶化的总体局势还没有得到根本性的改观，特别是西部生态脆弱区面临森林资源短缺、水土流失严重、土地荒漠化和沙化严重、水污染加剧和水生态失衡、生物多样性减少等一系列问题。[2]

（一）西部生态脆弱区面临的主要环境问题

森林资源短缺，林地生态功能退化。森林在维持生态系统的平衡方面发挥着不可替代的作用，是最重要的地球生态屏障。它不仅具有调节气候、保持水土、涵养水分、防风固沙等生态功能，同时也有着巨大的经济功能。森林植被的破坏会产生一系列的自然灾害，如大气污染、水土流失、洪涝灾害、泥石流等。我国西部生态脆弱区，尤其

---

[1]　孙鸿烈. 西部生态建设的主要任务及战略措施［J］. 科学新闻，2002（1）：11.

[2]　据统计，西部地区水土流失面积占全国的80%，沙化面积占全国的99%，草原退化、沙化、盐碱化面积占全国的93.2%。

是西北地区森林覆盖率过低。20 世纪 90 年代，新疆、青海、甘肃和宁夏的森林覆盖率分别只有 0.8%、0.4%、4.5% 和 1.6%，大大低于全国平均水平。一方面，西南地区虽然具有丰富的森林资源，但超载放牧、过度垦殖、滥砍滥伐等不合理的经济活动使森林资源遭到严重破坏。西部大开发以来，经过退耕还林、天然林保护等一系列生态建设工程，我国森林植被覆盖率有了较大幅度的提升，但仍然低于世界平均水平。[1] 另一方面，在西部生态脆弱区，由于质量较高的原始林被大量采伐，天然次生林和人工林占有较大比重，而天然次生林又屡遭破坏，大面积的人工化和单一化，不利于生物多样性的保护，导致林地的生态功能退化、生态效益下降。根据国家林业局 2014 年发布的《第八次全国森林资源清查主要结果（2009—2013 年）》，西部生态脆弱区未来人工造林的难度增大："现有宜林地质量好的仅占 10%，质量差的多达 54%，且 2/3 分布在西北、西南地区，立地条件差，造林难度越来越大"。[2]

草地严重退化，土地荒漠化加剧。我国大部分草地分布在西部生态脆弱区。20 世纪 80 年代以来，西部生态脆弱区草地面积急剧减少，草地退化严重。比如，青海省草地植被丰富，拥有 5.5 亿亩的草地，约占其省土面积的 1/2。自 1980 年以来，青海省全省约有 90% 的草地出现了不同程度的退化，其中 60% 为严重退化。截至 2005 年，甘肃省甘南州在约二十年的时间里天然草地面积减少了 110 多万亩。由于严重退化、沙化和盐碱化，其中 60 多万亩变成了裸地、沙地和盐碱地。宁夏回族自治区因不科学地利用草地资源，过度放牧、乱挖中药材以及任意将草地转化为耕地、林地或城市用地，一度草地退化率达 97% 以上，导致大片草地沙漠化。国家林业局 2011 年发布的《中

---

[1]　截至 2014 年，我国森林面积 2.08 亿公顷，森林覆盖率 21.63%，远低于全球 31% 的平均水平，其中人均森林面积仅为世界人均水平的 1/4，人均森林蓄积只有世界人均水平的 1/7，森林资源总量相对不足、质量不高、分布不均的状况仍未得到根本改变。参见《第八次全国森林资源清查主要结果（2009—2013 年）》，国家林业局 2014 年发布。

[2]　参见《第八次全国森林资源清查主要结果（2009—2013 年）》，国家林业局 2014 年发布。

国荒漠化和沙化状况公报》显示：截至 2009 年年底，全国荒漠化土地总面积 262.37 万平方公里，占国土总面积的 27.33%，其中西北五省（自治区）荒漠化土地面积占全国荒漠土地总面积的 95.48%。截至 2009 年年底，全国沙化土地面积为 173.11 万平方公里，占国土总面积的 18.03%。其中西北五省（自治区）沙化土地面积占全国沙化土地总面积的 93.69%。[1]

水土流失严重。西部生态脆弱区是我国水土流失最为严重的地区。西部生态脆弱区的水土流失主要表现为风蚀、水蚀以及冻融侵蚀。黄土高原主要分布在西部生态脆弱区，沟壑纵横、土层深厚、植被稀疏，加之季风气候、雨量集中以及连年的过度开垦，每年水土流失量多达 22 亿吨，每年向下游输沙量高至 16 亿吨。黄河水利委员会发布的 2010 年《黄河流域水土保持公报》显示，"黄河流域水土流失面积 46.5 万平方千米，占总流域面积的 62%，其中强烈、极强烈、剧烈水力侵蚀面积分别占全国相应等级水力侵蚀面积的 39%、64%、89%，是我国乃至世界上水土流失最严重的地区"。[2] 因冻融侵蚀而造成的水土流失主要分布在青藏高原。例如，三江源区的特殊自然环境使其更易受冻融侵蚀，且遭到破坏后更难以恢复，三江源地区受侵蚀面积目前已达 11 万平方公里，占其总面积的 34%以上。目前，我国水土流失呈加剧之势，尤其是西部生态脆弱区。我国地势西高东低，西部生态脆弱区处于上风上水的特殊地理位置，极为严重的水土流失，不但浪费了宝贵的土壤资源，使得原本已非常脆弱的生态环境更加恶化，甚至难以恢复，同时也给下游地区的环境和发展带来了较大影响。

---

[1]　荒漠化土地主要分布在新疆、内蒙古、西藏、甘肃、青海 5 省（自治区），面积分别为 107.12 万平方公里、61.77 万平方公里、43.27 万平方公里、19.21 万平方公里和 19.14 万平方公里，5 省（自治区）荒漠化土地面积占全国荒漠化土地总面积的 95.48%；其余 13 省（自治区、直辖市）占 4.52%。沙化土地主要分布在新疆、内蒙古、西藏、青海、甘肃 5 省（自治区），面积分别为 74.67 万平方公里、41.47 万平方公里、21.62 万平方公里、12.50 万平方公里、11.92 万平方公里，5 省（自治区）沙化土地面积占全国沙化土地总面积的 93.69%；其余 25 省（自治区、直辖市）占 6.31%。参见《中国荒漠化和沙化状况公报》，国家林业局 2011 年发布。

[2]　参见《黄河流域水土保持公报》，黄河水利委员会 2010 年发布。

水资源供需矛盾突出，水污染严重。我国西北地区水资源短缺，干旱少雨，地表水和地下水径流量仅为全国总量的10.07%，年平均降水量为235毫米，水资源供需矛盾突出。西南地区水资源较为丰富，但会出现区域性和季节性水资源短缺，尽管降水量在1000毫米/年以上，但承垫面主要为丘陵、山区，土壤蓄水能力差，降水多但蓄水少，加上西南地区的喀斯特地形特点，使得水利设施修建非常困难，水资源难以得到充分利用。同时，西部生态脆弱区人们粗放式的水资源利用方式也浪费了大量原本已十分宝贵的水资源。西北农业灌溉多采用大水漫灌方式，节水灌溉设施落后，例如，黄河中上游区域的农业生产水资源利用率仅为42%。在西南地区，由于山高谷深，水利设施匮乏，水资源利用成本过高，也加剧了西部地区水资源短缺程度。同时，这一区域水污染严重，西北黄河流域和内陆河流域的污染负荷大大超过全国平均水平，阻碍了工农业生产水平的提高，恶化了生态环境，加剧草原退化、土地荒漠化。水环境的恶化不仅对本地经济社会发展形成制约，而且造成下游区域断流缺水和水体污染，对下游工农业生产带来不利影响。

生物多样性减少。由于长期过度砍伐森林、开垦草场，森林、草地生态系统失衡，许多生物失去栖息地，加上人们肆意捕杀野生动物、开采野生植物等原因，很多野生动植物濒临灭亡甚至已经灭绝，生物多样性减少已成为一个严重的问题。

自然灾害频繁。西北地区是我国的干旱敏感区，频繁发生的干旱造成流域水量减少甚至断流、农作物减产、草场产量下降等问题，影响工农业生产。频繁发生的干旱的沙尘暴不仅造成严重污染，威胁人体健康，还导致土地生产力降低，危害农牧业生产。洪涝灾害在西部地区也经常出现，引发山洪、泥石流、山体滑坡等灾害，给人民群众生命财产造成重大损失。

（二）西部生态脆弱区环境问题产生的原因

西部生态脆弱区生态环境问题产生的原因，既有自然、历史方面的因素，也有体制、政策方面的因素。

从自然条件分析，我国西部生态脆弱区自然环境本底条件有先天劣势，比如，西北地区虽然是我国自然资源比较丰富的地区，但区域内沙漠、戈壁、石山及裸地等难以利用的土地占了相当大的面积，年降水量稀少，植被难以存活；山地、高原、丘陵广泛分布，类型多样，所构成的复杂的地形地质条件，在重力梯度、水力梯度的外营力作用下容易造成水土流失，再加上地质构造运动比较活跃，容易诱发山崩、滑坡、泥石流等灾害。在独特的地质地貌基底上，一旦植被被破坏，区位水、热等资源优势则会转化为强烈的破坏力量。西南丘陵山区土壤蓄水能力差，降水多但蓄水少；地理位置使季节气候变化显著，暴雨强度大、分布广，易造成洪涝灾害。"环境本底劣势"是西部生态脆弱区生态环境问题产生的自然因素。

从历史原因分析，生态环境问题是经济活动发展到一定阶段的必然产物。我国西部黄河中上游很多地区历史上曾经水草丰茂、植被繁盛，由于人口不断增加、解决温饱、摆脱贫穷的压力，"靠山吃山，靠水吃水"的观念，以及长期粗放式的经营和掠夺式的开发利用，加剧了自然生态条件的恶化和自然灾害的发生，反过来又加重了贫困，削弱了当地居民保护自然资源和生态的能力，最终形成"贫困—掠夺式开发—生态破坏—再贫困"的恶性循环。

从制度因素考察，我国已经开展了生态补偿的实践，但相关政策法律不完善，"制度失灵"导致生态环境破坏事件时有发生。这里列举一个典型案例：2017年7月20日，中共中央办公厅、国务院办公厅对"甘肃祁连山国家级自然保护区生态环境破坏事件"发出通报，从通报的内容看，祁连山国家级自然保护区生态环境破坏问题突出，主要包括：违法违规开发矿产资源问题严重；部分水电设施违法建设、违规运行；周边企业偷排偷放问题突出；生态环境突出问题整改不力。为此，经党中央批准，以前所未有的"雷霆重击"式的力度，按照"党政同责、一岗双责、终身追责、权责一致"的原则，对相关责任单位和责任人进行了问责。通报发出后，在社会各界引起了巨大反响和震动，人们普遍认为，这一事件为地方环境立法、监管和执法敲响了警钟。祁连山生态破坏事件产生的原因，通报中也做出了深刻的分析，即甘肃省及有关市县思想认识有偏差，落实党中央决策部署不坚决不彻底；立法层面为破坏生态行为"放水"[1]；不作为、乱作为，监管层层失守；不担当、不碰硬，整改落实不力。可以说，这一事件反映了我国生态环境保护方面存在的种种问题，极具典型意义。笔者留意到，通报中对事件产生原因的剖析，除了地方环境法规"缩减"上位法禁止性规定、违反上位法等立法方面的原因，以及监管部门不作为、乱作为造成"监管失守"等监管执法方面的原因外，还提到了"体制、机制、政策"等方面的原因，值得我们认真反思。2017年8月，本课题调研组赴祁连山自然保护区所在地的甘肃张掖市、嘉峪关市、武威市天祝县等地开展实地调研，在调研的过程中，当地干部、群众反映：由于国家在自然保护区实行严格的管护措施，当地畜牧业、矿产资源开采、旅游发展都受到了种种限制，地方政府财政收入受到较大影响；农牧民缺乏谋生技能，而国家补偿给农牧户的生态补偿资金，不足以解决其退耕、休牧、退出开采甚至生态移民后的再就业安置、产业转型等一系列后续发展问题。个别县区在整改过程中出现煤矿职工、农牧民上访事件，影响到社会稳定。可见，自然保护区生态补偿机制不健全，是产生问题的深层次体制原因之一。

---

[1]　立法"放水"的问题具体指，《甘肃祁连山国家级自然保护区管理条例》历经三次修正，部分规定始终与《中华人民共和国自然保护区条例》不一致，将国家规定"禁止在自然保护区内进行砍伐、放牧、狩猎、捕捞、采药、开垦、烧荒、开矿、采石、挖沙"等10类活动，缩减为"禁止进行狩猎、垦荒、烧荒"等3类活动，而这3类都是近年来发生频次少、基本已得到控制的事项，其他7类恰恰是近年来频繁发生且对生态环境破坏明显的事项。2013年5月修订的《甘肃省矿产资源勘查开采审批管理办法》，违法允许在国家级自然保护区实验区进行矿产开采。《甘肃省煤炭行业化解过剩产能实现脱困发展实施方案》违规将保护区内11处煤矿予以保留。

三、西部地区开展生态补偿的现实意义

自然条件的"先天本底"劣势，历史欠账的因素，加之长期片面追求经济增长指标的资源高消耗、掠夺式开发利用的发展模式，付出了沉重的环境代价。西部地区本已脆弱的生态系统遭到了极大的破坏，生态环境面临严峻形势。鉴于西部地区在国家地缘生态安全中的重要地位和巨大的生态系统服务价值，在国家出台的生态保护和建设各项政策中，西部地区始终是一个备受关注的重点区域。比如，国家推动的具有生态补偿意义的退耕还林还草工程、草原生态奖励补助政策、重点生态功能区生态保护和建设政策等，大多是从西部地区试点开始，或者是以西部地区为重点的。这些生态工程或生态保护建设政策取得了一定成效，在一定程度上缓解了西部地区生态保护和经济发展之间的矛盾。但是，由于惯性力量的作用，加之国家生态保护补偿政策存在补偿方式单一、补偿标准不合理、资金来源单一，以及相关的政策法律体系不完善等问题。为此，迫切需要加强和完善生态补偿制度建设，探索多元化的补偿机制，落实国家主体功能区规划制度，平衡各种利益冲突，促进西部地区经济社会的可持续发展。

第一，有助于平衡各方主体的权利义务，实现环境公平目标。

生态补偿制度是一种针对生态问题的利益协调与平衡机制。生态问题产生并加剧的根源，在很大程度上是人们对生态环境和自然资源的不同利益诉求及其冲突。我国生态工程的建设过程中暴露出各类尖锐的利益冲突，如生态利益与经济利益的冲突、局部利益与整体利益的冲突、区域与流域之间的利益冲突等，根本原因在于制度建设与制度供给不足。目前，我国在生态补偿领域对利益的协调主要依靠政策协调手段和经济协调手段，缺乏稳定性，随意性和变动性较大，不能对各类主体的利益进行有效衡平。加强法律制度建设，注重法律手段的调整，合理配置生态保护的纵向、横向权利义务关系，对不同主体的不同利益冲突和利益诉求进行动态的协调，确定利益主体的合法利

益，抑制环境冲突和环境利益不当诉求，就成为生态利益衡平的迫切需要。为此，还需要通过立法供给，科学界定维护生态系统服务功能的直接和间接成本，确定合理的生态补偿标准、补偿程序和监督机制，确保利益相关者责、权、利相统一，是我国特别是西部地区生态环境保护的迫切需要。

第二，有助于促进环境治理机制向市场化、多元化目标的转变。

我国现有的生态环境治理手段主要是政府主导下的命令控制型政策和以收费为主的经济政策，生态补偿制度的机理在于综合运用政府手段和市场手段达到配置资源与利益衡平的目的。其中，新型生态利益交易市场机制的发展，弥补了命令控制型环境规制模式的不足。目前正在进行的生态补偿实践中，绝大多数补偿是政府财政补偿模式，资金来源单一，补偿标准偏低，市场化、社会化补偿机制远未形成。为此，习近平总书记在2017年10月召开的党的十九大报告上，专门就"加快生态文明建设，建设美丽中国"做了论述，其中提到"完善天然林保护制度，扩大退耕还林还草。严格保护耕地，扩大轮休耕作试点，健全耕地草原森林河流湖泊休养生息制度，建立市场化、多元化生态补偿机制"。在党的政治报告中专门提出完善生态补偿机制的主要内容，反映了党中央对生态补偿制度建设在生态文明制度建设中的重要性有着深刻的认识，报告中提出的生态补偿机制建设的具体目标任务，为这一制度的完善指明了方向。建立市场化、多元化的生态补偿机制，要求发挥政府、社会、公众等多元主体的力量，探索以市场为导向的补偿模式，拓宽资金投入渠道。此外，除完善利益受损者的补偿机制以外，建立生态利益贡献者激励机制，如建立荒山和沙漠的绿化激励制度和承包山的绿化标准制度、鼓励资本和人力资源流向生态产业的制度等，已成为实现生态利益衡平、促进经济增长方式转变的新路径。路径的拓展需要生态补偿法律制度的保障。

第三，有助于实现我国主体功能区规划对重要生态功能区保护的目标。

主体功能区是指为了规范空间开发秩序，形成合理的空间开发结构，推进区域协调发展，根据现有经济技术条件下各空间单元的开发潜力，按照国土空间整体功能最大化和各空间单元协调开发的原则，对国土空间按发展定位和发展方向进行空间划分而形成的，借以实行分类管理的区域政策的特定空间单元。2011 年发布的《全国主体功能区规划》是我国第一个国土空间开发规划，是具有战略性、基础性、约束性的重大规划。国家层面的主体功能区战略提出构建城市化地区、农业地区和生态地区"三大格局"和优化开发、重点开发、限制开发和禁止开发四类开发模式。党中央关于国民经济和社会发展"十二五"规划建议中也提出，要根据资源环境承载能力和发展潜力实施主体功能区战略。主体功能区中的生态功能区按照区域间"生态"和"生产"功能上的分工思路发展，限制开发区域是关系全国较大范围生态安全的区域，要逐步成为全国的重要生态功能区；而禁止开发区域是指依法设立的各类自然保护区，其原本就是重要的生态功能区，今后更要实行强制性保护，控制人为因素对自然生态的干扰，强化其生态服务功能。在主体功能区中，区域外部性和区域发展权利被限制等问题都与限制或禁止开发区域提供的生态服务功能密切相关。如何保证限制或禁止开发区域提供生态服务的主体功能，跨越"生态不经济、经济不生态"的生态经济鸿沟和区域发展鸿沟，建立主体功能区生态补偿法律制度至关重要。从主体功能区的基本属性出发，以区域生态补偿的基础理论为依据，从区域补偿责任机制、补偿标准和补偿途径等多个核心要素构建区域生态补偿法律机制。

第二节　西部地区重点领域生态补偿的实践考察

中国的生态补偿实践正式起步于 20 世纪 90 年代。作为最有影响力的环境经济政策，经过数十年的发展，生态补偿的范围和对象不断扩大，涵盖了森林、草原、流域、水源地、重点生态功能区、矿产资源、湿地、农业、大气等各个领域。除政府补偿模式之外，一些市场化的补偿机制也开始出现。生态补偿实践的发展，缓解了生态保护地区民众保护生态环境与发展经济、改善民生的矛盾，促进了生态环境的保护和改善，取得了较好的生态效益、社会效益和经济效益。同时，生态补偿实践在补偿的主体和标准、监督管理以及配套措施等方面还存在诸多不足，影响了政策目标的实现。本章立足于西部生态脆弱区生态补偿的实践，选取生态补偿重点领域若干"典型样态"作为考察对象，对我国业已开展的生态补偿的实践情况、绩效与不足做一分析考察。在此基础上，为完善生态补偿政策法律制度提出建议。

一、实践考察的路径与方法

我国的生态补偿实践，涉及诸多的生态环境要素领域，涉及不同的"制度形态"和运行模式，涉及政府、社会、公众等多元主体，呈现出错综复杂的特点。要对这样一个内容庞杂的政策工具和法律机制的运行状况做全面认知，一个重要的路径就是对其实践运行形态做出类型化区分，并遵从规范分析的进路原则，对生态补偿各主要领域的制度要素进行考察。

（一）生态补偿实践的基本类型

依据生态补偿实践的不同形式，可以将其划分为实施生态补偿重大工程和落实生态补偿政策两大类。一是国家以生态保护或建设专项工程的形式实施的生态补偿，如退耕还林工程、退牧还草工程、天然林保护工程、京津风沙源治理工程、长江黄河上中游等重点区域水土流失综合治理工程等。这些生态工程中，有的是以生态保护补偿为核心内容和制度目标，属于规范意义上的生态保护补偿，如退耕还林工程；有些则以生态建设为侧重点，但其中体现了生态保护补偿的内容，如天然林保护工程。此类补偿的特点是，以工程（或项目）的形式推进，虽然有相应的政策法律保障措施，但补偿一般有一定的期限，补偿的范围、标准和补偿期限随着工程（或项目）的推进而发生改变，具有显著的"灵活性"特点。二是国家已经建立或正在建立针对某一生态要素的生态保护补偿制度体系。按照不同的生态要素，主要有森林生态效益补偿基金制度、草原生态保护奖补机制、水资源和水土保持生态补偿机制、矿山环境治理和生态恢复责任制度、重点生态功能区转移支付制度等。这类补偿的特点是，国家通过建立相应的政策法律保障，已经形成或正在形成制度化的生态保护补偿措施，具有较为规范的"制度化"特征，这些领域的生态保护补偿在现有制度框架下运行。此外，还包括地方政府在国家政策法律框架内自主开展的重点领域生态保护补偿的实践探索，如各省建立的省级财政森林生态效益补偿基金、省级草原生态保护奖励补助配套资金、流域横向生态保护补偿等，具有"地方性"特征。

依据生态补偿的本质属性，可以将生态补偿界定为生态保护补偿和生态损害补偿两大类。其中，生态保护补偿是指对从事生态环境保护和建设的环境正外部性行为的补偿，是典型意义上的生态补偿。生态损害补偿是对合法开发利用环境与自然资源造成负外部性行为的补偿，主要是通过环境资源税费的形式实现，也即环境资源税费制度中包含了生态损害补偿的内容。

依据生态补偿的运行模式，可以将生态补偿界分为政府补偿与市场补偿。政府补偿主要是在政府的层级主导之下，按照科层制的行政权力架构逻辑，自上而下通过行政力量的推动来实施的。在"条块分割"的环境与资源管理体制下，中国的生态环境保护与自然资源的可持续利用涉及多个行政管理部门，林业、国土资源、水利、农业、环保等各个行政主管部门根据各自的职责，单独或联合推进针对某一生态要素的生态保护补偿制度，实施侧重点各不相同的生态保护工程或项目，这就使得我国生态保护补偿实践同样呈现"条块分割"的特点，这些特点主要分散在不同的生态保护领域，或不同的生态保护工程及其配套政策中。补偿的主要方式是通过生态补偿基金或财政转移支付，向受偿方提供经济补偿。市场补偿主要是按照市场规则进行协商谈判，实施某些领域的生态保护补偿的补偿机制，如近年来出现的流域上下游地方政府之间通过协调谈判达成补偿协议等。

（二）生态补偿实践考察的路径方法

鉴于生态补偿实践的错综复杂性，在对生态补偿及其实践进行类型化界分的基础上，本部分将遵从以下思路和方法。

第一，本书将广义上的生态补偿界定为生态保护补偿和生态损害补偿，其中，生态损害补偿的主要实现形式是资源补偿税费。资源补偿税费是我国环境保护法中传统的资源税费制度的组成部分，已经形成了一套比较完整的税收征管体系。生态保护补偿则是环境保护法中新兴的、需要着力进行理论构造与实践探索的制度，因此，本部分把研究的重心设定在生态保护补偿制度方面，兼顾对生态损害补偿制度的探讨。

第二，生态补偿涉及诸多生态环境要素领域，且相互存在交叉重叠。本章的研究思路是，不追求对生态补偿的各个领域做全景式展示，而立足于西部生态脆弱区生态补偿的实践，在生态补偿实践中的若干重点领域，如西部生态脆弱区森林生态保护补偿、草原生态保护补偿、重点生态功能区生态保护补偿、流域生态保护补偿、矿产资源生态损害补偿等，选取其中若干"典型样态"，结合前期文献研究、实地调研的情况，分析不同类型的生态补偿制度措施的实施绩效、不足以及内外部影响因素，进而为制度完善提供实践依据。

第三，生态补偿是一个被生态学、经济学、公共政策学等不同学科共同关注的议题。不同学科具有不同的研究进路和方法，本课题将坚持以规范法学分析为主的研究方法，把生态补偿法律关系中的权利义务、权力职责关系进行明晰化、类型化整理，并将其转化为规范生态补偿实践的法律秩序，这也正是规范法学的任务之所在。笔者认为，对生态补偿法律关系进行学理探索，规范分析方法具有其他任何方法都不可替代的作用。在坚持规范分析的基础上，综合运用社会学分析方法、法律经济学分析方法等社会科学方法，关注影响生态补偿法律制度构建的社会因素、经济学原理。只有这样，才能对生态补偿法律制度形成客观的、科学的认识，既不因自我封闭、脱离活的社会现实而无法有效指导实践，又不至于因过度路径依赖而疏离法的本质。

二、森林生态保护补偿的实践

（一）森林生态保护补偿概述

森林是地球生态系统中最重要的组成部分，被称为"地球之肺"，具有重要的生态功能，同时也是重要的战略资源。森林在维护国家生态安全、物种安全，以及维护木材供应、粮食生产等方面都发挥着重要的作用，同时兼具生态效益和经济效益，其生态效益远远高于经济效益。长期以来，人们往往注重对森林经济效益的开发利用，忽视了对森林生态效益的维护，导致森林生态系统服务功能下降。实现森林生态效益和经济效益的均衡，在合理开发利用的同时实现森林生态价值的保值和增值，一个可行的路径就是建立森林生态保护补偿机制。

森林生态保护补偿，就是政府或森林生态环境保护和建设的受益人，对因保护森林资源和森林生态系统而做出牺牲和贡献的单位和个人给予合理经济补偿，以实现保护成本内部化的制度安排。我国的森林覆盖率低，远远低于国际标准，且分布不均匀，占国土面积 1/4 的西北地区森林覆盖率最低。[1]建立森林生态保护补偿制度，保护森林资源，维护森林生态系统安全，是我国生态保护补偿国家战略的优先举措。迄今为止，森林生态保护补偿是我国建立生态补偿制度开始最早、政策法律体系相对完善、补偿实践比较成熟的领域。

从制度的形式层面考察，我国的森林生态保护补偿主要表现为两种形式：一是以各类林业保护和建设工程中涉及的森林生态保护补偿，如天然林保护工程、退耕还林工程、京津风沙源治理工程、三北及长江流域防护林建设工程等。二是国家政策法律层面确立的森林生态效益补偿基金制度。从森林生态保护补偿的"规范含义"的角度考察，上述补偿形式又存在两种情形：一是规范意义上的森林生态保护补偿，即森林生态保护的受益主体对保护主体进行经济利益的补偿，这类补偿建立在受益主体与补偿主体之间的"受益—补偿"关系基础之上，符合生态保护补偿的本质特征，因此可以称之为规范意义上的森林生态保护补偿，如森林生态效益补偿基金制度、退耕还林工程。二是广义上的森林生态保护补偿，类似天然林保护工程、京津风沙源治理工程、三北及长江流域防护林建设工程等，其着眼点主要是森林生态环境治理、森林生态建设及保护，是针对森林生态环境本身的"保护＋治理"关系。严格来讲，用于林业建设和森林生态环境治理而不是直接补偿于保护主体的资金投入并不属于森林生态保护补偿的范畴。但是，由于此类森林生态保护、治理和建设工程中往往包含对保护主体的直接或间接补偿，因此一般被纳入广义上的森林生态保护补偿。

森林生态保护补偿是我国最早针对生态环境要素开展生态补偿的领域，也是我国生态补偿的优先领域。在早期探索的基础上，1984 年颁布的《森林法》将"育林基金制度"改为"林业基金制度"，开始了森林生态保护补偿的历程；1998 年修订后的《森林法》将"林

---

[1] 按照国际标准，森林覆盖率在 40% 以上才是适合的。根据 2013 年的数据显示，中国大陆森林覆盖面积为 24631.18 万公顷，森林覆盖率仅为 21.63%，远低于国际标准。西北地区是我国森林覆盖率最低的地区，其中，青海省森林覆盖率为 0.43%，新疆为 1.08%，宁夏为 2.2%，甘肃为 4.83%，西藏为 5.93%，均低于 10%。

业基金"替代为"森林生态效益补偿基金"，其后又陆续出台了森林
生态效益补助资金管理办法、中央财政森林生态效益补偿基金管理办
法等相关政策规定，进一步完善了森林生态保护补偿制度。1998年之
后，国家相继启动了天然林保护工程、退耕还林工程等一系列大型生
态建设工程，全面推动森林生态保护补偿。到目前为止，已取得了明
显的成效。

本部分主要选取西部地区开展天然林保护工程、退耕还林工程、
森林生态效益补偿等几方面的实践进行考察。

（二）西部地区森林生态保护补偿实践的典型样态

1. 长江上游、黄河中上游天然林保护工程中的生态保护补偿

天然林保护工程从1998年开始试点，2000年正式启动，工程的
实施范围为长江上游地区、黄河中上游地区重点国有天然林资源保护
区共13个省区；东北、内蒙古等重点国有天然林资源保护区共5个
省区。[1]本部分主要对长江上游、黄河中上游天然林保护工程中的
生态保护补偿实践做一梳理。

天然林保护工程主要以国有天然林为保护对象，主要目的是通过
对天然林的禁伐、管护和林场职工提供补偿资金，有计划地分流安置
林区职工，解决以天然林砍伐为主要生产方式和谋生手段的林场职工
的问题，实现对天然林资源的休养生息和恢复发展。主要的补偿措施
是：对国有林，由中央财政安排森林管护费5元/亩·年；对集体林，
属于国家级公益林的，由中央财政安排森林生态效益补偿基金10元/
亩·年，属于地方公益林的，主要由地方政府安排补偿基金，中央政
府每年补助森林管护费3元/亩·年。中央财政对国有林单位负担的
教育、医疗卫生等经费给予补助，并逐步提高补助标准。对天然林保
护工程中生态补偿保护各项制度要素进行考察，可以得出如下结论：

---

[1] 2000年，国务院发布了《长江上游、黄河上中游地区重点国有天然林资源保护工程实施方案》
《东北、内蒙古等重点国有天然林资源保护工程实施方案》，正式启动我国天然林保护工程。

①补偿主体主要是中央政府和地方政府；受偿主体主要是被区划界定为"国家公益林"区域的国有、集体和个人林场企业及其职工，政府补偿是主要形式。②补偿的内容包括森林管护费、职工安置费、教育和医疗卫生费等。③补偿的方式以经济补偿为主，也包括一些非经济性的政策补偿措施。

长江上游、黄河中上游天然林保护工程生态保护补偿取得了积极的成效。一是补偿资金的投入使受偿主体的农牧民得到了经济实惠，实现了生产经营方式的转变。截至2010年，天然林保护一期工程的建设期满，长江上游、黄河中上游地区累计投入补偿资金达589亿元，其中，中央政府投入560亿元，占96.3%，地方配套38亿元，占6.4%。一期工程到期后，2011年国务院决定延长天然林保护工程期限，启动了二期工程，实施期限为2011—2020年。二期工程实施范围基本与一期工程范围一致，增加了丹江口库区11个县区。工程区总面积34832万亩，林地面积15446万亩，规划投资2400亿元。[1]受偿主体得到了实惠，并从财政上支持了森工企业由采伐到管护和抚育的生产经营方式的转变。二是生态环境保护效果明显。工程区内的天然林砍伐总体上得到了遏制，基本实现了天然林从破坏到保护的转变。根据长江上游、黄河中上游天然林保护工程区44个样本县的跟踪监测结果，截至2012年，样本县已累计营造公益林93.69公顷；森林管护范围随着新增造林面积不断扩大，管护林地占林业用地的比重持续上升；工程区森林覆盖率达到41.14%，比1997年提高了9.43%，[2]森林生态系统的服务功能得到了一定程度的恢复。

2. 退耕还林工程中的生态保护补偿实践

1998年我国长江流域、松花江流域发生特大洪涝灾害后，中共中央、国务院做出了实施退耕还林工程的重大决策。1999年，国家出台

---

[1]　国家林业局.长江上游、黄河上中游地区天然林资源保护工程二期实施方案，2011年发布。
[2]　国家林业局.长江上游、黄河上中游地区天然林资源保护工程二期实施方案，2011年发布。

了"退耕还林（草）、封山绿化、个体承包、以粮代赈"的政策，率先在西部四川、陕西、甘肃 3 个省份开展退耕还林工程试点，2000 年以后全面启动。[1] 2008 年之后，国家延长了一个退耕还林的补助周期，对退耕还林农户的补助减半，余下的资金由各地集中使用，用于改善退耕农户的生计和发展后续产业。2014 年，国家启动了新一轮的退耕还林政策，实施期限为 2014—2020 年。

退耕还林主要是国家确定不适宜大模式开发耕作的土地为退耕区，退耕地区的农户退出耕地用于营造生态林和经济林，由国家给予资金和粮食补助的一项生态保护工程。这一工程中的生态环境保护目标往往和调整农村产业结构、扶贫、林权改革、保持国民经济增长等目标联系在一起，是一项综合性的生态治理与民生发展工程。退耕还林工程的核心内容，是通过对退耕农户实施生态保护补偿，实现整体生态利益和退耕农户经济利益的协调平衡。由于退耕还林工程具有很强的政策性，涉及多元政策目标和各方主体的利益平衡，需要依法加以保障。为此，在退耕还林的不同阶段，国家出台了一系列政策法规加以保障。如 2003 年国务院专门出台了针对退耕还林工程的《退耕还林条例》，2007 年，退耕还林原有的补助政策到期后，为巩固退耕还林成果，国务院出台了《关于完善退耕还林政策的通知》，2014 年国务院批准了《新一轮退耕还林还草总体方案》，根据不同阶段的实际情况及时调整了退耕还林政策。其中《退耕还林条例》是中国立法史上第一次为一项专门工程出台的立法，为其后的退耕还林工程提供了法律保障，意义重大。

对退耕还林工程中的补偿主体和受偿主体、补偿标准、补偿模式等要素做实证考察，有助于我们了解这一工程中生态保护补偿的实然架构。①退耕还林工程中的补偿主体，主要是中央政府和地方政府，其中中央政府是最主要的补偿主体；受偿主体是被确定为退

---

[1]　2000 年，经国务院批准，退耕还林从试点省份扩大到中西部地区 20 个省（区、市）和新疆生产建设兵团。2002 年在全国 25 个省（区、市）和新疆生产建设兵团全面开展退耕还林工程。

耕范围的耕地区的农户。依据退耕还林工程相关政策法规，退耕范围主要是，25 度以上的陡坡地；水土流失严重的耕地；沙化、盐碱化、石漠化严重的耕地；生态地位重要、粮食产量低而不稳的耕地。其中，江河源头及其两侧、湖库周围的陡坡耕地以及水土流失和风沙危害严重等生态地位重要区域的耕地，是退耕还林的重点。补偿的方式，主要是政府对农户提供资金和粮食补助。②退耕还林的补偿分为粮食和生活补助费、种苗造林补助费、政策优惠等，补偿的标准在工程推进的不同阶段有所不同。2002—2007 年第一阶段，中央政府向退耕农户提供粮食补助，其中长江流域及南方地区、黄河流域及北方地区每亩退耕地每年补助粮食分别为 150 公斤和 100 公斤，生活补助费为每亩 20 元。补助粮食的价款按每公斤 1.4 元折价计算，均由中央财政承担。这一标准在 2004 年后有所变化，根据国家粮食库存现状，在保证粮食补助标准不变的前提下，原则上将向退耕农户提供的粮食补助改为现金补助，即退耕还林按每公斤粮食折资 1.4 元，退牧还草每公斤饲料粮折资 0.9 元计算。退耕地和宜林荒山荒地种苗造林费为每亩 50 元。2008 年以后，调整对农户的粮食补助资金，按原有补偿标准中的一半对退耕农户进行直接补助，即长江流域及南方地区、黄河流域及北方地区每亩退耕地每年补助现金分别为 105 元和 70 元。另外一半则作为巩固退耕还林成果专项资金，用于地方政府鼓励退耕农户发展后续产业，通过各种途径加强对退耕农户的林业生产技能培训，提高退耕农户自身的生产经营能力。继续向退耕农户提供每亩退耕地每年 20 元生活补助费，直接补助到户，并与管护任务挂钩。第二个补助周期的补助标准与前一个补助周期相比，国家对退耕农户的补助标准有所下降，但在退耕还林补贴标准降低的同时，国家取消了农业税，各项农业补贴力度则不断加大，逐步提高种苗和造林补助标准。2014 年，国务院批准了《新一轮退耕还林还草总体方案》，把原来的"政府主导、农民自愿"的退耕原则修改调整为"农民自愿、政府引导"，在农民自愿的基础上实施新一轮的退耕还林还草。[1]③退耕还林工程中的补偿模式，主要是政府补偿。由于退耕还林会产生很强的环境正外部性效应，且受偿主体分散，加之退耕还林工程还涉及农村产业结构调整、农村扶贫等政策目标，从理论上来讲政府应当作为主要补偿主体。

退耕还林工程是我国一项规模宏大的生态工程。工程实施十多年来，虽然在不同时期根据实际需要对退耕农户的补偿方式、补偿标准等在政策上有所调整，但始终坚持生态保护优先的原则，并把退耕还林与农村产业结构的转型、基本农田建设、增加农民收入等政策目标紧密结合，既实现了生态环境的保护和改善，又保障了退耕农户收入的增加，同时还促进了农村产业结构的调整，取得了生态效益、经济效益与社会效益的统一。统计资料显示，自退耕还林工程实施以来，我国共完成退耕地造林 1.39 亿亩、配套荒山荒地造林和封山育林 3.09 亿亩，工程区森林覆盖率平均提高 3 个多百分点，林地面积快速增加，水土流失、风沙危害等得到了明显改善。截至 2014 年，中央政府已累计投入 4056.6 亿元，在 25 个省（区、市）和新疆生产建设兵团实施第一轮退耕还林工程，这些补助资金最终支付给退耕地区的大约 3200 万农户，1.24 亿农民从中受益，直接增加了农民的收入。农户退耕还林后，林木的经济收益成为农户的又一个经济来源。退耕还林工程促进了农村剩余劳动力向非农业和多种经营转移，开辟了收入来源，对于贫困农户稳定脱贫发挥了积极作用，同时，促进了农业产业结构

[1] 新一轮退耕还林还草补助政策的主要内容是：①中央财政提供的退耕还林还草补助资金。补助资金调整为退耕还林补助每亩 1500 元（其中，财政部通过专项资金安排现金补助 1200 元，国家发展改革委通过中央预算内投资安排种苗造林费 300 元）；退耕还草补助每亩 800 元（其中，财政部通过专项资金安排现金补助 680 元，国家发展改革委通过中央预算内投资安排种苗种草费 120 元）。②中央财政退耕还林补助资金的支付。中央财政补助资金，分三次下达给省级人民政府，每亩第一年 800 元（其中，种苗造林费 300 元）、第三年 300 元、第五年 400 元。退耕还草补助资金分两次下达，每亩第一年 500 元（其中，种苗种草费 120 元）、第三年 300 元。③省级人民政府的地方补助。省级人民政府可在不低于中央补助标准的基础上，自主确定兑现给退耕农民的具体补助标准和分次数额。地方提高标准超出中央补助规模部分，由地方财政自行负担。④地方各级人民政府有关政策宣传、作业设计、技术指导、检查验收、政策兑现、确权发证、档案管理等工作所需经费，主要由省级财政承担，中央财政给予适当补助。

由传统的农耕产业向生态产业的转型。

3. 重点生态公益林生态补偿的实践

我国的生态公益林生态保护补偿工作，最早可以追溯到 20 世纪 70 年代，以四川省成都市青城山风景区生态效益补偿的尝试为肇始。[1] 1998 年通过的《中华人民共和国森林法（修正案）》将森林生态效益补偿制度法定化。森林生态效益补偿的重点之一，在于财政补偿资金的落实。2001 年，在全国 11 个省区 658 个县的 24 个国家级自然保护区进行森林生态效益补偿的试点，总投入 10 亿元，共涉及约 0.12 亿公顷的森林资源。财政部、国家林业局联合颁布了《森林生态效益补助资金管理办法（试行）》，对试点期间森林生态效益补助资金管理工作进行了逐步规范，并提出地方财政配套资金要优先到位。2004 年，在试点的基础上，正式建立森林生态效益补偿基金，财政部、国家林业局颁布了《中央森林生态效益补偿基金管理办法》，将森林生态效益补助资金改为森林生态效益补偿基金。2007 年，根据实践运行情况，对这一办法进行了修改，明确了中央财政出资的森林生态效益补偿基金的使用范围、补偿标准、资金管理以及监督检查制度，并取消了地方财政配套资金的硬性规定。

森林生态效益补偿基金制度的建立，把生态公益林建设纳入公共财政的框架，由中央政府、地方政府作为补偿主体，对公益林的所有者、经营者和管护者给予合理的补偿，体现了权、责、利相一致的原则。重点生态公益林生态保护补偿的内容，主要包括补偿主体和受偿主体界定、资金筹集方式、补偿标准、各方主体的责任等。①补偿主体。中央政府和地方政府是森林生态效益补偿的主体，中央财政

---

[1] 青城山风景区位于成都市东 60 公里，是我国著名的宗教圣地，森林资源丰富。20 世纪 70 年代，由于管护人员发不出工资，疏于管理，乱砍滥伐问题十分严重。为此，市政府将青城山园区门票收入的 30% 用于护林，缓解了乱砍滥伐的难题。1989 年，原林业部组织人员就此展开调研，并召开了一次有关森林生态补偿的研讨会，从而开始了建立中国森林生态补偿的历程。但当时对这一问题的认识并不统一，存在各种不同意见。1992 年，林业部等十部委组织了对 13 省市的调研，统一了认识。1993 年，各部委在北京召开座谈会，对在中国建立森林生态效益补偿制度达成了共识。参见孔凡斌. 中国生态补偿机制：理论、实践与政策设计 [M]. 北京：中国环境科学出版社，2010: 40.

预算专项支出，建立中央财政补偿基金，这是森林生态效益补偿基金最主要的来源。中央财政补偿基金主要用于国家级重点公益林的营造、抚育、保护和管理。此外，省级财政承担 5% 的比例资金，用于省级林业主管部门的检查验收及相关管理工作。②受偿主体。中央生态公益林生态保护补偿的对象主要是国家重点公益林，[1]重点公益林所有者或经营者为个人的，中央财政补偿基金支付给个人，由个人按照合同规定承担森林防火、林业有害生物防治、补植、抚育等管护责任。重点公益林所有者或经营者为林场、苗圃、自然保护区等国有林业单位或村集体、集体农场的，中央财政补偿基金开支的范围是，对重点公益林管护人员的劳务支出，建立森林资源档案、森林防火、林业有害生物防治、补植、抚育以及其他相关费用的支出。③补偿的标准及主要用途。在 2001—2003 年试点基础上，中央财政于 2004 年正式建立了森林生态效益补偿制度，支持国家级公益林的保护和管理，国有、集体和个人的国家级公益林补偿标准均为 5 元／亩·年。此后，补偿标准根据实际情况进行调整，2010 年将国家级公益林补偿标准提高到 10 元／亩·年；2013 年进一步提高到 15 元／亩·年。同时，各级政府按照事权划分，除中央财政补偿基金是森林生态效益补偿基金的重要来源外，要求各级政府财政部门和林业主管部门发生的相关管理经费由同级财政预算另行安排，不得从中央财政补偿基金中列支。

　　重点生态公益林生态保护补偿制度实施，通过中央财政和省级财政的出资，对生态公益林的所有者和经营者进行直接补偿，取得了较好的成效。据统计，2001—2014 年，中央财政共安排森林生态效益补偿资金 802 亿元，纳入补偿的国家级公益林面积为 13.9 亿亩。补偿资

---

[1] 根据国家林业局和财政部联合颁布的《重点公益林区划界办法》的规定，国家重点公益林是指，生态区位极为重要或生态状况极为脆弱，对国土生态安全、生物多样性保护和经济社会可持续发展具有重要作用，以提供森林生态和社会服务产品为主要经营目的的重点防护林和特种用途林，包括水源涵养林、水土保持林、防风固沙林和护岸林；自然保护区的森林和国防林等。重点公益林的划分范围，主要是重要江河干流源头和重要江河干流两岸。

金的注入，使得公益林的营造、抚育、保护、管理有了可靠的保障，管管能力得到增强，减少了林区水土流失和森林灾害，提高了公益林的质量，森林生态系统的服务功能得到了一定程度的恢复和改善，整体生态效益有了明显提高。

（三）西部地区森林生态保护补偿实践中存在的问题及完善建议

我国各地自然资源禀赋各异，经济社会发展不平衡，特别是西部地区面临生态脆弱、环境恶化和经济欠发达的双重压力。森林生态保护补偿作为一项平衡生态环境目标和经济发展目标的制度设计，涉及领域十分广泛，牵涉的利益关系错综复杂，在国家统一的政策目标下，制度在落实的过程中会出现各种各样的问题。上述对森林生态效益补偿实践情况的考察表明，这一制度在我国特别是西部地区发挥了较好的生态效益、经济效益与社会效益，值得肯定，但是也存在着一些不容忽视的问题。

第一，关于补偿主体。从森林生态效益补偿的政策法规和补偿实践来看，中央和地方政府是西部森林生态效益补偿实际投入的主要承担者，即补偿主体。理论上讲，因保护森林资源和森林生态系统而做出牺牲和贡献的单位和个人，自身付出了保护和建设的成本，或因国家森林保护政策而丧失了发展机会，理应得到补偿。由于森林生态保护和建设行为显著的正外部性，受益者往往是不特定的多数人，一般情况下并不能确定某类特定的群体是受益者，此时，政府作为公共利益的代表，应当成为补偿的主体。当受益者是全体国民时，中央政府是补偿主体；当受益者为特定区域的民众时，地方政府是补偿主体。因此，中央政府和地方政府按照事权划分的原则承担补偿主体的责任，在逻辑上是没有任何问题的，但这其中隐匿了一个重要的问题：西部地区是我国经济欠发达地区，地方政府财力有限，在地方配套资金的投入方面往往力不从心。比如，2007年第三次修订的《中央财政森林生态效益补偿基金管理办法》规定"各级政府按照事权划分建立森林生态效益补偿基金"。由于各地的经济社会发展水平不同，各地出台的地方森林生态效益补偿制度中，对集体所有和个人所有的地方公益林出台了不同的补偿标准政策，一些经济发达的地区森林生态效益补偿标准较高，如北京市补偿标准达 40 元 / 亩·年，其中 24 元为生态补偿资金，16 元为森林经营管理资金。广东省 2012 年的森林生态补偿标准达到 18 元 / 亩·年，其中广州市达到 80 元 / 亩·年，东莞市 2011 年实际补偿标准达到 132 元 / 亩·年。而在西部地区地方补偿标准则要低很多，如陕西省省级财政森林生态效益补偿平均标准为 5 元 / 亩·年。尽管中央层面的森林生态效益财政补偿资金是同一个标准，但地方补偿标准则体现出较大的差异。鉴于西部地区较之东部经济发达地区能力不足，而西部又具有特殊的生态地缘地位，建议在以后中央财政补偿资金改变"一刀切"的补偿标准，实行分类补偿，给予西部贫困地区以政策上的倾斜。

第二，关于受偿主体。受偿主体是因保护森林资源和森林生态系统而做出牺牲和贡献的单位和个人，具体是退耕农户、重点公益林所有者或经营者、从事森林管护的单位和职工等。目前的森林生态效益补偿对象在一些领域还存在覆盖不全的情况，如对自然保护区的核心区和缓冲区因禁止开发利用而导致当地居民丧失发展机会，但居民因此承受的经济损失至今尚没有专门的补偿政策。无论是天然林保护工程还是重点生态公益林补偿均有其适用范围，如《森林法》第七条确立的森林生态效益补偿基金，仅对提供生态效益的防护林和特种用途林规定了补偿[1]。目前国家认定的重点生态公益林面积为 1.05 亿公顷，中央仅对其中的 0.45 亿公顷实施了补偿。[2]另外，生态公益林的区划界定标准的科学性也影响到补偿的覆盖面。根据《中央森林生

---

[1] 《森林法》第七条规定，"国家建立森林生态效益补偿制度，加大公益林保护支持力度，完善重点生态功能区转移支付政策，指导受益地区和森林生态保护地区人民政府通过协商等方式进行生态效益补偿"。

[2] 秦玉才，汪劲.中国生态补偿立法：路在前方 [M].北京：北京大学出版社，2013：107.

态效益补偿基金管理办法》的规定，只有被国家林业局确认为生态公益林的才能享受森林生态效益补偿。一些具有重要生态服务功能的林地由于得不到认定而被排除在补偿的范围之外。以甘肃省天祝县为例，生态公益林补偿从2000年开始实施，目前有28万公顷生态公益林得到补偿，但仍有0.8万公顷的生态公益林得不到补偿，主要原因是这部分林地属灌木林，得不到国家的认可。但从祁连山水源涵养的实际功能出发，灌木林也是生态公益林的重要组成部分。[1]一些水源地上游和生态公益林建设和保护区范围内，由于生态建设和保护措施使得生态环境趋好，野生动物的生存繁殖较快，不少地方出现野生动物毁坏农作物事件，由于很多野生动物属于国家保护动物，不能随意捕杀，农民因此而遭受的损失也缺乏相应的补偿机制。为此，应当研究完善森林生态补偿的补偿对象和范围，实现生态环境保护者权利义务的对等。

第三，关于补偿标准。现阶段我国的森林生态效益补偿属于静态标准，中央层面的补偿标准多年保持在5~10元/亩·年，2013年后提高到15元/亩·年。据测算，这一补偿标准整体偏低，不能完全弥补森林生态利益提供者的损失，难以充分发挥生态保护补偿制度的正向激励功能。[2]此外，补偿标准既没有充分体现保护成本的地区差异，也没有考虑不同林种造林成本及收益的差异。以退耕还林为例，在补偿对象上只是简单将全国划分为长江流域和南方地区、黄河流域和北方地区两个大区，每个大区实行统一的补偿标准，这样虽然简单易行便于操作，节约了交易成本，但因退耕地区社会经济发展水平、自然环境条件及退耕地产出水平差异巨大，导致出现严重的政策效应不

---

[1]　任勇，冯东方，等.中国生态补偿理论与政策框架设计［M］.北京：中国环境科学出版社，2008：99.

[2]　据调查，我国生态公益林的营造费为每公顷2100元，而管护费用每公顷至少150元。另外，重点防护林和特用用途林禁伐后，林农生活及转产所需要的补偿约为每公顷300元。就算以目前补偿标准最高的北京市来评估，国家重点生态公益林的补助标准是国家补助75元每公顷加上地方财政补助的245元每公顷，补助的费用既不够营造的费用，也不够管护的费用，更不能弥补因禁伐而造成的经济损失。参见秦玉才，汪劲.中国生态补偿立法：路在前方［M］.北京：北京大学出版社，2013：106-107.

均衡，使得补偿分配有失公平。比如，西北地区气候干旱、病虫害频繁，造林难度比长江流域大得多，但中央财政拨付的种苗造林补助费是同一个标准，一些退耕还林区的种苗造林补助费不足以负担造林的费用。补偿标准的设置并未涉及占退耕还林总面积 80% 的生态林禁伐这一因素。理论界普遍认为，补偿标准应当在生态系统服务价值和机会成本之间找到一个合理值，前者是补偿的上限，后者是补偿的下限。目前，森林生态效益补偿的标准远远不能反映森林保护所产生的生态系统服务价值。此外，在西部贫困地区的补偿实践中，补偿资金不能及时足额拨付的现象还时有发生。这些因素，都影响到补偿目标的实现。笔者建议，随着国家财力的增强，适时提高补偿的标准，最低限度应当保证农牧民因生态保护而付出的机会成本，并适当考虑森林生态系统服务价值因素，同时建立进一步的细化分类补偿标准：充分考虑不同区位、不同类型的森林在管护质量、生态效益和投入成本、机会成本上的不同，使补偿范围和补偿标准合乎实际，并且适时予以调整。[1]

第四，关于补偿模式。目前开展的森林生态效益补偿基本上是单一的政府补偿模式，补偿资金来源主要是国家财政预算。按照国际通行的做法，应当逐步建立市场化补偿机制，多渠道筹集补偿资金。比如，向森林生态环境的受益人、森林生态环境的消费者，包括享受森林生态效益的公民和旅游企业，以及从事林产品采伐、买卖、加工的单位和个人等，征收一定的生态补偿税，用于森林生态效益补偿，并通过国际碳汇市场交易、社会捐助等多种方式，筹集补偿资金。

[1] 梁增然.我国森林生态补偿制度的不足与完善［J］.中州学刊，2015（3）：60-63.

三、草原生态保护补偿的实践

（一）草原生态保护补偿实践概述

草原是一个相对独立的生态系统单元，是地球上重要的生态系统，不仅是发展畜牧业的重要生产保障基础，而且具有重要的生态屏障功能。长期以来，由于坚持农畜产品生产优先的思路，强调草原的生产功能，忽视草原的生态功能，由此造成草原的超载过牧和人、畜、草关系失衡，引起草原生态功能退化、生态系统失衡，影响到区域和国家生态安全。为保护草原生态环境，协调草原生态、牧业生产和牧民生活的关系，国家启动了包含生态补偿内容的草原生态保护工程和草原生态保护补偿机制。

草原生态保护补偿，就对草原生态环境保护和建设做出贡献和牺牲的单位和个人，由政府或相关的受益人给予合理经济补偿，以实现保护和建设成本内部化的制度安排。我国开展的草原生态保护补偿是继森林生态效益补偿之后的第二个基于生态环境要素的生态补偿机制。我国开展的草原生态保护补偿主要有两类实践："退牧还草"工程和"草原生态保护补助奖励机制"。

"退牧还草"工程从 2003 年开始实施，是一项草原生态保护工程，其中包含草原生态保护补偿的内容。该工程通过在草原上实行围栏建设、补播改良以及实行禁牧、休牧、划区轮牧等使草原"休养生息"的生态保护措施，以逐步恢复草原植被，改善草原生态，提高草原生产力，促进草原生态与畜牧业协调发展。同时，草原农牧民因上述生态保护措施而遭受的损失或付出的成本，由政府给予一定的经济补偿。2011 年，在草原生态保护补助奖励机制出台后，国家发展改革委、农业部、财政部发布了《关于完善退牧还草政策的意见》，对退牧还草做了相应的政策调整。

"草原生态保护补助奖励机制"于 2011 年开始实施，是一项草原生态保护补偿的长效机制。2011 年，财政部会同农业部发布了《草原生态保护补助奖励机制政策实施的指导意见》，对草原生态保护补助奖励的范围、补助标准和奖励政策做了明确规定。在内蒙古、西藏、新疆、青海、甘肃、四川、云南、宁夏的 8 个草原牧区，全面建立草原生态保护补助奖励机制。2011—2014 年，累计安排了生态保护补偿奖励资金 606 亿元。

以下对西部地区退牧还草工程的实施情况，以及草原生态保护补助奖励的实践及其成效进行考察分析。

（二）西部地区草原生态保护补偿实践的典型样态

1. 西部地区实施"退牧还草工程"的实践

从 2003 年开始，在继"退耕还林工程"之后，我国启动了另一项生态保护与补偿工程，即"退牧还草工程"，对全年禁牧和季节性休牧的牧民进行饲料粮食的补助，并对草原围栏建设给予补助。这项工程的主要政策措施是：完善草原家庭承包制，落实草原产权；实行以草定畜，严格控制载畜量；对退牧还草实行国家投入、地方投入等多种形式的投入补偿。2003—2010 年，"退牧还草"工程在内蒙古、西藏、新疆、青海、甘肃、四川、云南、宁夏八省区和新疆生产建设兵团启动，中央累计投入基本建设资金 136 亿元，安排草原围栏建设 7.78 亿亩，同时对项目区实施围栏封育的牧民给予饲料粮食补贴。工程惠及 174 个县（旗）、90 多万农户、450 多万农牧民。

2011 年，为适应新出台的"草原生态保护补助奖励"政策，国家对"退牧还草工程"做了政策调整。实行禁牧封育的草原，退林还草的重点转向划区轮牧和季节性休牧围栏建设，并与推行草畜平衡挂钩。配套建设舍饲棚圈和人工饲草地，按照每户 80 平方米的标准，配套实施舍饲棚圈的建设，推动畜牧业发展模式的转变；配套实施人工饲草地建设，解决退牧之后饲养牲畜的饲料问题。提高中央投资补助的比例和标准，围栏建设中央投资补助比例由 2011 年前的 70% 提高到 80%，地方配套由 30% 调整到 20%，取消县及县级以下的资金配套。青藏高原地区草原围栏建设的中央投资补助标准由原来的每亩 17.5 元提高到 20 元，其他地区由每亩 14 元提高到 16 元。补播草种费由每亩补助 10 元提高到 20 元。人工饲草地建设中央资助补助每亩 160 元，舍饲棚圈建设中央投资补助每户 3000 元。

从 2011 年起，工程区内不再安排饲料粮食补助，而是将其纳入草原生态保护补助奖励机制。对实行禁牧封育的草原，中央财政按照每亩每年补助 6 元的测算标准对牧民给予禁封补助，5 年为一个补助周期；对禁牧封育以外实行休牧、轮牧的草原，中央财政对于未超载的牧民，按照每亩每年补助 1.5 元的测算标准对牧民给予草畜平衡奖励。

2. 西部八省区"草原生态保护补助奖励机制"的实践

2011 年，国家在西部内蒙古、西藏、新疆、青海、甘肃、四川、云南、宁夏等八省区和新疆生产建设兵团，全面实施草原生态保护补助奖励政策。2012 年以后，将政策实施范围扩大到黑龙江、吉林、辽宁、河北、山西等 5 个非主要牧区省的 36 个牧区半牧区县。政策的内容是：实施禁牧补助，对生存环境恶劣、草场严重退化、不宜放牧的草原，实行禁牧封育，中央财政按 6 元 / 亩的测算标准对牧民给予补助；实行草畜平衡奖励，对禁牧区以外的可利用草原，在核定合理载畜量的基础上，中央财政按照 1.5 元 / 亩的测算标准对未超载放牧的牧民给予奖励；对牧民实行生产性补贴，包括牧区畜牧良种补贴、牧草良种补贴、牧民生产资料综合补贴；根据任务落实情况和实际成效，对实施草原生态保护补助奖励的地方进行绩效考核，并给予绩效奖励补助。[1] 从中央财政安排草原生态保护补助奖励资金的情况来看，呈现逐年增加的趋势。其中，2011 年为 136 亿元，2012 年为 150 亿元，2013 年为 159.75 亿元，2015 年达到了 169.49 亿元。

为全面落实草原生态保护补助奖励机制，根据农业部、财政部印发的《2011 年草原生态保护补助奖励机制政策的实施指导意见》，西部 8 个主要草原牧区均制定了各自的《草原生态保护补助奖励机制实施方案》。根据实施方案，各省区相应的生态保护补助资金按照国家标准和各自的生态补偿面积进行了分配。内蒙古、甘肃、宁夏、新疆、西藏、青海、四川、云南八省区具体补偿面积与补助资金如表 4-1 所示。[2]

表 4-1　西部 8 个主要草原牧区省（自治区）草原生态补偿面积与金额

省、自治区	草原补奖总面积（万亩）	禁牧面积（万亩）	草畜平衡面积（万亩）	禁牧补助金额（万元）	草畜平衡奖励金额（万元）
内蒙古	102000	44300	57700	265800	86550
甘肃	24100	10000	14100	60000	21150
宁夏	3556	3556	0	21336	0
新疆	69000	15150	53850	90900	80775
西藏	103645	12938	90707	77628	136060
青海	47400	24500	22900	147000	34350
四川	21200	7000	14200	42000	21300
云南	7300	2300	5000	13800	7500

按照农业部、财政部出台的草原生态保护补助奖励政策，草原生态补偿的国家标准为，禁牧补助 6 元 / 亩，草畜平衡奖励 1.5 元 / 亩。

---

[1]　据统计，草原生态保护补助奖励政策覆盖了全部 268 个牧区半牧区县，再加上其他非牧区半牧区县，全国共有 639 个县实施草原生态保护补助奖励机制，涉及草原面积 48 亿亩，占全国草原面积的 80% 以上，其中可利用草原面积 38.3 亿亩，包括禁牧草原面积 12.3 亿亩，草畜平衡面积 26 亿亩，对 1.2 亿亩人工草场实施了牧草良种补贴，对 284 万户牧民给予了牧民生产资料补贴。在中央财政加大投入的同时，各级地方财政克服财政困难，积极安排工作经费并加大地方财政配套政策投入力度，参见《中央财政支持草原生态保护补助奖励政策情况》。

[2]　靳乐山．中国生态补偿：全领域探索与进展［M］．北京：经济科学出版社，2016：173.

在西部 8 个主要草原牧区省（自治区）中，除了西藏、云南、四川 3 个省区采取与国家标准一致的草原生态补偿标准外，其余 5 个省区均实行了差别化的生态补偿标准，如表 4-2 所示。[1]

表 4-2 西部 8 个主要草原牧区省（自治区）实施的差别化生态补偿标准

省、自治区	草原生态补偿的差别化标准
内蒙古	以全区亩平均载畜能力为标准亩，内蒙古自治区年平均饲养一个羊单位需要 40 亩天然草原作为一个"标准亩"，测算各盟市标准亩系数，自治区按照标准亩系数分配各盟市补奖资金。例如，陈巴尔虎旗的标准亩系数为 1.59，则该旗的禁牧补助为 9.54 元 / 亩，草畜平衡奖励为 2.385 元 / 亩
甘肃	实施了 3 个区域的标准，分别是：青藏高原区禁牧补助 20 元 / 亩，草畜平衡奖励 2.18 元 / 亩；西部荒漠区禁牧补助 2.2 元 / 亩，草畜平衡奖励 1 元 / 亩；黄土高原区禁牧补助 2.95 元 / 亩，草畜平衡奖励 1.5 元 / 亩
宁夏	宁夏全区禁牧，实行"一刀切"的禁牧补助标准 6 元 / 亩，但每户最大补助面积为 3000 亩，超过 3000 亩的补助结余资金要补给该县（市、区）草场承包面积小的牧户
新疆	根据草原类型确定了差别化的禁牧补助标准，荒漠类草原和退牧还草工程区禁牧补助 5.5 元 / 亩，水源涵养区禁牧补助 50 元 / 亩。草畜平衡奖励统一为 1.5 元 / 亩，与国家标准一致
西藏	禁牧补助 6 元 / 亩，草畜平衡奖励 1.5 元 / 亩，均与国家标准一致
青海	以青海省平均饲养的一个羊单位所需 26.73 亩天然草原作为一个"标准亩"，测算各州标准亩系数。各州禁牧补助测算标准为，果洛、玉树州 5 元 / 亩，海南、海北州 10 元 / 亩，黄南州 14 元 / 亩，海西州 3 元 / 亩。各州草畜平衡奖励统一为 1.5 元 / 亩，与国家标准一致
四川	禁牧补助 6 元 / 亩，草畜平衡奖励 1.5 元 / 亩，均与国家标准一致
云南	禁牧补助 6 元 / 亩，草畜平衡奖励 1.5 元 / 亩，均与国家标准一致

草原生态保护补助奖励政策的各省区，确定本行政区域内各地州、市的禁牧面积、草畜平衡面积，以及差别化补偿标准，细化至各州、市、县域，层层落实生态保护补助奖励政策。以甘肃省为例，依据《甘肃省落实草原生态保护补助奖励机制政策实施方案》，确定 14 个州、

---

[1] 靳乐山.中国生态补偿：全领域探索与进展［M］.北京：经济科学出版社，2016：173-174.

市的禁牧面积、草畜平衡面积，按照青藏高原区禁牧补助 20 元 / 亩，草畜平衡奖励 2.18 元 / 亩；西部荒漠区禁牧补助 2.2 元 / 亩，草畜平衡奖励 1 元 / 亩；黄土高原区禁牧补助 2.95 元 / 亩，草畜平衡奖励 1.5 元 / 亩的补助奖励标准实施草原生态保护补偿，再按照各地州、市的禁牧面积、草畜平衡面积，以及差别化补偿标准予以细化，如表 4-3 所示。

表 4-3　甘肃省各州、市禁牧草原面积、草畜平衡面积统计表

（单位：万亩）

市州	可利用草原面积	禁牧面积			草畜平衡面积
		合计	工程性禁牧	行政性禁牧	
全省	24100	10000	3744	6256	14100
兰州市	1041.24	371.39	0	371.39	669.85
嘉峪关市	17.61	0	0	0	17.61
金昌市	492.7	139	139	0	353.7
白银市	1647.19	440.37	0	440.37	1206.82
天水市	223.09	223.09	0	223.09	0
武威市	2260.19	1033.32	435	598.32	1226.87
张掖市	3225.07	1571.63	790	781.63	1653.44
平凉市	246.1	246.1	0	246.1	0
酒泉市	7037.35	2092.92	1430	662.92	4944.43
庆阳市	1920.04	1920.04	90	1830.04	0
定西市	902.76	688.03	40	648.03	214.73
陇南市	956.69	132.05	0	132.05	824.64
临夏州	387.49	255.06	0	255.06	132.43
甘南州	3742.48	887	820	67	2855.48

资料来源：《甘肃省落实草原生态保护补助奖励机制政策实施方案》（甘政办发［2011］232号文件）。

（三）西部地区草原生态保护补偿实践的实践绩效

退牧还草工程和草原生态保护补助奖励政策是中国目前最重要的

草原生态保护补偿机制，通过对退牧还草、禁牧、草畜平衡等限制草原超载措施的补助和奖励，实现对于草原生态保护行为的补偿和激励，最终通过制度的杠杆作用达到草原生态保护的目的。考察中国的草原生态保护补偿实践，在以下方面取得了积极的成效。

第一，草原生态环境得到一定改善，草原植被状况明显好转。从草原生态恢复的状况来看，2012—2014 年历年《全国草原监测报告》显示，随着草原生态保护补助奖励政策的全面落实和退牧还草工程等一系列重大草原生态保护建设工程的持续实施，我国草原生态环境得到了明显改善，草原生产力保持了较高的水平。2014 年，全国天然草原产草总量达 102219.98 万吨，在部分牧区遭遇严重干旱的情况下仍保持了较高的水平，与最近 10 年全国的平均水平相比增加了 4.04%。2014 年全国草原综合植被覆盖度达到 53.6%，较 2011 年增加了 2.6 个百分点。其中，退牧还草工程区植被覆盖度较非工程区高出 6 个百分点，高度、鲜草产量分别增加了 53.6% 和 30.8%。

第二，草原载畜量有所下降。减少草原载畜量是当前草原禁牧政策和草畜平衡政策的核心。已有的统计数据表明，2010 年全国的重点天然草原牲畜超载率为 30%，根据《2014 年全国草原监测报告》的统计结果，2014 年全国重点天然草原平均牲畜超载率为 15.2%，较 2013 年下降了 1.6 个百分点，较 2010 年下降了 14.8%。虽然天然草原超载过牧的现状依然严重，但草原生态补偿政策的实施，使得草原超载放牧的情况得到了一定改善。

第三，保障了牧民的经济收入。退牧还草、草原禁牧、草畜平衡等生态保护措施的落实，使得工程实施区和禁牧区的牧民减少了收入，承担了一定的机会成本。具体来说，禁牧的政策目标是实现草原从放牧到不放牧的转变，牧民因为不能放牧而承担了一定的机会成本。草畜平衡的目标是实现草原从超载到不超载的转变，牧民因为减畜而承担了一定的机会成本。禁牧、减畜会对牧民的生计造成影响，其政策目标能否实现，关键在于补偿是否能够抵消牧民的损失。在补偿不到位的情况下，牧民因缺乏遵守政策的意愿，会选择继续放牧或超载。草原生态补偿资金的落实能否弥补或增加牧民的收入，需要进行科学的评估。根据目前补偿资金的情况来看，由于各地的草原产出能力、草原生态保护的机会成本、补偿标准存在差异，因此补偿的实施效果也不尽相同，但从总体看，基本实现了收入与付出成本的平衡，部分地区牧民的经济收入有所提高。

（四）草原生态保护补偿的实践不足及完善建议

研究表明，我国草原生态保护补偿实践中，还存在着政策的延续性不明朗、部分禁牧区草场退化、禁牧区牧民生活缺乏保障、禁牧区违禁放牧、草畜平衡区未能完全实现减畜目标、补偿标准不足以弥补牧民实际减少的收入、牧区基础设施不完善等问题。[1]

第一，补偿标准较低，缺乏后续保障政策。

草原生态系统服务具有典型的公共物品属性，其强烈的外部性决定了农牧民参与草原生态保护和建设的意愿在很大程度上取决于其成本投入和实际损失能否得到政府的合理补偿。而政府补偿标准的高低不仅极大地影响着农牧民的参与意愿，更制约着他们对生态保护和建设中的实际行为和付出，进而决定着草原生态保护补偿政策目标的实现程度。从西部地区退牧还草工程、草原生态保护补助奖励的实践考察，补偿的具体标准大致可以分为两类：一是成本补偿，主要包括退牧还草工程中的草原围栏建设、配套舍饲棚圈和人工饲草地建设、补播草种费补助，以及草原生态保护补助奖励政策中的牧区畜牧良种补贴、牧草良种补贴、牧民生产资料综合补贴等，这部分补偿主要是基于农牧民因生态保护和建设而付出的直接成本。二是损失补偿，主要包括禁牧补助、休牧补助、草畜平衡奖励等，主要是基于国家草原生

---

[1] 陈永泉，等.内蒙古草原生态保护补助奖励机制典型牧户调查报告[J].内蒙古草业，2013（1）：15-18.

态保护政策给农牧民带来的实际收入的减少而给予的补偿。目前，草原生态补偿标准中，牧民普遍反映禁牧补助等标准较低，一个重要的原因是，牧民虽然得到了一定的损失补偿，但禁牧之后的转产再就业则很难实现。因此，牧民的受偿意愿中不仅包含草地的要素价值，还包含了劳动力的要素价值。而劳动力的要素价值不可能也不应该以生态补偿资金的方式去覆盖，需要通过资金补偿以外的保障政策帮助牧民转产再就业。

为了保障草原生态补偿政策的实施效果，应当从以下方面加以完善：一是科学评估不同地区牧民因草原生态保护而承担的成本和遭受的损失，进一步提高补偿标准，给牧民以合理的补偿，以保证他们的实际收入不因草原生态保护政策的实施而下降，提高他们参与的意愿；二是要实施完善的补偿后续政策措施，帮助牧民实现转产再就业。只有这样，才能真正实现牧民履行的草原生态保护义务和享有的生活保障权利、发展权利的对等，草原生态保护补偿实践才能达到预期的政策目标。

第二，对受偿主体的补助没有体现差别化成本，存在不对等补偿。

由于不同地区之间、同一地区不同牧户之间草原超载放牧的程度存在差异，所以受偿主体之间的草畜平衡的机会成本也存在差异性。生态补偿政策奖励的国家标准是 1.5 元 / 亩，各个省区内部实行了差别化补偿标准，但差别化的主要依据是草地的生产力，并没有将超载程度的差异性考虑其中，这样就会带来同一补偿标准在不同受偿主体之间出现不对等关系的问题，即超载程度严重的和超载程度轻微的牧户，都适用同一个补偿标准。其后果是减畜和补偿出现严重不对等，妨碍了减畜任务的完成和草原生态保护补偿政策目标的实现。

因此，从公平的角度，建议将超载程度因素纳入草畜平衡奖励补助政策。但如果核实每一个牧户的超载程度并据以兑现奖励补助，将会付出很高的执行成本。有学者的研究表明："中小牧户是草原超载过牧的主体，草场面积越小的牧户超载程度越严重。"[1]根据这一结论，可以将中小牧户作为"减畜—补偿"最主要的主体，给予倾斜性政策补偿，中小牧户作为超载的主体也是减畜的主体，获得更多的补偿将更容易实现减畜的目标。

第三，草原生态保护补偿监管有待加强。

草原生态保护补偿中的禁牧、减畜等措施需要相应的监管措施保障其落实到位。实践中，由于牧区草场面积大、牧民居住分散，实施监管需要大量的费用，而草原地区监管部门力量不足，经费不能得到充分保障；同时由于牧民的牲畜养殖数量呈现变动性，真正落实牧户的实际草原载畜量并不容易；由村组成员担任草管员虽然有监管信息上的优势，但也容易因为人情因素而降低监管效率。现有草原生态补偿配套政策特别是补偿后续的牧户转产再就业保障不完善，加剧了监管的难度。监管工作的不力，导致了禁牧区违禁放牧、超载放牧的现象难以遏止，反过来会影响遵守禁牧和草畜平衡政策的牧户的积极性。

有效监管是保障草原生态保护补偿实施效果的关键。可以考虑在补偿资金的兑现方面建立一定的约束机制，比如，在某些省区采用分期发放资金的办法，预留一部分资金，把牧民遵守禁牧政策、落实减畜任务的情况与预留资金的兑现挂钩，待考核验收时根据监管结果予以兑现。同时，监管部门应当创新监管手段，加强监管，保证政策的实施效果。

总之，草原生态保护补偿实践中存在的不足，既有政策自身不完善的原因，也有政策实施中落实不到位等方面的原因。应当完善草原补偿政策法律体系，严格实施政策法律，增强政策法律的实效性，实现草原生态保护补偿的目标。

---

[1] 靳乐山.中国生态补偿：全领域探索与进展［M］.北京：经济科学出版社，2016：180.

四、流域生态保护补偿的实践

（一）流域生态保护补偿概述

流域生态保护补偿，是指综合运用行政手段和市场手段，调节流域上下游之间生态保护者和生态受益者之间的经济利益，通过实现利益补偿和平衡，增强流域生态产品的供给能力，促进人与自然和谐相处的制度安排。它通过建立跨界生态保护补偿机制，解决上下游之间在生态环境治理、经济开发中存在的实施主体和受益主体不一致的矛盾，对中上游生态进行恢复和建设，实现流域各行政区域生态利益的共享、经济利益的平衡和共赢。

早在 20 世纪 90 年代，中国的流域生态保护补偿就进入了理论研究的视野，但流域生态补偿的实践要晚于森林生态效益补偿等。2007年，原国家环境保护总局出台了《关于开展生态补偿试点工作的指导意见》，这是我国首次从宏观政策层面对建立生态补偿机制进行规范的政策指导，其中确定了在四个重点领域开展生态补偿的试点，分别是，自然保护区、重要生态功能区、矿产资源和流域水环境保护。我国的流域生态保护补偿由此迈出了重要的一步。2008 年修订的《中华人民共和国水污染防治法》第七条规定：国家通过财政转移支付等方式，建立健全对位于水源保护区区域和江河、湖泊、水库上游地区的水环境生态保护补偿机制。这一规定为流域生态保护补偿制度的建立提供了法律依据。之后，伴随着理论研究的深入，流域生态保护补偿的试点也渐次展开。一些省份陆续出台了流域生态保护补偿的相关政策，开展了试点补偿实践。比如，2008 年，江苏省在太湖流域开展环境资源区域补偿试点；2009 年，河南省在沙颖河流域和海河流域进行水环境生态补偿试点；2009 年，湖北省在汉江流域部分河段进行生态保护试点；2009 年，陕西省在渭河流域实施流域水污染补偿试点。这些流域生态补偿限于省级行政区域内开展试点工作，多以广义生态补偿理念为基础，既包含了对污染流域水资源导致流域生态环境和水资源遭到破坏的负外部性行为的生态损害补偿，也包含了对流域生态保护产生的正外部性行为的补偿，其本质是一种混合型的"流域水环境质量补偿"。2011 年，我国首例跨省流域生态补偿试点，即中央政府主导下的新安江流域生态补偿试点在安徽和浙江两省展开。与之同时，陕西、甘肃两省地方政府之间自主开展渭河流域跨省横向生态补偿，标志着我国流域生态保护补偿进入了一个新的发展阶段——由省内补偿发展到省际补偿层面、纵向补偿和横向补偿方式并存。这是一个可喜的进步，为未来立体式流域生态保护补偿开创了先例。

从补偿主体的角度来看，流域生态补偿可以界分为流域生态保护补偿和流域生态损害补偿，前者是生态受益者对生态保护者和建设者的补偿，后者是水资源开发利用者因其造成的水环境污染等损害行为对利益受损者的补偿，我国各地出现的"上下游之间的双向补偿"，即同时包含了这两种性质的补偿。本课题研究的重点是流域生态保护补偿。从补偿机制的角度，可以分为政府补偿和市场补偿，前者以政府补偿为主导，后者以上下游之间的协商谈判为主要形式。从补偿实践运行模式的角度，学界多认为可以划分为基于河流源头保护的政府项目补偿模式、基于水污染控制的奖罚责任制模式、基于水资源短缺的水权交易模式。[1] 上述不同类型的补偿模式，使得我国流域生态补偿呈现出多元化的趋势。

西部是我国大江大河的发源地，三大流域上游水生态环境的质量，关系到中下游的用水安全，也关系到国家的生态安全。这一特征，决定了西部地区流域水环境保护和治理具有重要的全局意义。由于历史和现实的原因，西部又是我国经济欠发达地区，生态保护和经济发展之间存在着内存张力和紧张冲突。西部生态脆弱区既面临着生态保护的重大使命，又面临着经济发展的迫切需要。而流域生态保护补偿制

---

[1] 刘世强.我国流域生态补偿实践综述［J］.求实，2011（3）：49-52.

度的建立，正是实现这种张力消解和冲突弥合的制度安排。下文结合西部生态脆弱区开展流域生态保护补偿的若干典型例证，对我国流域生态保护补偿的实践做一考察。

（二）西部地区流域生态保护补偿实践的典型样态

1.基于江河源头保护的政府项目补偿模式：以三江源流域生态保护补偿为例证

以中央财政转移支付对江河源头等重要生态功能区进行生态保护补偿，是我国近年来生态补偿所关注的重点领域之一。三江源地区是长江、黄河和澜沧江的源头和上游地区，素有"中华水塔"之称，是全国最为重要的生态功能区之一。2008 年，财政部出台了《国家重点生态功能区转移支付办法》，通过对国家重点生态功能区实施财政转移支付，实行对重点生态功能区的生态保护补偿。根据这一办法，三江源保护区被纳入中央财政支付的范围。[1]青海三江源保护区是我国大江大河的发源地，是几大流域的上游地区，也是国家的重要生态功能区，这一区域的生态环境保护对中下游乃至全国都有着至关重要的意义。

为落实《国家重点生态功能区转移支付办法》对江河源头水源地生态保护补偿，青海省人民政府于 2010 年出台了《三江源生态补偿机制试行办法》，2014 年出台了《关于探索建立三江源生态补偿机制的若干意见》。依据上述政策，三江源区开展的生态保护补偿实践主要包括以下内容：①补偿主体。中央政府是三江源区生态保护补偿最主要的主体，以国家重点生态功能区转移支付、支持藏区发展专项资金及其他中央专项资金为主要补偿形式。地方政府在省级预算中安排

---

[1]　根据这一办法纳入中央财政转移支付补偿范围的国家重点生态功能区：1.青海三江源自然保护区、南水北调中线水源地保护区、海南国际旅游岛中部山区生态保护核心区等国家重点生态功能区；2.《全国主体功能区规划》中限制开发区域（重点生态功能区）和禁止开发区域；3.生态环境保护较好的省区。对环境保护部制定的《全国生态功能区划》中其他国家生态功能区，给予引导性补助。此后，纳入中央财政转移支付补偿的范围逐步扩大。目前，转移支付实施范围已扩大到 466 个县（市、区）。同时，中央财政还对国家级自然保护区、国家级风景名胜区、国家森林公园、国家地质公园等禁止开发区给予补助。

适当补偿资金，因而也是补偿主体。②受偿主体。三江源保护区生态保护补偿的具体补偿范围为玉树、果洛、黄南、海南4个藏族自治州所辖的21个县及格尔木市代管的唐古拉山镇。具体的受偿主体，包括推进生态保护与建设工程、提升基本公共服务能力的地方基层政府，补偿范围内的农牧民草畜平衡奖励、重点生态功能区日常管护补偿、牧民生产性补贴、农牧民基本生活燃料费补助、农牧民劳动技能培训及劳务输出、扶持农牧区后续产业发展补助等。③补偿标准。省级各相关部门按照国家有关规定，根据生态补偿范围及其重点，制定具体补偿政策和补偿标准，并根据实施情况适时调整。④补偿模式。主要是政府补偿，也包括中国三江源生态补偿基金、碳汇交易及社会捐赠等市场化机制。

三江源流域生态保护补偿是我国中央主导下的纵向流域生态保护补偿的一个典型例证。事实上，我国已开展的生态保护补偿包括流域生态保护补偿，中央财政转移支付是主要的补偿资金来源。从权利义务对等的角度，水源涵养区承担了较重的生态保护与建设任务，当地政府和农牧民在经济发展方面受到较大制约，做出了较大的牺牲，对流域生态保护具有全局性的功能，因此中央政府应当承担主要的补偿责任。同时，水源涵养地生态保护与建设的直接受益者是下流地区，在中央政府承担主要补偿责任的同时，还应当加强地区上下游政府之间的横向财政转移支付力度，这是目前我国流域生态保护补偿中存在的一个短板。

2. 中央政府主导下的奖罚责任制模式：以新安江流域生态保护补偿为例证

新安江流域并不属于地理区域上的"西部"范畴，但是，新安江流域开展的"中央主导、地方辅助、纵横兼顾"的生态保护补偿试点模式对于完善西部生态脆弱区流域生态补偿有重要的借鉴意义，因而本部分将其纳入讨论的范畴。新安江流经安徽、浙江两省，干流2/3

在安徽境内，其上游地区是千岛湖以及汇入钱塘江的优质水源地。2010 年，财政部和环境保护部共安排补偿资金 3 亿元，专项用于新安江流域水环境保护和水污染治理。2011 年，财政部、环保部制定了《新安江流域水环境补偿实施方案》，对补偿的主体、补偿标准、资金来源、资金用途等进行了明确规定。①补偿主体。新安江流域的生态补偿方式仍以中央财政转移支付为主，由中央政府和安徽、浙江两省共同设立新安江流域生态补偿基金，这种补偿模式是中央政府和上下游两个省级地方政府的"三方共同投入"，因此体现为一种"纵横兼顾"的模式。②受偿主体和补偿标准。以新安江最近三年的平均水质作为评判基准，此后水质变化以此为参照，考核指标为高锰酸盐指数、氨氮、总氮、总磷 4 项指标。监测断面以新安江跨省界的街口国控断面作为人工监测断面，监测频次为每月一次。在监测年度内，以两省交界处水质为考核标准，上游安徽提供水质优于基本标准的，由下游浙江对安徽补偿 1 亿元；水质劣于基本标准的，由上游安徽对浙江补偿 1 亿元。③补偿模式。新安江流域水环境生态保护补偿作为全国首个"中央主导、地方辅助、纵横兼顾"的补偿试点。其积极意义和值得借鉴之处在于，第一，中央政府主导，地方政府积极合作，为实现跨省际流域生态补偿提供了平台和保障。由于中央政府和地方政府是科层制行政体系架构中的上下级关系，在中央政府主导下，流域上下游地方政府之间比较容易达成补偿协议。第二，这一模式既体现了中央政府主导下的纵向补偿，又体现了以市场为导向的地方政府之间的横向补偿。就横向补偿而言，流域内的生态保护和建设活动提供了生态服务价值，其直接体现就是水质标准。以水质考核结果作为确定补偿主体、受偿主体的标准：如果水质优于基本标准，说明上游地区为生态保护和建设做出了贡献，作为受益者的下游地区应当对其进行补偿；如果水质劣于基本标准，则说明上游地区没有按照协议履行生态保护和建设的义务，应当向因水质恶化而受到损害的下游地区提供补偿。这其中涉及两种关系：一是下游向上游进行的补偿，是对正外部性行为进行的"生态保护补偿"；二是上游向下游进行的补偿，是基于负外部性行为进行的"生态损害补偿"。两种补偿关系均体现了公平原则和权利义务对等原则。就纵向补偿而言，流域内从事生态保护和建设活动，提供的生态服务价值具有很强的"外溢性"，即流域环境质量的改善可以惠及流域之外的不特定区域，引致全国性生态利益的增进，由中央政府给予补偿也是公平原则的体现。因此，这一模式既对流域内特定区域产生直接惠益，又促进了整体生态利益增进的生态保护和建设活动。第三，新安江流域上下游之间的安徽、浙江两省经济发展水平有比较明显的差异。下游的浙江省经济发展良好，是我国经济发达省份，而上游的安徽省经济相对落后，这也是跨省流域补偿在新安江流域顺利实施的重要原因。

截至 2013 年年底，中央财政共投入新安江流域试点专项资金 8.5 亿元，浙江、安徽两省共拨付补偿资金 4.2 亿元，合计 12.7 亿元。新安江流域水环境补偿政策实施以来，黄山市共安排启动了农村面源污染处理、城镇污水和垃圾处理、工业点源污染整治、生态修复工程、能力建设等 5 大类 156 个项目。污染治理标本兼治效果初步显现，水环境质量保持稳定，初步实现了方案中确保新安江水质稳定达标的目标。2014 年 10 月，皖、浙两省召开新安江流域生态补偿机制座谈会，达成基本共识，共同推进新一轮试点，持续进行研究新安江和千岛湖保护问题，并就新一轮试点的期限、补偿资金、水质考核、第三方评估和交流合作等问题进行了研究。

3. 省际之间自主开展的横向流域生态补偿：以渭河流域跨省生态保护补偿为例证

渭河是黄河最大的支流，发源于甘肃渭源西南鸟鼠山，从西向东经甘肃黄土丘陵区进入陕西关中平原，在潼关汇入黄河，流经的行政区域主要包括甘肃定西市、天水市，以及陕西宝鸡市、西安市、渭南市。渭河流经的黄河中上游地区是古代华夏农耕文化的发祥地之一。由于长期的过度开发和破坏，渭河流域生态破坏、水土流失以及水污染等问题非常严重。虽然近年来渭河水环境治理取得了一定成效，但渭河依然是黄河流域生态环境问题最为突出、污染最为严重的河流之一。监测资料显示，2010 年年底渭河干流有 69% 的河段超过水域功能标准要求，13 个监控断面中有 9 个属于劣 V 类水质。流域水质量下降和生态环境的恶化，不仅威胁到人民群众的生命健康和财产安全，也引发了流域上下游之间的利益纷争。渭河上游的天水、定西两市，有不少县属于国家贫困县区，既要面临扶贫脱贫的艰巨任务，又要在水土保持及生态保护方面进行大量投入，牺牲经济发展机会。由此，上游地区要求加快发展和进行合理补偿的诉求越来越高。下游地区由于水资源开发利用量不断增加、水环境污染负荷不断加重的实际，也希望通过水环境保护治理，不断提高资源环境承载力。

2011 年 12 月，渭河流经区域的陕西省西安市、宝鸡市、咸阳市、渭南市和杨凌示范区和甘肃省天水市、定西市等六市一区经过协商达成协议，共同组建了"渭河流域环境保护城市联盟"，承诺并呼吁"让生命之河焕发生机"。六市一区联盟签订了《渭河流域环境保护城市联盟框架协议》，提出渭河流域生态保护的基本原则：设定跨省、市出境水质目标，按水质目标考核并给予补偿；各出境断面的考核因子为化学需氧量和氨、氮两项；各考核断面的出境水质以两省共同认可的监测结果为依据。六市一区联盟还就两省渭河流域污染治理及生态保护项目申报联动机制和跨界环境事故协商处置机制等做了安排。2012 年 1 月，陕西省财政厅和环保厅给予上游甘肃省天水市、定西市生态补偿资金共计 600 万元，专项补偿用于渭河上游的污染治理工程和水源地生态建设工程。陕甘两省迈出了跨省流域生态保护补偿的第一步，标志着两省在国内率先建立了省际之间的生态补偿机制。2013 年、2014 年共支付生态补偿资金 2000 多万元，集中用于沿渭县区的

22 个重点项目污染防治工程。对于渭河流域跨省生态保护补偿的实施效果，陕西省政府有关负责人曾表示："通过渭河流域开展生态补偿的试点，渭河流域生态环境有了一定程度的改善"。作为地方政府之间自主展开的流域横向生态补偿第一次尝试，其意义在于以下几点。

第一，补偿主体和受偿主体以平等协商的方式达成补偿协议。渭河流域生态保护补偿是通过流域上下游地方政府的自主协商、达成协议的方式实现的，是生态保护补偿实践的创新和突破。从法律关系分析，我国已开展的生态补偿大多是中央政府对地方政府自上而下的政策性补偿，体现为一种行政法律关系。在生态补偿行政法律关系中，补偿方是中央政府，受偿方是地方政府，一般来讲，补偿方对受偿方的补偿是基于保护生态公共利益的政策考量，地方政府并没有多少"讨价还价"的余地。而渭河流域生态保护补偿是平级的地方政府之间的协议补偿，补偿方是地方政府，受偿方为科层制行政体系架构中没有隶属关系的同级地方政府，双方通过平等协商达成一致，符合民事法律关系的特征。这对中国的横向生态补偿机制的建立产生了重要的示范意义。

第二，建立了上下游地方政府之间的协商平台。渭河流域环境保护城市联盟的成立，为流域上下游间提供了一个跨行政区域生态环境保护的协商平台。当然，这一协商平台如何建立长效机制，真正承担起跨省域流域问题的综合协调，进而实现对流域的统一有效管理，尚需要不断探索和完善。

第三，确立了流域横向生态保护补偿的基本原则和框架。渭河流域生态保护补偿基本原则的确立，为流域上下游间跨行政区域生态保护补偿提供了借鉴。"按水质目标考核并给予补偿""以两省共同认可的监测结果为依据"等原则的确立，为实施流域上下游之间的横向补偿提供了一个框架性标准。

4. 基于水资源短缺的水权交易模式：甘肃张掖黑河流域水权交易的实践

水权交易，是在政府的协调下，水资源供需双方通过市场机制协商达成的水权交易行为，其目的是节约水资源、促进水资源的优化配置。很多研究成果均将水权交易作为流域生态保护补偿的基本类型，本文暂且将其纳入考察分析范围。

中国西北部的黑河是我国的第二大内陆河，流经青海、甘肃和内蒙古三省区。20 世纪 90 年代，由于黑河流域的中游地区甘肃张掖工农业生产过度开发和大量取水用水，导致下游的水量逐渐减少，下游内蒙古居延海出现湖泊干涸、草场退化等生态恶化的后果，甘、蒙两省区之间因为黑河流域的水量分配问题纠纷不断。2001 年，中国水利部颁布了《黑河干流水量分配方案》，依据该方案，在水利部的主导下，两地对黑河流域的中游和下游地区的水量进行了分配。在水权初始分配的基础上，张掖市于 2002 年启动了水权交易试点，在本行政区域内，对黑河流域可支配的水量以"水票"的形式在用户之间进行交易。张掖市随后被水利部确定为建设节水型社会的试点，其水权交易的成功经验被水利部在全国推广。2007 年水利部颁布了《水量分配暂行办法》，对流域上下游的水量初始分配的原则、具体办法和程序做出了规定。2016 年水利部出台了《水权交易管理暂行办法》，对初始分配基础上的水权交易进行了专门规范。各地省级、市级也陆续出台了地方性水权交易办法。张掖市的水权交易属于在与下游内蒙古进行水量初始分配基础上的本行政区域内开展的水权市场交易。此外，我国水权交易实践中还出现过城市间的"一对一"水权交易案例，一个经常被援引的案例是"义乌—东阳的水权交易"案例。[1]

---

［1］ 2001 年 11 月，浙江省东阳和义乌两市经过五轮磋商，签订了城市间水权转让协议：水资源较为丰富的东阳市将境内横锦水库 4999.9 万立方米水的永久使用权以 2 亿元的价格转让给水资源短缺的义乌市，义乌市按年实际供水量 0.1 元／平方米支付综合管理费。此外，东阳对水库的所有权不变，还要对水库进行维护保证其正常运转；水库到义乌的引水工程由义乌出资，东阳负责实施建设。参见刘世强 . 我国流域生态补偿实践综述［J］. 求实，2011（3）：49-52.

水权交易是否属于流域生态保护补偿的范畴？大量的经济学、法学研究成果认为，从水权交易的目的看，水权交易涉及流域水环境的保护和节约用水的目的，与流域生态保护补偿的目的一致，因此属于流域生态补偿的范畴，现有研究成果大多将其纳入流域生态保护补偿的体系框架。针对这一问题，笔者有不同看法。第一，根据水权理论研究的已有成果，从制度构成要素分层，完整的水权制度包括水权界定、水权初始分配、水权交易（包括交易平台、交易合同、交易行为）等。其中，水权界定是水权制度的基础；水权初始分配在我国目前是在政府主导下对流域内或跨流域的用水量进行分配的过程，是政府主导的水资源一级市场配置；水权交易是指在水资源使用权初始分配的基础上，通过市场机制实现水资源使用权在区域间、行业间、用水户间流转的行为。严格来讲，水权交易是政府主导下的水权初始分配基础上的二级市场交易行为。在二级市场交易中，交易双方并不是单纯的上下游生态保护贡献者和受益者之间的"补偿"关系，而是"随机性"不特定主体之间的"水商品交易"关系，不具备生态保护补偿的制度要素特征。第二，流域水权的初始分配，是在上下游之间进行的水资源配置，似乎具备流域生态保护补偿的形式要件，但初始分配是依据尊重历史习惯原则、确立水权人的优先顺序等原则，在下级政府主导下进行的"无偿分配"，本质是对流域水资源使用权的初次分配，并不存在上下游之间的相互补偿关系。鉴于上述理由，笔者认为，水权交易虽然与流域生态补偿制度有目的关联性，但其本质是水权制度的有机组成部分，具体来讲是水权交易的下游制度，不应当不加分析地装入"流域生态补偿"的箩筐。下文不再对此展开讨论。

5. 省级行政区域内自主开展的横向流域生态补偿模式

在流域生态保护补偿实践中，还存在大量的省级行政区域内自主开展的生态补偿案例。补偿的模式多是基于流域水环境质量的奖罚补偿，即水质达到标准的市县，由省级财政预算支付一定的补偿资金；

水质不达标的市县，则少拨付或不拨付补偿资金，甚至给予一定的处罚。这类补偿因处于同一省级行政区域内，把补偿资金兑现与水环境质量目标考核联系起来，其优点是简单易行。由于我国各地经济社会发展不平衡，目前东部一些经济发达的省份在省级财政预算中安排了专项补偿资金，开展流域生态保护补偿。西部地区普遍经济欠发达，这类补偿案例目前尚不多见。

（三）西部地区流域生态保护补偿实践中存在的问题及完善建议

我国流域生态保护补偿目前仍处于探索阶段，流域生态保护补偿实践主要集中在行政区域内中小流域的水环境和水源地保护补偿，且这类补偿实践多集中在东部经济发达地区，西部经济欠发达地区开展较少。省际之间的跨行政区域流域生态补偿处于试点阶段。由于长期缺乏相应的法律保障，在补偿主体和客体、补偿标准、补偿方式和程序及公众参与等环节均缺乏明确的法律依据。以下就流域生态保护补偿实践中存在的不足及完善思路做一分析。

第一，补偿主体与受偿主体的不完全对等。

在目前开展的流域生态保护补偿实践的几种典型样态中，补偿主体存在较大差异。在"基于江河源头保护的政府项目补偿模式"中，中央政府是最主要补偿主体，江河源头的省级地方政府是辅助性的补偿主体，国家确定的补偿范围内的基层政府、农林牧户、企业等是受偿主体。在"中央政府主导下的奖罚责任制模式"中，补偿主体是中央政府和流域上下游对应的省级政府，属于三方共同补偿的机制安排，受偿主体是下游（或上游）地方政府、农牧林户、企业等。在"省际之间自主开展的横向流域生态补偿模式"中，中央政府并没有参与其中，补偿主体是上游（或下游）地方政府，受偿主体是对应的下游（或上游）地方政府、农牧林户、企业等，如表4-4所示。

表 4-4　流域生态保护补偿不同实践模式中的补偿主体与受偿主体

补偿模式	补偿主体	受偿主体
基于江河源头保护的政府项目补偿模式	中央政府、地方政府 A	流域上游的农牧林户、企业，基层政府等
中央政府主导下的奖罚责任制模式	中央政府、地方政府 A（或 B）	地方政府 B（或 A），农牧林户、企业等
省际之间自主开展的横向流域生态补偿模式	地方政府 A（或 B）	地方政府 B（或 A），农牧林户、企业，基层政府等
省级行政区域内自主开展的横向流域生态补偿模式	水质不达标的市县基层政府	水质达标的市县基层政府

对上述三种模式进行比较，不难发现，三种模式的补偿主体中都涉及中央政府和地方政府，不同的是中央政府和地方政府参与的深度和发挥的作用不尽相同。

在"基于江河源头保护的政府项目补偿模式"中，中央政府是主要的补偿主体，江河源头区地方政府也有一定的资金投入，但流域中下游地方政府是缺位的。江河源头处于流域上游，全国性河流因其生产的生态价值会惠及全国，中央政府是全体国民利益的代表者，以财政转移支付的方式对江河源头生态保护和建设地区的政府和民众实施纵向补偿，符合公平原则，有充分的法理基础。但是，这其中隐匿了一个重要逻辑：江河源头生态保护和建设地区的政府和民众做出了贡献和牺牲，流域中下游地区是最直接的受益者，中下游地区是否也应当承担一定的补偿责任？笔者认为，答案应当是肯定的。比如，在目前对三江源区实施的生态保护补偿中，中央政府财政转移支付是最主要的资金来源，青海省政府在省级预算中安排了适当补偿资金，但作为直接受益地区的中下游地区则没有任何补偿资金投入。流域上下游之间因江河源头生态环境保护而产生事实上的"保护—受益"的关系，也应当建立"保护—补偿"的机制。笔者建议，在这种类型的生态保护补偿中，应当建立中央政府、流域中下游相关地方政府、江河源头区地方政府共同投入补偿资金的三方补偿机制。各方补偿资金的份额，应当根据江河源头区生态保护带来的全局性惠益、对中下游地区的直接惠益、适当的地方配套来测算。流域中下游各省份的出资份额，应当在中央政府的主导下，根据流域面积、受益程度、经济发展水平等因素，经过协商谈判达成一致。

"省际之间自主开在展的横向流域生态补偿模式"中，流域上下游地方政府双方通过协商谈判，以一定的水质标准作为补偿的基准，达成地方政府之间的补偿协议，中央政府并没有参与其中。这就引出一个问题：跨省际区域性河流中，中央政府应不应当有适当的资金投入？换言之，同为区域性河流，同样面临水环境保护和水污染治理问题，为什么在新安江流域生态保护补偿中中央政府是主要补偿主体，而在渭河流域生态保护补偿中中央政府就缺位了？笔者认为，跨省际区域性河流具有地方公共物品的性质，流域生态环境保护产生的惠益主要及于一定的区域，因此受益地区的地方政府应当成为补偿主体；但同时，流域的"跨省际"特征，决定了其环境正外部性会有"外溢"现象，因此中央政府也应当承担一定的补偿责任。当然，补偿份额的多少需要根据流域生态环境保护产生正外部性的大小，以及当地政府的财力状况做出合理的分配。

在"中央政府主导下的奖罚责任制模式"中，补偿资金由中央政府、流域上游地区地方政府、下游地区地方政府三方共同筹集。这种安排既考虑到了流域生态保护对全国产生的有利影响，也考虑到了区域性直接受益者对流域生态保护者的补偿因素，符合公平原则，应当作为今后流域生态保护补偿发展的方向。但这一模式中的"中央主导"则有可能造成地方政府的自主协商不足，建议以"中央引导"为基础，推动上下游地方政府之间达成补偿协议。

第二，补偿标准较低，补偿形式单一。

我国流域生态保护补偿的标准，大致有两种模式。一是中央政府作为主要补偿主体的情况下，以国家出台的相关政策为依据进行补偿。

政策制定时对于补偿标准一般只考虑涵养水源、保持水土、净化水质等水生态保护和建设的成本，较少考虑发展机会成本和生态价值。二是地方政府协商谈判所达成的双方共同接受的标准。补偿标准取决于补偿方的财力状况、双方的要价能力和讨价还价能力。此外，补偿形式较为单一，资金补偿是主要的补偿形式，政策补偿、实物补偿、技术补偿采用较少。

建议加强对生态补偿标准技术方法的研究，基于科学的测算方法，综合考虑流域的生态保护效益、生态保护与建设成本、发展机会成本等因素，同时，结合上下游地区经济发展水平，考虑生态保护方的接受意愿和受益方的支付意愿等，形成一套完善的补偿标准核算体系，作为制定补偿政策、协商谈判的重要参照。对西部经济落后地区，除补偿资金投入外，还需采用提供优惠政策、产业技术支持等多种方式，以增加其造血功能。

第三，缺乏协商平台，补偿的市场化程度低。

我国很多大江大河都流经多个省际行政区域，流域上下游之间在生态保护和建设方面存在利益纷争，开展省际之间的流域横向生态补偿非常有必要。但是，在自上而下的科层制行政体制架构下，省际之间互不存在隶属关系，跨区域的协商平台的缺失，使得省际之间协商一致变得困难。虽然我国在一些大江大河流域设置有专门的流域管理委员会，但这些跨流域管理机构职权有限，很难承担起类似地方政府间达成生态补偿协议这样的综合协调职责。从我国流域横向生态补偿的实践来看，类似省际之间开展的流域生态补偿实践微乎其微，市场化程度很低。

党的十九大报告提出，要建立市场化、多元化生态补偿机制，可以考虑从两方面着手，一是逐步建立省际之间的生态补偿协商平台，如类似于环境交易所的生态补偿评估交易中心等，提供专业化的生态补偿协商服务。二是建立以政府投入为引导，鼓励社会资金参与生态建设、污染治理的投资平台，拓宽补偿资金渠道，拓展市场化的补偿运行模式。例如，成立专门的生态环境治理或环境污染防治公司，大力发展生态产业，以市场化运作的方式，达到降低成本的目的，实现环境保护目标的"双赢"。

第四，流域生态保护补偿评价和监管工作有待加强。

缺乏完善的生态补偿绩效评估体系，对流域生态保护补偿政策的实施效果不能做出准确的评价。各地流域生态保护补偿政策实践在补偿标准、补偿资金的使用和监管方面，都存在不少问题。为此，需要加强对流域生态保护补偿的科学评估，监管部门要严格过程监管，建立动态化监控体系与第三方评估机制，接受社会监督，保证补偿效果评估考核的客观性、公正性。地方政府还应当将生态补偿绩效作为政府绩效考核的指标之一。

五、重点生态功能区生态保护补偿的实践

（一）重点生态功能区生态保护补偿概述

重点生态功能区，是指在涵养水源、保持水土、调蓄洪水、防风固沙、维系生物多样性等方面具有重要作用的区域，需要国家和地方共同管理，并予以重点保护和限制开发的区域。根据 2011 年发布的《全国主体功能区规划》，重点生态功能区包括禁止开发的区域和限制开发的区域。按照区域间"生态"和"生产"功能上的分工，禁止开发区域是指有代表性的自然生态系统、珍稀濒危野生动植物的天然集中分布地、有特殊价值的自然遗迹地和文化遗址等，此类区域一般设立各类自然保护区，其原本就是重要的生态功能区，要实行强制性保护，控制人为因素对自然生态的干扰，强化其生态服务功能。依据《全国主体功能区规划》划定的范围，目前我国国家层面的禁止开发区域有国家级自然保护区 319 个、世界文化自然遗产 40 个、国家级风景名胜

区 208 个、国家森林公园 738 个，国家地质公园 138 个。[1] 限制开发区域是关系全国较大范围生态安全，目前生态系统有所退化，需要在国土空间开发中限制进行大规模、高强度工业化城镇化开发，以保持并提高生态产品供给能力的区域。在《全国主体功能区规划》中，将限制开发的国家重点生态功能区分为水源涵养型、水土保持型、防风固沙型和生物多样性维护型四种类型，共 25 个，绝大多数位于西北五省区、西南五省区和内蒙古、广西，占总数量的 75% 以上，如表 4-5 所示。

表 4-5　限制开发的国家重点生态功能区类型及其基本发展方向

类型	生态功能区名称	基本发展方向
水源涵养	甘肃南部黄河水源补给功能区 若尔盖草原、湿地功能区 三江源草原、草甸湿地功能区 阿尔泰山地、森林草原功能区 长白山森林功能区 大小兴安岭森林功能区 祁连山冰川水源涵养功能区 南岭山地、森林及生物多样性功能区	禁止非保护性的采伐森林，封育天然植被，恢复草原或湿地植树造林、涵养水源
水土保持	黄土高原丘陵沟壑水土保持功能区 大别山水土保持功能区 桂黔滇喀斯特石漠化防治功能区 三峡库区水土保持功能区	控制开发强度、实施生态移民、恢复植被植树造林
防风固沙	阿尔金草原荒.漠化防治功能区 塔里木河荒漠化防治功能区 呼伦贝尔草原、草甸功能区 浑善达克沙漠化防治功能区 科尔沁草原功能区 阴山北麓草原功能区	控制放牧和过度开垦、恢复天然植被、加强综合治理
生物多样性维护	三江平原湿地功能区 川滇森林及生物多样性功能区 武陵山区生物多样性和水土保持功能区 秦巴生物多样性功能区 藏西北羌塘高原荒漠功能区 藏东南高原边缘森林功能区 海南岛中部山区热带雨林功能区	保护森林、草原、湿地野生动物，恢复生物多样性

资料来源：2010 年《全国主体功能区规划》。

[1]　此外，省级层面的禁止开发区域包括各级各类自然文化资源保护区域、重要水源地以及其他省级人民政府根据需要确定的禁止开发区域，参见 2010 年国务院印发的《全国主体功能区规划》。

重点生态功能保护区生态保护补偿制度，是指为促进区域协调发展，实现生态产品及服务的持续供给和社会公平，通过财政转移支付或协议等方式，由政府或其他社会主体对恢复和增进重点生态功能保护区生态产品和服务供给的提供者、特别牺牲者的经济和非经济形式的回报和弥补的制度安排。重点生态功能区普遍存在生态系统脆弱、生态功能重要、资源环境承载能力较低等问题，因之，重点生态功能区不具备大规模开发利用的条件，应当把保护生态环境、增强生态产品生产能力作为首要任务。而且，重点生态功能区是一个承载多种功能且生态类型多样化的相对独立的整体，这与土地、森林、草原、矿产资源等单一的生态环境要素有显著的区别。重点生态功能区的生态保护补偿因之也具有区别于其他单一环境要素领域的生态保护补偿的特点，如涉及生态保护和建设主体分散在不同领域，利益关系复杂，补偿标准的测算具有复合性等。

近年来，国家把重点生态功能区纳入生态保护补偿的范围，并逐年加大补偿的力度。从空间布局来看，我国主要流域的中上游地区、水源涵养区均属于重点生态功能保护区的范围，生态功能保护区是建立生态补偿制度的重点区域。从已开展的重点生态功能区的生态保护补偿的实践来看，主要是通过中央财政转移支付的方式实现补偿。2008 年以来，财政部密集出台了一系列针对生态功能区的财政转移支付政策，主要的政策内容包括，资金的分配原则、转移支付的范围、资金的分配办法、监测评估和奖惩机制等。根据《2012 年中央对地方国家重点生态功能区转移支付办法》，重点生态功能区生态补偿的资金分配方式如下。

$$\begin{array}{l}某省国家重点生态 \\ 功能区 \\ 转移支付应补助额\end{array} = \sum \begin{array}{l}该省限制开发等国家重点 \\ 生态功能区所属县标准财 \\ 政收支缺口\end{array}$$
$$\times \text{补助系数} + \text{禁止开发区域补助} + \text{引导性补助} + \text{生态文明示范工程试点}$$

中央财政设立国家重点生态功能区转移支付以来，国家重点生态功能区生态保护补偿的实施范围由原来的 436 个逐步扩展，截至 2014 年达到 512 个重点生态功能区县（市、区、旗），[1] 以及国家森林公园、自然保护区等 1367 个禁止开发区，2008—2014 年累计安排重点生态功能区转移支付资金 2004 亿元，其中 2014 年达 480 亿元。国家财政转移支付对生态功能区生态环境的保护发挥了积极的作用。国家重点生态功能区补助范围如表 4-6 所示。

表 4-6　国家重点生态功能区补助范围

所属范畴	补助范围
《支付办法》 （财预〔2009〕 433 号）	国务院或环保部等部门确定的生态重要、外溢性较强、保护较好的地区作为生态功能区给予财政或者其他方面的支持。并且以省区或者市、县、乡镇政府作为补助试点，其中不享受均衡性转移支付的省市国家重点生态功能区不在试点范围内
《支付办法》 （财预〔2011〕 428 号）	在 2009 年所确定的国家重点生态功能区试点补助对象的基础上，增加了青海三江源自然保护区、南水北调中线水源地保护区、海南国际旅游岛中部山区生态保护核心区等，以及《全国主体功能区规划》中限制开发区域（重点生态功能区）和禁止开发区域
《支付办法》 （财预〔2012〕 296 号）	环保部在 2011 年补助范围的基础上，对新增加的国家重点生态功能区给予引导性补助，开展专项生态文明示范工程试点，给予试点的市、县工作经费补助和奖励性补助
2014 年沿用 2012 年 《支付办法》 （财预〔2012〕 296 号）	财政部将河北环京津生态屏障、西藏珠穆朗玛峰等区域内的 20 个县纳入国家重点生态功能区转移支付范围

资料来源：① 2009 年、2011 年、2012 年《国家重点生态功能区转移支付资金办法》。
② http://finance.people.com.cn/n/2014/0701/c1004-25224327.html。

（二）西部地区重点生态功能区生态保护补偿实践的典型样态

以下选取甘南黄河重要水源补偿生态功能区、秦巴生物多样性生态功能区生态保护补偿实践为样本，对西部重点生态功能区生态补偿

---

[1]　2016 年 9 月 29 日，国务院印发《关于同意新增部分县（市、区、旗）纳入国家重点生态功能区的批复》，至此，国家重点生态功能区的县市区数量由原来的 436 个增加至 676 个，占国土面积的比例从 41% 提高到 53%。

的实践进行考察分析。

1. 甘南黄河重要水源补给生态功能区生态保护补偿的实践

甘南黄河重要水源补给生态功能区位于甘肃省南部，行政区域包括甘南藏族自治州和临夏回族自治州的 10 个县（市、区），[1]总面积 33827 平方千米，总人口 164 万，其中农牧业人口占 85%。①从经济社会发展水平看，这一区域属于我国西部民族自治地区，经济欠发达，农牧民人均收入在经济落后的甘肃省尚处于比较靠后的位置，经济结构单一，产业结构层次低，以传统的农牧业为主，生产方式比较落后，脱贫任务艰巨。②从生态功能定位看，这一区域是黄河流域重要的水源补给区，在维系黄河水资源和生态安全方面有着重要的作用。本区产水模数远高于黄河流域平均水平，以黄河流域 4% 的面积补给了黄河源区年径流量的 36%，黄河总径流量的 11%。依据《全国主体功能区规划》，甘南黄河重要水源补给生态功能区属于国家划定的重点生态功能区之一，属于限制开发区域。此外，本区域还分布了国家禁止开发区域 7 处，总面积 74.1 万公顷，占区域总面积的 21.91%。③从生态环境问题的现状来看，这一区域面临森林和湿地面积锐减，水土流失加剧，草地退化、沙化和盐渍化的"三化"严重现象，生态环境恶化，黄河水源补给量急剧减少等生态环境问题。造成本区域生态环境问题的原因，既有自然力作用的因素，也有人为干预的因素，其中人为因素主要是超载放牧、滥垦滥伐等不合理的开发利用和植被破坏所造成的水资源量减少的问题。

由此可见，甘南黄河重要水源补给生态功能区所在行政区域一方面有着发展经济、摆脱贫困和改善民生的强烈需求；另一方面，又承担着重点生态功能区生态保护和建设的艰巨任务。在统筹协调经济发展和生态保护关系的制度设计中，生态保护补偿就显得尤为重要。

2011 年，国家对甘南黄河重要水源补给生态功能区的财政转移支

---

[1]　甘南黄河重要水源补给生态功能区的范围，包括甘南藏族自治州的玛曲县、碌曲县、夏河县、合作市、临潭县、卓尼县，以及临夏回族自治州的康乐县、临夏县、和政县和积石山县。

付为 1.95 亿元，其中用于生态环境保护特殊支出补助为 1.45 亿元，其他为 0.5 亿元。在国家财政转移支付资金中，用于生态建设治理建设资金 0.13 亿元，用于民生保障及公共服务建设资金 1.42 亿元。中央财政转移支付的主体是甘南州。[1]

2007 年，国家发展改革委批复了《甘南黄河重要水源补给生态功能区生态保护与建设规划》，规划总投资 44.51 亿元，其中国家投资 29.18 亿元，地方配套及自筹 15.33 亿元。2008 年以来先后启动实施了游牧民定居工程、草原鼠害综合治理项目、青稞基地建设项目、牛羊育肥小区项目、奶牛养殖小区项目、暖棚养殖项目、沙化草原综合治理项目等 8 个生态保护和群众生活改善及产业发展项目。截至 2015 年 10 月底，黄河项目累计完成投资 28.1 亿元，占规划总投资的 63.13%，其中完成国家投资 17.51 亿元。新增投资渠道项目完成投资 17.33 万元，国家投资 7.72 亿元，落实省级配套资金 6792 万元。[2]

2. 秦巴生物多样性生态功能区生态保护补偿的实践

秦巴生物多样性生态功能区位于我国秦岭主脉和大巴山所在区域，该区域北至渭河平原，东接江汉平原，南临四川平原，西与青藏高原东缘相望，是我国西部生态功能区重要组成部分，包括陕西、湖北、甘肃、四川、重庆五省区 46 个县（市），总面积 140005 平方千米，总人口 1519.26 万人。①从经济社会发展水平来看，秦巴生物多样性生态功能区同样是西部经济欠发达的地区，46 个县中有 38 个属于国家贫困县，2011 年农民人均收入为 4582 元 / 年，低于我国同期 6977 元 / 年的水平。②从生态功能定位来看，秦巴山区包括秦岭、大巴山、神农架等亚热带向暖温带过渡的地带，生物多样性丰富，是许多珍稀动植物分布的地区。基于对秦巴区域生态环境现状及其在构建国家生态安全中的需要，秦巴重点生态功能区定位

---

[1] 靳乐山. 中国生态补偿：全领域探索与进展［M］. 北京：经济科学出版社，2016：224.
[2] 参见《甘南黄河重要水源补给生态功能区生态保护与建设规划进展情况》，甘南藏族自治州发展与改革委员会官方网站：http://fzgg.gnzrmzf.gov.cn/info/1025/1398.htm。

为生物多样性维护，主体功能为我国中西部地区的物种基因库、中国特有物种资源保护区。③从生态环境问题的现状分析，该区域目前水土流失和地质灾害问题突出，生物多样性受到威胁。秦巴生物多样性生态功能区是我国 25 个国家重点生态功能区中人口数量最多的区域，人为活动对自然生态系统的干预较大，近年来，水库建设、矿产开发、农田扩张、道路修建等开发利用活动范围呈不断扩大的趋势，造成区域内原生植被面积萎缩、动植物生境切割、栖息地边缘化范围扩大等问题。

　　秦巴生物多样性生态功能区开展的生态保护补偿，主要是通过国家财政转移支付的方式进行的。以笔者搜集到的 2011 年统计数据为例，当年规划区获国家重点生态功能区转移支付 24.66 亿元，其中生态环境保护特殊支出补助 15.52 亿元，占转移支付总额的 62.94%；禁止开发区补助 0.9 亿元，占转移支付补助总额的 3.65%。实际使用 24.08 亿元，占补助总额的 97.65%，其中用于生态建设工程 14.49 亿元，占实际使用总额的 60.17%；禁止开发区建设 1.19 亿元，占实际使用总额的 4.94%。其余使用方向包括保障性安居工程、环境保护、农村民生和基础设施建设、医疗卫生和教育文化事业，占资金使用总额的 34.89%。[1]

（三）西部重点生态功能区生态保护补偿的实践绩效

　　国家财政转移支付政策的实施，促使甘南黄河重要水源补给生态功能区生态环境有了明显的改善，体现在：第一，天然草原植被有了一定恢复。根据甘南州发改委提供的数据，生态保护补偿项目实施以来，该州牧草平均盖度增加了 12.8%，全州草原植被综合盖度达到 96.3%。其中，牛羊育肥、奶牛养殖、暖棚养殖等项目的实施，使 231.8 万个羊单位的牲畜从天然草原上转移出来，减轻了天然草原

[1]　靳乐山.中国生态补偿：全领域探索与进展［M］.北京：经济科学出版社，2016：227-228.

压力，天然草场的产草能力显著增强，有效缓解了草畜矛盾。为转移超载牲畜和半农半牧区发展草产业找到一条畜与草结合的良性发展途径。第二，林业生态保护得到加强。2000—2014 年，甘南州林地面积增加了 100 万亩，森林面积净增 134 万亩，森林覆盖率由 18.85% 提高到 23.44%。湿地保有量面积达到 55.44 万公顷。第三，生产方式和产业结构有很大改变。游牧民定居工程的实施，彻底改变了甘南藏区千百年来逐水草而居的游牧历史；项目区广大农牧民群众在黄河项目的惠益下，生产生活水平有了较大提高，生产生活方式发生了较大转变，生态保护的观念深入人心。

通过国家财政转移支付推进生态保护补偿，为秦巴区域生物多样性保护、生态环境质量改善和促进生态经济的发展发挥了积极作用。以陕西省 2006 年对列入国家重点生态功能区的生态环境质量的监测和考核为例，在被考核的 41 个县域中，涵盖了生物多样性保护、水源涵养、水土保持等不同类型，生态环境质量呈现"总体稳定、稳中趋好"的态势，11 个县区生态环境质量"变好"，29 个县区生态环境质量"基本稳定"。这一考核结果说明，针对重点生态功能区以财政转移支付为主的环境政策，在保护生物多样性、保持流域区域生态平衡、促进生态产业发展，保障国家和地区生态安全方面发挥了较好的政策功效。

（四）西部重点生态功能区生态保护补偿实践中存在的问题评析

西部重点生态功能区大多数属于经济欠发达地区，限制开发或禁止开发对当地的经济发展带来一定的影响，经济发展需求与生态环境保护政策之间存在着事实上的不平衡性。建立完善的生态保护补偿机制，对于实现西部经济社会的可持续发展有着重要的现实意义。上述内容通过考察西部重点生态功能区生态保护补偿实践发现，问题主要如下。

1. 补偿方式单一，缺乏受益地区向生态功能区的横向补偿机制

目前，针对西部重点生态功能区的生态保护补偿的方式，主要是依赖中央政府财政转移支付。从公平的角度来说，西部重点生态功能区的民众为生态保护和建设做出了贡献，甚至牺牲了发展机会，而发达地区分享了生态保护所带来的惠益，应当为生态改善提供相应的补偿，也具备为生态改善付费的能力。但是，目前还没有横向转移支付的制度化机制，缺乏受益地区向西部重点生态功能区的横向补偿。以纵向转移支付为绝对主导的补偿未能体现受益区域对重点生态功能区的补偿，从而并未改变"贫困地区负担、富裕地区受益"的不合理局面。由于经济发展缓慢，当地地方政府投入的资金极为有限，而单一的纵向补偿受制于中央财政补偿资金的有限性和持续性，难以为生态功能区生态保护和建设提供持续、充足的补偿。

2. 补偿标准低于生态保护与建设的成本

针对西部重点生态功能区的财政转移支付补偿普遍低于生态功能区相关利益主体因生态保护而支付的成本和受损的利益，达不到生态利益正向供给的激励效果。与森林生态补偿一样，目前生态功能区的生态补偿也大多依据政策、项目进行，缺乏完善的生态补偿制度来规制，存在诸多因生态保护而致使利益相关者权利受损而未能得到合理补偿的情形。例如，野生动物伤人、破坏农作物等事件的预防、控制和损害赔偿问题，自然保护区居民因生态保护而被禁采、禁伐而返贫的补偿问题，重点生态功能区居民因生态保护而被生态移民后的生存和发展受到极大影响的补偿问题等。

3. 政出多门，部门主导和多头管理影响了补偿效果

区域生态保护管理涉及林业、水利、国土、环保等多个管理部门，在统一的国家层面的生态补偿立法缺位的情况下，这些管理部门主导着生态保护政策的制定与执行，生态补偿实际上成为"部门主导"的

补偿[1]。这种"部门主导"的生态补偿在实践中产生了一些消极影响：对部门的补偿多，而真正因生态保护实际利益受损的农牧民得到的补偿少；输血多，而对生态保护区进行产业扶持的造血式补偿少；资金的使用效率低。

4. 补偿机制缺乏对生计替代的支持

重点生态功能区的禁伐、禁牧、禁猎、封山育林、退耕还林等政策对当地以自然资源为生的居民造成了一定的影响，但考核指标往往更关注生态环境指标，而没有将居民生计和收入指标纳入其中。重点功能区转移支付的资金，绝大部分用于生态建设和民生基本公共服务领域，对居民生计的支持政策和补偿功能有限，部分居民生计转型困难。

（五）健全我国生态保护区生态补偿制度的建议

1. 建立横向财政转移支付制度

生态产品与生态服务的公共产品属性，决定了纵向转移支付在生态补偿中的主导地位。然而，如上所述，中央财政对生态补偿支出的有限性意味着完全依靠纵向转移支付难以实现对生态效益供给区域的充足补偿，同时也有违公平。因此，在完善中央财政转移支付制度的同时，应建立地方政府间的横向转移支付制度，实行开发地区对保护地区、受益地区对生态保护地区的补偿。这种横向转移支付可能改变四大功能区之间的既得利益格局，有助于实现城乡之间、发达地区与欠发达地区之间社会公共服务的均等化。

鉴于我国当前行政体制下政府间横向转移支付的复杂性，王健教授提出，在建立横向财政转移支付制度的初期，需要横向补偿纵向化，即在中央确定横向补偿标准后，将优化开发区和重点开发区向限制和禁止开发区的转移支付统一上缴给中央政府，由中央财政

---

[1] 王健.主体功能区定位与政府管理体制创新［M］//主体功能区建设与资源生态补偿机制，北京：国家行政学院出版社，2009：9.

通过纵向转移支付将横向生态补偿资金拨付给限制和禁止开发区政府。[1]

2. 调整地方政府的考核机制

按照主体功能区划的要求，禁止开发区与限制开发区的首要功能是进行生态修复和生态保护。那么，在对生态功能区进行有效补偿的前提下，与主体功能区定位相对应，中央政府对生态功能区确定的政府考核指标体系应当有别于其他功能区。例如，对限制开发区域将实行生态保护和修复优先的绩效评价，主要评价水质、水土流失、森林覆盖率、生物多样性等生态环保状况和公共服务水平等，不去考核地方生产总值、投资和工业发展等指标[2]。

3. 完善生态补偿资金制度，增加生态补偿的覆盖面

通过借鉴森林生态补偿基金制度，我国逐步建立以政府财政为主、社会资金和市场运作为辅的长期、稳定的生态补偿专项基金。生态补偿基金的来源除了财政拨款外，还可以来源于对木材制品、野生动物产品等生产和销售征收的生态税，水、电产业的生态附加税等。同时，应当将生态补偿的范围逐步扩大至因生态保护而致使相关者权利受损，不进行补偿有违公平的所有情形。当前较为突出的是因生态保护区划而被禁采、禁伐、禁捕而返贫的农、牧、渔民的经济补偿与再就业问题，生态移民后的生存和发展补偿问题等。

4. 出台国家层面的统一立法

我国现有的生态补偿政策与立法主要是针对森林、流域等单一生态要素或特定经济活动等区域内的局部问题，而生态系统是一个不同生态要素相互影响、相互作用的统一整体，科学合理的生态补偿立法应当具有全局性、系统性。鉴于现有部门立法与政策制定带来的种种弊端，应当在整合现有政策与立法的基础上，推动《生态补偿条例》的立法进程。

---

[1]　王健. 主体功能区定位与政府管理体制创新 [M] // 主体功能区建设与资源生态补偿机制，北京: 国家行政学院出版社，2009: 9.

[2]　周明. 发改委官员: 国家级"主体功能区"规划年内完成 [N]. 中国证券报，2007-6-8: A10.

六、矿产资源生态损害补偿的实践

（一）矿产资源生态损害补偿概述

矿产资源是人类生存和发展的物质基础。我国作为世界重要的矿产资源大国，长期大规模的矿产资源不合理开采引发了资源浪费、生态破坏和环境污染等十分严重的环境问题，且对矿区居民的生存与发展构成了直接的威胁。矿产资源生态补偿，是通过矿产资源的开发利用者向当地政府和居民支付一定费用，用以修复矿区生态环境、对利益受损者进行损害补偿的一系列制度。矿产资源开发中对生态破坏的修复性还原和利益相关人的损失弥补问题，与森林、草原、流域和重要生态功能区的生态补偿问题有着显著的差别。森林、草原、流域等生态环境要素生态补偿均是针对生态利益的正外部性的外溢而引发的对生态利益供给主体之补偿，属于"生态保护补偿"，即狭义上的生态补偿；而矿产资源开发中对生态破坏的修复与对利益相关人的补偿，均是对开发中所造成的负外部性影响之弥补，属于"生态损害补偿"。我国颁布的相关生态补偿政策文件与理论研究中，大多将矿产资源生态补偿制度纳入生态补偿的范围。笔者认为，"生态保护补偿"与"生态损害补偿"二者虽然有相同的制度目的，但有各自不同的制度构造和运行逻辑，应当进行分层设计而不宜混为一谈。本部分在坚持这一界分的前提下，从广义的生态补偿概念出发，对矿产资源生态损害补偿的实践做一考察。

从20世纪80年代，我国即开始了对矿产资源生态损害补偿的探索，逐步形成了以"矿产资源补偿费（基金）和资源税""矿山治理与生态恢复保证金"以及相关配套制度为内容的矿产资源生态损害补偿制度体系。

矿产资源补偿费（税）是解决矿产资源开发利用中生态环境问题的一项重要制度。1984年我国开始征收矿产资源税，1986年实施的

《矿产资源法》第五条首次提出矿产资源有偿开采原则，即"开采矿产资源，必须按照国家有关规定缴纳资源税和资源补偿费"。矿产资源税"征收的初衷在于调节资源因自然条件形成的资源级差收入，平衡企业利润水平，为企业竞争创造公平的外部环境"[1]，而不是为了补偿资源的价值。1993年国务院颁布的《资源税暂行条例》，扩大了矿产资源税的征收范围并将其纳入地方税种。1994年国务院颁布了《矿产资源补偿费征收管理规定》，具体落实了《矿产资源法》中的有偿开采原则，无偿开采至此结束。开始征收矿产资源补偿费，主要目的是弥补国家对资源勘探资金投入的不足。自2014年12月1日起，按照资源税改革的要求，煤油、原油、天然气、矿产资源补偿费费率降为零。部分地区的生态保护基金、原生矿产品生态补偿费等费种取消。2016年，我国进行资源税改革并下发了《关于全面推进资源税改革的通知》，将矿产资源费等基金适当并入资源税，以矿产资源税的征收为起点，逐步对水资源、森林、草原、滩涂等自然资源开征资源税。自2016年7月1日起，率先在河北省开展水资源税试点工作。从我国矿产资源费（税）制度发展的历程可以看出，矿产资源费（税）制度的主要目的，是调整资源级差收入，为企业创造公平环境，或者弥补国家对资源勘探资金投入的不足，生态补偿目标只是其衍生功能。未来的矿产资源费（税）制度改革，应当更加充分地考虑生态补偿因素，使资源税费制度真正实现利益补偿的功能和目标。

矿山治理与生态恢复保证金制度，是矿山企业对新建矿山、废弃矿山和老矿山进行生态环境保护、恢复和治理，并缴纳保证治理资金的制度。2005年《国务院关于全面整顿和规范矿产资源开发秩序的通知》提出建立矿山生态恢复机制，2007年《国家环境保护局关于开展生态补偿试点工作的指导意见》规定，现有和新建矿山建立矿产资源

---

[1]　黄锡生.矿产资源生态补偿制度探究［J］.现代法学，2006（6）：122-127.

开发环境治理与生态恢复保证金制度，按照企业和政府共同负担的原则建立矿山生态补偿基金，解决矿产资源开发造成的历史遗留问题和区域环境污染、生态破坏的补偿问题，以及环境健康损害的赔偿问题。2009 年国土资源部颁布了《矿山地质环境保护规定》，提出采矿权人应当依照国家规定缴存地质环境治理恢复保证金。

（二）西部地区矿产资源生态损害补偿实践简述

由于历史原因，我国矿产资源开发利用后带来的生态破坏与环境污染未能得到及时治理与修复。西部地区是矿产资源的主要分布区，同时也是因矿产资源开发而引发环境问题的重灾区，历史欠账很多。长期以来，西部地区在为国家和其他地区贡献自然资源的同时，却承受着严重的生态破坏和环境污染恶果，这一不公平现象又因西部地区本身经济发展落后，缺乏对生态损害的治理修复能力而进一步加剧。因此，完善矿产资源生态损害补偿制度，以矫正矿产资源开发中的生态利益与经济利益在区域和不同主体间分配的不公，应对矿产资源开发引发的生态破坏与损害补偿问题，对西部地区而言，就显得更为迫切。

1. 矿产资源补偿费（基金）征收的实践

对矿产资源开发补偿费的征收，最早可以追溯到 1983 年云南昆明对磷石矿开采征收每吨 0.13 元的生态补偿费，用于矿区周边环境治理和植被修复。1989 年国家环保部门会同财政部门在广西、陕西、山西、贵州和新疆等地试行征收矿产资源补偿费。1993 年，国务院对山西、陕西、内蒙古接壤的 17 个地方征收矿产资源生态补偿费，每吨煤收取 0.45 元作为生态恢复基金，计入生产成本，用于矿区周边的生态环境修复。一些地方政府也出台了矿产资源生态补偿费地方政策。例如，陕西省于 1997 年颁布了《陕西省榆林、铜川地区征收生态环境补偿费管理办法》，对该地区从事矿产资源开发、利用矿产品加工和运输的单位和个人按月缴纳生态环境补偿费，并制定了具体的收费标准。又如，贵州省从每吨煤炭中收取 5 元生态环境补偿费用于植被恢复。

　　矿产资源生态补偿费在征收中存在很多问题。比如，针对同一对象征收多种名目的补偿费，导致企业负担加重；征收方式和标准不统一，有的地方依据矿产售价的百分比收取，有些地方则依据开采量收取，还有些地方按照项目投资总额或生态破坏面积征收。特别是由于缺乏严格的法律依据，在 2002 年全国整治乱收费过程中，地方生态补偿费的征收因立法依据不足而被取消。

　　2. 矿区环境治理与生态恢复保证金（备用金）制度实施情况

　　2002 年，我国一些地方探索矿区环境治理与生态恢复保证金（备用金）制度。2006 年财政部、国土资源部、环保总局联合颁布了《关于逐步建立矿山环境治理和生态环境恢复责任机制的指导意见》，我国各地普遍实施这一制度。截至 2013 年年底，全国共 31 个省（直辖市、自治区）建立了矿区环境治理与生态恢复保证金制度。

　　西部特别是西北各省区是我国矿产资源大省，各省均出台了相应的地方政策和实施方案。甘肃省于 2007 年出台了《甘肃省矿山环境恢复治理保证金管理暂行办法》，实施矿山环境恢复治理与保证金制度，规定保证金的提取标准不低于基本治理费，依据不同矿种按采矿许可登记证面积开采的矿石量及对生态环境的影响程度来确定收费标准。保证金的监督管理由县级以上人民政府国土资源管理部门会同财政部门负责。2016 年发布的《甘肃省"十三五"环境保护规划》，进一步要求按照"谁开发，谁保护；谁破坏，谁治理"的原则，完善矿山环境恢复治理保证金制度，全面建立矿山环境恢复治理保证金机制。

　　陕西省于 2007 年出台了《陕西省矿山环境恢复治理保证金管理暂行办法》，征收矿山环境恢复治理保证金。2010—2014 年，陕西省从征收的补偿费中先后共下达四批煤炭石油开采水土流失补偿费使用项目，共下达资金 24.5 亿元，重点实施了"矿区生态再造""重点水源保护""城市生态环境整治""水土保持生态长廊""淤地坝除险加固""支持服务体系建设"等六大工程，累计实施项目 400 多个，治理水土流失面积 3000 多平方千米。

重庆市于 2013 年出台了《重庆市矿山地质环境保护与治理恢复保证金管理办法》，规范保证金的缴存与管理，开展环境恢复治理。截至 2013 年年底，全市矿山企业共缴存矿山地质环境保护与恢复治理保证金约 3.7 亿元。2013 年共审查、批准矿山地质环境报告与治理恢复方案 624 个。[1]

从以上选取的几个典型省份开展矿山环境恢复治理保证金制度的实施情况看，这一制度为恢复矿山生态环境筹集了资金，各省区普遍利用征收到的保证金，立项开展环境治理项目，督促矿山开发企业履行各自的矿山环境治理恢复规划或治理实施方案的职责，取得了较好的生态环境恢复与治理效果。

（三）矿产资源生态损害补偿实践中存在的问题

长期以来，对矿产资源的产权属性与资源稀缺性补偿及开发中的外部性缺乏清晰的认识，导致了对矿产资源掠夺式开发的"公地悲剧"，并给矿区居民带来了严重的损害。从整体上评价，"矿产资源费（税）制度"的生态补偿功能不足，远远不能救济生态损害；矿山环境恢复治理保证金未能真正针对矿产资源不可再生的稀缺性补偿，不足以对生态环境破坏补偿。因此，可以说，我国目前还没形成完善的、真正意义上的生态损害补偿制度。

第一，作为基础制度的矿产资源产权制度存在缺陷。

边界清晰的产权制度有助于外部性的内部化，从而提高市场交易的效率并直接影响着资源的有效配置及合理利用。矿产资源产权包括所有权、勘查权、开采权、收益权等。我国法律规定矿产资源归国家

---

[1] 数据来源参见甘肃省国土资源厅、陕西省国土资源厅、重庆市国土资源厅官方网站。

所有，探矿权与采矿权构成矿业权。按世界各国的惯例，矿业权属于特许权，其取得须得到公法的授权，办理一定的手续并缴纳一定的款项。矿业权作为一种无形资产不同于矿产资源资产，后者是指某矿产地中的矿产资源实物，如矿床、矿体等物质的所有权。1994 年公布的《中华人民共和国矿产资源法实施细则》规定：采矿权，是指在依法取得的采矿许可证规定范围内，开采矿产资源和获得所开采的矿产品的权利。这一规定将矿业开采行为的特许权扩展到矿产资源资产的所有权，由此导致的严重后果是，在我国矿产资源领域的法律法规中，由宪法规定的国家对自然资源的财产权益无从体现，是我国矿产资源开发行业长期混乱的制度根源。[1]

第二，补偿费（税）及保证金不足以补偿矿产资源的稀缺性。

我国征收的矿产资源补偿费最终只有 20% 用于环境保护，而且，我国矿产资源补偿费占矿产品销售收入比例为 1%~2%，仅相当于矿业发达国家体现资源所有者权益的权利金的 10% 左右[2]。与矿产资源补偿相关的探矿权使用费和采矿权使用费，其征收目的同样不能体现生态补偿的目标功能。探矿权使用费和采矿权使用费主要支付的是矿产资源勘探投资的对价。目前矿产资源补偿的构成从性质上看主要体现于对矿产资源自身经济价值的补偿，未能体现对生态价值和公平价值的补偿，况且现行补偿制度对矿产资源经济价值的补偿也很不充分。比如在矿业权取得环节，无偿占有矿业权的现象仍然存在；在矿产资源生产与销售环节，矿业企业付费水平过低；征收难度大，欠缴问题严重。总之，与矿业发达国家征收的权利金相比，我国补偿费只占很小的一部分，不足以体现矿产资源的实际价值，尤其是跨代间的资源耗竭性补偿价值。[3]矿产资源税的征收目的在于调节资源因自

[1]　时红秀.矿产资源产权制度及开发补偿机制改革 [M]// 主体功能区建设与资源生态补偿机制.北京：国家行政学院出版社，2009：207.
[2]　黄锡生.矿产资源生态补偿制度探究 [J].现代法学，2006（6）：122-127.
[3]　向文.中国矿产资源生态补偿法律机制研究 [C].资源节约型、环境友好型社会建设与环境资源法的热点问题研究：2006 年全国环境资源法学研讨会论文集（二），2006：261-264.

然条件形成的资源级差收入，设立矿产资源补偿费的初衷在于补充国家对资源勘探的投入不足，[1] 并没有过多考虑生态补偿因素。

第三，生态补偿制度的缺失。

目前由矿产资源税、探矿权使用费等构成的矿产资源补偿制度，无论从立法意图、计税依据还是在资金的使用上，均不足以体现对生态环境破坏及受损居民的补偿。例如，矿产资源税的征收以采出矿产品数量而非矿产储量为计税依据，导致矿产资源开发中出现"采富弃贫"现象，浪费严重。2001 年实施的《矿产资源补偿费使用管理办法》第三条和第五条规定，矿产资源补偿费主要用于矿产资源勘查支出、矿产资源保护支出及矿产资源补偿费征收部门经费补助，矿产资源保护支出主要用于独立矿山企业为提高矿产资源开采及回收利用水平而进行的技术开发与技术改造支出。可见，这些税收用于矿区环境治理、生态恢复、居民生活救助的部分则寥寥无几，更未能有适当的资金安排，对矿产资源这种不可再生资源进行代际公平补偿。

（四）完善我国矿产资源生态损害补偿制度的建议

1. 理顺矿产资源产权，进一步完善矿产资源有偿使用制度

如前所述，目前将采矿权从矿业开采行为的特许权扩展到矿产资源资产所有权的立法失误是导致矿产资源滥采滥伐的重要制度原因。因此，首先需要修改相关立法，重新界定采矿权的内涵，理顺矿产资源产权制度，真正做到矿产资源的有偿使用，提高矿山企业的付费水平，使其真正体现矿产品的市场价格。

2. 设立矿产资源生态损害补偿专项基金

借鉴国外"新老矿区区别对待"的成功经验，"对于老矿区的历史遗留问题，主要依靠政府投入资金"[2]。根据我国的国情，在很长一段时间内，矿产资源主要归属国有企业无偿开发，而所得的利润

---

[1]　黄锡生. 矿产资源生态补偿制度探究 [J]. 现代法学，2006（6）：122–127.
[2]　黄晓艳. 环境负效应的生态补偿政策与策略分析 [J]. 污染防治技术，2014（2）：77–87.

上缴中央财政，中央政府成为矿产资源开发的最大受益者，当地政府与矿区居民则成为矿产资源开发利用后带来的生态破坏和环境污染问题的承受者。因此，解决老矿区的生态修复和居民的生态损害赔偿问题所需要的矿产资源生态补偿专项基金，主要应由中央政府提供。美国"废弃矿恢复治理基金"的资金来源既有按规定对煤产品征收的恢复治理费，也有治理恢复后土地的收益，还有一些社会捐款等，这种基金来源的广泛性值得我们借鉴。另外，对于非国有企业开采遗留的老矿区修复和受损主体的赔偿问题，如果能确认责任主体，应当由有责主体承担。如果有责主体客观上无法承担责任，那么仍应从补偿专项基金中支出。

3. 完善矿产资源生态环境修复保证金制度

对于新的矿产资源开发主体，应当严格遵守"谁开发，谁保护，谁破坏，谁恢复"的原则，矿产资源开发利用者应当承担开发过程中和开发结束后的生态修复责任。可以借鉴国外的有益做法，吸收我国浙江省的实践探索经验，在规定矿产资源开发主体在领取采矿证的同时，需要签订有具体复垦标准的矿山生态环境治理责任书，并分期或一次性缴纳矿产资源生态修复押金，押金的总数额不得低于治理费用，在完成恢复治理且验收合格后予以返还押金。

第三节　生态补偿实践的整体评价

上文以西部生态脆弱区生态补偿主要领域若干典型样本为例证，对我国特别是西部地区生态补偿的实践进行了考察。通过考察，我们发现，由于生态环境要素特质的不同，不同领域的生态补偿在补偿主体和受偿主体的界定、补偿标准、补偿模式等方面存在一定的个性差异，实践中出现的问题和不足也会有差异。虽然如此，不同领域的生态补偿仍然呈现出一些共性，且都有一个共同目标，那就是保护和改善生态环境，合理配置政府、社会、民众各方主体的权利义务，协调环境目标、经济目标和民生目标的关系，促进经济社会的可持续发展。十数年的生态补偿实践，对于改善我国生态环境状况，一定程度上实现上述目标，取得了积极的实践成效。本节对生态补偿各领域中带有的共性特点、实践不足进行简要的概括提炼，以期为专门的生态补偿立法提供实践依据。

一、生态补偿实践的特点

从生态补偿的补偿主体和受偿主体、补偿标准、补偿运行模式等要素考察，我国的生态补偿实践呈现出以下特征。

第一，从补偿主体的角度考察：政府是生态保护补偿最主要的主体。

经济学理论认为，提供具有纯公共物品性质的全国性生态系统服务，应当由中央政府承担主要补偿责任，提供地方性公共物品的生态系统服务应当由地方政府承担主要补偿责任。综观我国已经实施的森林生态保护补偿、草原生态保护补偿、流域生态保护补偿、重点生态功能区生态补偿、湿地生态保护补偿等领域，补偿资金一般都是中央政府和地方政府按照事权划分承担，其中，中央政府是最主要的补偿主体。有学者对我国中央政府和地方政府在生态补偿方面的资金投入进行了统计，统计结果是，近年来我国生态补偿资金投入快速增加，从 2011 年的 1102 亿元增加到 2015 年的 1573 亿元。在这些资金投入中，中央财政资金仍然占据了绝对的主体部分，2015 年达 1413 亿元。同时，地方政府配套投入的资金占全国生态补偿资金的比例逐年提高，由 2011 年的 2.3% 提高到 2015 年的 9.8%；来自社会公众的其他资金投入比例一直维持在 1% 左右，并没有明显增加的趋势。[1] 这一数据表明，政府仍然是我国各类生态补偿最主要的主体。

第二，从补偿标准的角度考察：中央统一补偿标准是最主要的补偿标准。

---

[1] 靳乐山 . 中国生态补偿：全领域探索与进展［M］. 北京：经济科学出版社，2016：34.

　　在我国已开展的各领域的生态补偿中，中央层面的补偿标准都是国务院或国务院有关部委依据相关政策法律制定的。补偿标准的制定依据，主要是考虑生态保护者因国家生态保护政策而承担的机会成本，结合补偿地的"精准扶贫"等政策因素，适当考虑地区差异等因素。以生态建设工程形式进行的生态补偿，补偿资金相对多，但有项目期限，项目结束后资金面临不可持续；以生态补偿专项资金形式进行的生态补偿，资金量相对少，但相对稳定，具有可持续性。在中央统一补偿标准的前提下，地方制定细化的补偿办法，层层分解落实中央补偿资金和补偿政策。在制定地方性中央补偿资金落实方案时，一些地方政府以中央的补偿标准为依据，也有一些省份则根据本地实际情况另行制定差异化补偿标准。比如，草原生态保护奖励补助的国家标准是，禁牧补助 6 元 / 亩，草畜平衡奖励 1.5 元 / 亩。甘肃省制定的《甘肃省落实草原生态保护补助奖励机制政策实施方案》确定的补偿标准是：青藏高原区禁牧补助 20 元 / 亩，草畜平衡奖励 2.18 元 / 亩；西部荒漠区禁牧补助 2.2 元 / 亩，草畜平衡奖励 1 元 / 亩；黄土高原区禁牧补助 2.95 元 / 亩，草畜平衡奖励 1.5 元 / 亩。地方差异化补偿标准体现了因地制宜原则。

　　第三，从补偿模式的角度考察：纵向补偿是最主要的补偿方式。

　　由于政府是主要的补偿主体，补偿模式相应地应以政府纵向补偿为主。森林、草原、湿地、荒漠、海洋、重点生态功能区等领域的生态补偿绝大多数都属于纵向补偿。在流域生态保护补偿方面，中央财政转移支付对重要生态功能区进行生态保护补偿是主要的方式，同时也出现了中央政府主导下的奖罚责任制模式、省际之间自主开展的流域生态补偿、基于水资源短缺的水权交易模式等多种形式的补偿模式，这些补偿模式有些属于"纵横交错模式"，有些属于"横向补偿模式"。从总体上看，生态补偿仍然以纵向补偿为主要模式，横向补偿开展较少。

第四，从补偿监管体制的角度考察：以"多头管理"为主要管理方式。

在生态保护补偿方面，森林生态效益补偿基金、草原生态保护奖励补助资金、退耕还林（草）补偿资金、重点生态功能区补偿资金等一般由财政部门会同相关产业主管部门制定政策，以财政转移支付方式实施。在发展生态脆弱改革时，财政、国土资源、林业、农业、水利、环保、经贸、银行等部门对生态补偿都有一定的管辖权，各部门往往都有一套自己的程序和方法。[1] 在生态损失补偿方面，矿产资源补偿费、土地损失补偿费、水资源费、水土保持补偿费、排污收费等各类收费往往由各个产业部门收取、管理；资源税、环境保护税及其他有益于环境的财政政策由综合管理部门执行。

二、生态补偿实践的不足

在生态补偿实践快速推进的过程中，也出现一些突出的问题，主要集中在补偿标准低、补偿资金渠道与补偿方式单一、横向生态补偿推进缓慢、监管不力等方面。

第一，生态补偿标准缺乏科学性，总体偏低。

从森林生态保护补偿、草原生态保护补偿、流域生态保护补偿、重点生态功能区生态补偿、湿地生态保护补偿等各个领域考察，生态补偿基本上依赖于中央和地方财政资金投入，补偿标准制定的基本依据是生态保护者的机会成本，但从实践看，生态保护者责任重大，一些领域、区域的补偿标准不能完全弥补生态保护者的机会成本和发展成本，损害了其保护生态的积极性。一方面，补偿标准整体比较低，难以充分发挥生态保护补偿制度的正向激励功能。另一方面，生态补偿的标准不能完全体现区域差异带来的成本和收益的差异。比如，森林生态效益补偿的补偿标准在中央层面适用统一标准，既没有充分体

---

[1] 杨娟.生态补偿的法律制度化设计 [J].华东理工大学学报（社会科学版），2004（1）：81-84.

现保护成本的地区差异，也没有考虑不同林种造林成本及收益的差异；退耕还林补偿的粮食和生活补助费只是简单区分了长江流域及南方地区、黄河流域及北方地区，并没有过多考量各地的实际成本收益。草原生态保护奖励补助方面，在坚持中央标准的前提下，各个省区内部实行了差别化补偿标准，但差别化的主要依据是草地的生产力，并没有将超载程度的差异性考虑其中，使同一补偿标准在不同受偿主体之间出现不对等关系，"减畜"和"补偿"出现明显不对等问题。

补偿标准如果不能弥补生态保护者的机会成本，将不可避免地出现国家生态环境保护政策被或明或暗的变通、抵制和扭曲。生态保护补偿的本质是，政府付费给农民，请农民把坡耕地退出粮食耕种而种上树木，以减少水土流失；政府付费给国有林场工人，请工人退出伐木职业，以恢复天然植被；政府付费给风沙源地区的农、牧民，请他们植树造林，以防风固沙。[1] 如果政府支付的费用不足于弥补农民、牧民、工人因退耕、退林、休牧或从事生态保护和建设活动而带来的损失，那么其从事生态环境保护便会失去动力，复耕、偷牧、偷采现象就很难避免。针对这一问题，国家在生态补偿政策法律的制定、修改和完善过程中，应当充分考虑受偿地区生态环境保护机会成本，特别是把农、牧民后续的发展成本作为一个重要的考量因素；在以此进行合理补偿的基础上，国家要逐步提高补偿标准，使其高于生态环境保护机会成本，以激励农、牧民等微观市场主体从事生态环境保护的积极性。另外，在补偿标准的制定程序上，不应由政府及政府部门单独完成，应当加强对标准制定的评估研究，委托独立的第三方机构进行科学评估，同时要广泛征求各利益相关者的意见，真正体现公众参与，以减少制度实施的阻力，增强其实效性。

第二，生态补偿资金来源单一，多元补偿机制尚未形成。

目前，政府补偿是我国生态补偿实践中的主要模式。与之对应的

---

[1]　靳乐山.中国生态补偿：全领域探索与进展［M］.北京：经济科学出版社，2016：47.

是，补偿资金来源基本上依靠中央政府和地方政府的投入，其中又以中央政府财政投入为主。一些中央财政专项转移支付要求地方财政提供配套资金，由于各地经济发展水平不一，特别是西部生态脆弱地区多为经济落后区，地方政府的财力有限，资金配套往往跟不上。同时，政策、法律规定的多元融资方式往往得不到有效的落实，并未真正形成社会公众广泛参与的生态补偿机制。在补偿的具体形式上，财政转移支付仍然是最主要的形式，除此之外，产业援助、优惠贷款、设施建设、生态标志等补偿方式运用较少。水权交易、碳汇交易等关联制度还处于探索之中。

对此，在继续加大财政转移支付力度的同时，国家应当进一步引导社会公众积极参与生态补偿实践，拓宽生态补偿资金的来源渠道，努力实现经济补偿、非经济补偿等多元化补偿方式相结合。

第三，横向生态补偿试点进展缓慢，缺乏协商平台。

在横向生态补偿中，流域生态补偿最为典型。在流域补偿的试点实践中，上游地区积极性高，特别是上游生态环境好、水质比较好的地区，要求补偿的意愿高；与上游形成明显对比的是，下游地区补偿意愿不足。省际之间沟通协调不畅，上游地区和下游地区经济社会发展不平衡，下游地区往往处于经济优势地位，上游地区大多是生态脆弱而又经济欠发达的地区。《环境保护法》规定，国家指导受益地区和生态保护地区人民政府之间的协商，在跨省行政区转移支付中尤其需要双方的沟通协调，否则很难达成补偿协议。补偿标准问题是双方谈判过程中最大的争议焦点之一，是双方谈判成败的关键。由于缺乏协商平台和中央引导资金，省际之间的横向补偿工作推进面临诸多困难。

如何推进横向生态补偿？笔者认为，一是应当建立横向生态补偿协商交易平台，如类似于环境交易所的生态补偿评估交易中心等，提供专业化的生态补偿协商服务。二是流域横向生态补偿注入中央政府引导资金，加强中央政府对上下游地方政府之间协商谈判的指导，鼓励社会资金参与生态建设、污染治理的投资，拓宽补偿资金渠道，拓展市场化的补偿运行模式，如成立专门的生态环境治理或环境污染防治公司，发展生态产业，以市场化运作的方式实现横向生态保护补偿。

第四，生态补偿的监督管理薄弱。

我国生态补偿各领域的政策法律都规定了相关的监督管理制度和法律责任。但在实践中，由于生态补偿区域范围大，农、牧民居住分散，监管成本高，而地方政府监管部门往往力量不足，经费不能得到充分保障，加上补偿标准低而导致农、牧民的消极抵制，加剧了监管的难度。生态补偿资金被挪作他用的情况在一些财力紧张的省份时有发生，不少地方出现乡镇、村委会干部虚报退耕亩数骗取补助的违法犯罪案件。[1]针对上述问题，监管部门应当创新监管手段，依法加强生态补偿各环节工作的监督管理。

---

[1]　这方面见诸报道的案例较多，说明我国生态补偿资金管理方面还存在漏洞。这里列举一个比较常见的案例：2011 年，甘肃岷县清水乡某村村干部孙某、卢某、李某等人在协助清水乡人民政府管理实施退耕还林工作时，利用职务之便，采取虚报退耕还林地亩数的手段，分别骗取国家退耕还林补助款 16060 元、11737.6 元和 12928 元。案发后，孙某等人将所骗领的补助款全额退赔。2012 年，岷县人民检察院对案件提起公诉，被告人孙某、卢某、李某被岷县人民法院一审以贪污罪分别判处有期徒刑 1 年 5 个月缓刑 4 年、有期徒刑 1 年 2 个月缓刑 2 年和 1 年 2 个月缓刑 2 年。

第五章　生态补偿的域外实践考察

在我国，生态补偿是一个尚处于探索发展阶段的新兴环境保护制度，但在国际社会，有关生态／环境付费的实践已经有了很长的历程，并且积累了相当多的经验。很多国家建立了比较完整的生态补偿政策、法律体系，以保障生态补偿实践的健康运行。在我们看来，正是由于本国法和外国法存在共同的问题，才有了比较、援引外国法经验的动力。因此，本章遵从功能主义的比较法借鉴的一般路径：本国法发生的一个事实问题——参考外国法对此问题的解决办法——得出本国法解决这一问题的方案。但是，功能主义的比较研究有着难以避免的潜在缺陷：功能比较的前提是问题的相似性。任何制度都是在一定的制度脉络中发挥功能的，如果不能够充分地理解这一意义脉络，我们对我们所选择的目标制度的分析就是断章取义、管窥蠡测。[1] 所以，我们还需要把生态补偿制度与原理放在不同背景的社会结构中进行分析，辨析它们的异同。这也意味着，功能主义之外还必须坚持结构主义的路径。

第一节　部分国家开展生态补偿的实践

从 20 世纪 80 年代开始，生态补偿就已经在世界许多国家和地区

---

[1]　张翔.基本权利的规范建构［M］.北京：高等教育出版社，2008：12.

陆续开展。目前，生态补偿已经"遍布美洲、加勒比海、欧洲、非洲、亚洲以及大洋洲的多个国家和地区"[1]，涉及的领域已经由最初的矿产、森林、流域、景观保护和农业环境，向碳循环／碳贮存、自然生境以及生物多样性保护等方面扩展。生态补偿也逐渐地由最初惩治环境负外部性行为向激励环境正外部性行为转变。在众多国家的生态补偿实践中，美国、法国、德国等国关于生态补偿的政策和法律制度具有典型性和代表性，下文将对其逐一进行考察。

一、美国的生态补偿实践

（一）美国的矿区生态环境修复

总体来说，美国是世界上生态补偿比较成熟的国家。早在 20 世纪初，一些国家就开始关注资源开发尤其是矿产资源的开采给生态造成的损害，并就如何保护和治理矿区的环境以及补偿生态损害积极探索应对策略并积累了经验。美国最早进行了尝试，在国家立法之前的 1918 年，印第安纳州一些矿主就自发地在矿产资源的采空区整理、种树；1920 年出台的《矿山租赁法》中规定要保护土地和自然环境，这为国家运用法律手段管理矿区生态环境，促进生态环境修复提供了间接法律依据。弗吉尼亚州于 1939 年出台了第一部《复垦法案》，得到其他州政府的效仿，截至 1975 年，已经有 38 个州颁布了土地复垦法规，尚未立法的其他州也有自己的相应规定，但内容不尽相同。1977 年美国国会通过并颁布的第一部全国性的法律——《露天采矿控制和复原法》，该法以法律的形式规定并制定了统一的露天采矿以及复垦标准，是国会就矿区环境修复的直接和专门性立法。该法要求对新破坏的土地边开采边复垦，对旧有的矿区土地

---

[1]　中国生态补偿机制与政策课题组.中国生态补偿机制与政策研究［M］.北京：科学出版社，2007：130，208.

问题进行积极治理。矿区开采实行复垦保证金制度。保证金是政府请专家测算出的，由采矿企业预先缴纳的，矿产开采后恢复原有的绿化植被所需要的费用。完成复垦任务并通过生态环境验收者，保证金被连本带利返还给复垦者，如未能完成复垦任务，其保证金将被用于资助第三方复垦。

（二）美国的土地退耕、生态保护补贴等计划

20 世纪 30 年代，在美国中西部草原地区，由于持续性高温和滥垦乱伐造成大面积土壤风化，引发了一场前所未有的沙尘暴（黑风），大风整整刮了 3 天 3 夜，31 个州都受到影响。沙尘暴重创美国经济，同时给民众生活造成严重影响。在大自然的惩罚面前，美国政府开始了全面的土地退耕计划——为了保护土壤、水源和野生动物，组织民众在退耕土地上种植耐久、耐旱的草木、乔木和灌木。为了解决土地退耕中的资金问题，鼓励非工业私有森林的开发、管理和保护，美国于 1978 年制定了《合作林业援助法》，明确规定由农业部提供资金来援助非联邦土地的植树造林、森林管理和森林土壤保护；并由农业部与私有林主之间就森林的管理事宜签订协议：私有林主依照农业部的要求对林业进行经营、管理和养护，其总费用的 75% 由联邦政府负担或者补偿。

在 2002 年修订《农业法》时，美国政府又推出以现金或技术援助方式为核心的生态保护补贴计划，该计划涉及土地休耕、水土保持、湿地保护、草地保育、野生生物栖息地保护以及环境质量激励等方面，具体做法是将补贴金直接分发到农民手中，或者设立各种生态保护补贴项目，鼓励农民积极参加，进而使农民直接受益。实际上，在 1970 年的《濒危物种法》和 1977 年的《露天采矿控制和复原法》中就已经有了该做法的雏形。在美国的生态保护补贴计划中，保护保障计划、保护保存计划、湿地保存计划、环境质量激励计划、草地保存计划、私有牧场保护计划、野生生物栖息地激励计划、农牧

场土地保护计划、资源保护与开发计划等，基本上都是政府通过现金援助或技术援助、税收等方式作为生态系统服务的购买者或者资助者。

（三）美国的德尔塔水禽协会承包沼泽地计划

20 世纪 50—80 年代，美国中西部沼泽地中北美野鸭的迁移数量急剧下降，其原因是农业种植影响了野鸭的自然栖息地。为了保护沼泽地，1991 年美国启动了一项创新计划：德尔塔水禽协会与农场主签订合同，承包了这些私有土地上的沼泽地，以保护其上的野鸭巢穴。合同约定，由承包人每年付给农场主沼泽地保护费和野鸭栖息地修复费，按野鸭的产量付钱。该项目极大地调动了农场主保护沼泽地和野鸭巢穴的积极性，其执行取得了良好的效果。

除此之外，美国生态补偿实践较为成功的还有清洁供水交易：纽约市的水源遭微生物污染，为了获得上游卡茨基河和特拉华河流域的生态环境服务，于是为该流域内采取最好的管理措施的奶牛场和林场经营者提供 4000 万美元的补偿，让其改善水质。美国的生态补偿实践较为丰富，且大多数都是在比较完善的法律和政策框架下进行的，这些生态补偿实践，极大地改善了美国的生态环境。

二、德国的生态补偿实践

（一）德国的矿区治理和修复

德国在矿区环境治理和修复方面起步较早，相关的政策和法律也较为完善。其最早的复垦记录是在 1776 年，当时的土地租赁合同中就有采矿者对采矿地进行治理并植树造林的要求。为了解决历史上遗留下来的矿区环境问题，20 世纪 20 年代德国政府开始系统地进行矿区环境的修复，并形成其独特做法：新老矿区区别对待。对于老矿区，由联邦政府专门成立的矿山复垦公司负责治理，资金由联邦政府和州政府按照 3 ：1 的比例承担。对于新矿区，为了避免开矿破坏生态的历史重演，联邦矿山法对矿区业主规定了一系列义务：要有矿区复垦具体措施始得审批；须预留资金专门用于复垦；须对因开矿而占用的林地等异地等面积进行补偿。此外，联邦矿山法还要求政府每年派专人检查矿区复垦工作；矿区开发和复垦实行严格的环保要求和标准；等等。到 20 世纪 50—60 年代，在世界工业发达国家依法进行复垦工程的大背景下，在整治老矿区方面投入了较多资金，同时矿区环境治理和修复方面的政策和立法得到长足发展。至今，德国已经形成了较为完备的矿山修复法律体系，如专门立法有《矿产资源法》《水资源法》《矿山共同决定法》《联邦矿产法》《联邦自然保护法》《规划法》等，通用性的立法有《民法》《商法》和《经济补偿法》等，这些立法有力地推动了德国矿区景观生态重建工程。[1]值得一提的是，德国的矿区治理和修复不是简单的恢复原状，而是根据上述立法，按照相关规划要求将其建设成为一个优良而健康的环境，这可以说是一个从矿山的勘探到开采连续不断地进行生态重建的过程。

（二）德国的能源税与环境税

作为"万税之国"，德国非常重视通过税收来抑制对资源、能源的使用和促进对生态环境的保护。如能源税中的生态税和环境税中的植物税。征收生态税的目的在于减少汽油、柴油等燃油的使用，鼓励使用低硫燃料。在 1999—2003 年，德国先后 5 次对汽油、柴油加征生态税，1999 年起对采暖用油加征生态税，2001 年起，在前述基础上，对含硫量超标者再次加征生态税，2003 年又提高含硫标准，超标者加征生态税。植物税的征收目的在于通过限制非城市地区的开发来保护自然资源。例如，巴登符腾堡州《自然保护法》设立一种补偿性

---

[1]　德国《矿产资源法》这样定义景观生态重建："重建是指在顾及公众利益的前提下，对因采矿占用、损害的土地进行有规则的治理。"

的特别税，当恢复手段难以起作用时，利用所征收的特别税建立自然保护基金。例如，砍伐树木的企业有义务植树，如其无法植树，则缴纳辅助森林保护税，所缴税额比照砍伐树木所得收益和对树木的有害影响确定。其他各州的法律虽然细节性规定有差别，但基本的精神是相同的。而且，补偿性或替代性措施只能实行于同一地区，禁止跨地区补偿。

（三）德国的易北河流域整治

易北河流域整治是德国比较典型的生态补偿工程。易北河贯穿捷克和德国两国，约 2/3 在德国境内，德国处于其下游。由于长期的污染积累和乏于治理，该流域河流污染严重，水质严重下降。为了减少流域两岸的污染物排放，改良农用水灌溉质量，保持流域生物多样性，两国于 1990 年后形成双边合作关系，就易北河流域整治达成协议。根据协议，流域两岸建立国家公园 7 个，自然保护区 200 个，保护区内禁止从事建房、办厂、从事集约型农业等影响生态环境的活动。易北河流域整治的经费来源于以下几方面：排污费的一部分；财政贷款；研究津贴；下游对上游的经济补偿。2000 年，德国环保部斥资 900 万马克补偿捷克，在流域两国交界处建设城市污水处理厂，用于改善流域水质。在易北河流域生态补偿过程中，国家之间、地区之间的合作和协调精神为国与国之间、地区与地区之间的生态补偿树立了典范，也提供了经验。

德国的生态补偿有着强有力的法律保障和充足的资金支持，生态补偿的资金来源多样化：有政府财政资金[1]，也有企业缴纳的税费（包括滞纳金、罚款等）和预留资金、保证金，还有来源于民间的捐款。

---

[1]　截至 2004 年，德国政府用于原东德老矿区整治的费用达 130 亿欧元。

三、法国的生态补偿实践

（一）法国矿泉水公司和水源地农户之间的生态补偿

这是法国最典型的生态补偿成功事例。法国的毕雷矿泉水公司是法国最大的瓶装天然矿泉水企业。由于公司水源位于农业较为发达的区域，随着化肥、农药、杀虫剂的使用和养牛场规模的扩大，水源地水质受到严重影响。20世纪80年代后，为了控制奶牛场的规模，减少杀虫剂的使用，建立现代农场，恢复水的天然净化功能，矿泉水公司与当地农民签订协议，承诺向奶牛场支付补偿金230美元/年/公顷，其补偿持续时间之长（18—30年）、数额之大是在其他国家罕见的。[1]除此之外，还有其他方面的补偿，如向农场免费提供技术培训、承担新农场设施购置和农场建设相关费用等。

（二）法国通过税收控制对生态环境的破坏

法国在矿产资源开发、自然敏感区域、污染物的排放等领域都通过税收手段进行补偿，如法国对 SO_2 和 NO_X 的排放征税，所征税款用于企业在减排方面的投资和对污染物减量和测量技术研发的补贴和奖励。1960年，法律规定在自然区域和敏感区域征收特别税，用于土地管理事项。1975年，政府对采砂采石的公司征税，所征税款用于恢复受采矿影响地区的地表生态。1979年，法国颁布的《法国环境法典》第79-1108号法令中规定，采矿人须将受到采矿影响的场所恢复原貌。

---

[1]　仅在最初的7年间，毕雷公司为这项计划投入资金2450万美元。

四、哥斯达黎加的生态补偿实践

（一）哥斯达黎加的森林生态补偿

哥斯达黎加地处南美，是世界上生物多样性最复杂的国家之一，也是拉美最早开展生态补偿的国家之一，哥斯达黎加在国家层面和地区层面都积极探索，进行补偿。

哥斯达黎加的森林生态补偿开始于 1979 年，其最大的特点是根据《森林法》的规定设立国家森林基金，专门用于森林生态补偿。该基金来源有如下渠道：国家投入、与私有企业签订协议收取的资金以及来自世界银行等国际组织的贷款、捐赠等。凡是林地所有者都可以申请将自己的林地加入该制度，申请通过后以协议方式约定林地所有者的造林、森林保护、管理等义务，林地所有者通过履行合同义务获得基金费用。该制度历时 20 年，成功地提高了哥斯达黎加的森林覆盖率。

（二）埃雷迪亚市自来水公司的生态补偿

"鲜花之城"埃雷迪亚，其饮用水由上游提供。2000 年，自来水公司提出倡议：为了保护上游水源地森林，涵养上游水源，该城所有的自来水用户须在每月水费中附加支出，用于补偿上游布劳略卡利国家公园和私有地主对水源地森林的保护。项目虽基于自愿，但是得到广大用水企业的响应，一些大企业积极提供捐赠和各种形式的配套资金。截至 2011 年，项目已经覆盖了上游水源地 1191 公顷林地。与国家森林基金不同，自来水公司的这个项目没有依赖任何政府或国际的援助，在管理上完全独立于政府，在财务上也独立于国家财政。

哥斯达黎加在其他领域也有大量生态补偿实践。例如，北部的 Deloro 柑橘种植和果汁生产集团，20 年来持续为相邻的巨蜥保护区所提供的生态服务功能付费。1996 年哥斯达黎加通过立法向化石燃料征收销售税，所征税款作为生态补偿资金的一种来源。萨拉皮基流域的私营水电公司 Energia Global（EG）为增加年径流量，减少水库泥沙淤积，通过国家林业基金以 18 美元 / 公顷支付给上游私有土地主，用于造林。

除了上述几个国家外，英国、澳大利亚、欧盟其他国家和地区也有自己成功而特色鲜明的生态补偿。

英国为了长久保留传统农业、英格兰农村风光和生态而实施的北约克摩尔斯计划，该计划采取自愿原则协议，由政府购买私有土地主的生态服务（增强自然景观和野生动植物价值），绝大多数私有农场主被纳入其中，成功保留了英国传统农业的独特景观。

澳大利亚为了解决新北威尔士地区土地盐渍化问题而实施的马奎瑞河"下游灌溉者为上游造林付费"的计划。上游林业部门和下游灌溉农民签订协议，上游林业部门植树造林，固定土壤中的盐分，由下游生态服务的需求方向上游生态服务的提供方支付费用。值得一提的是，这种交易是建立在对森林蒸腾水量计量的基础上的，这就将似乎难以量化的生态服务数量和价值进行了测量和量化，极大地推动了生态服务交易的发展。

澳大利亚为了减少温室气体的排放量，于 2011 年通过碳税法案，给碳排放定价，2015 年开始了碳排放交易计划：在上限和基价范围内，碳排放价格由市场决定，在碳定价框架下，大型碳排放企业支付碳排放费用。同时澳大利亚通过改革税费制度，对居民用户采取减税、补贴等政策，用以减小碳定价机制对居民用户的冲击。

欧盟于 1992 年实施生态产品认证计划，根据生态标签制度的规定，产品如从设计、生产、销售到处理各环节都对生态无公害，符合欧盟的环保标准，将获得生态标签，成为绿色产品，其销售价格高出普通产品价格的 20%~30%，也即消费者对生态服务付了费。

第二节　域外生态补偿实践的比较借鉴

通过对国外生态补偿实践的考察，我们发现，发达国家的生态补偿实践形式、内容各异，涉及较多领域，其中有些内容已经较为成熟和完善，值得我们学习和借鉴。

一、生态补偿法律和政策协同保障

法律和政策是现代社会治理国家和调控社会不可或缺、互为补充的两种工具，各国政府都充分利用法律、政策工具推动生态补偿。

大部分国家将生态补偿制度化，并上升到法律层面，通过制定法律法规约束有害生态的行为，对生态补偿进行支持。实践证明，法律制度化是生态补偿得以实行的最佳路径。在国外生态补偿立法中，无论是国家层面的立法，如美国的《露天采矿控制和复原法》《合作林业援助法》《农业法》，德国的《联邦矿产法》《联邦自然保护法》《规划法》，法国的《法国环境法典》，哥斯达黎加的《森林法》，澳大利亚的碳税法案，还是州立法，如美国弗吉尼亚州的《复垦法案》，德国巴登符腾堡州的《自然保护法》；无论是通用性立法，如德国《民法》《商法》和《经济补偿法》，还是专门立法，如德国的《矿产资源法》《水资源法》《矿山共同决定法》，都极大地推动了各领域生态补偿实践的发展。

除法律之外，政策也是各国推进生态补偿实践的另一种有效手段。例如，美国的德尔塔水禽协会承包沼泽地计划、清洁供水交易，英国的北约克摩尔斯计划、澳大利亚的"下游灌溉者为上游造林付费"计划、德国的易北河流域整治等都是在国家政策倡导或政策、法律联合推动下实施的生态补偿工程，也都是生态补偿非常成功的案例。这些国家或者充分利用政策在微观层面的规范、引导、资源分配的功能，或者很好地将政策的纲领性、原则性和方向性与法律的具体性、明确性结合起来，使得法律、政策在生态补偿中互相结合、相得益彰，共同发挥作用。

我国生态补偿是在政策的推动下实施的，专门性的国家立法进程迟滞而缓慢，致使生态补偿的主体、范围、标准等重要问题于法无据，生态补偿实践举步维艰，在推进生态文明法治建设、"加快建立绿色生产和消费的法律制度和政策导向"的大背景下，生态补偿条例的出台是当务之需和当务之急。

二、政府补偿模式和市场补偿模式互补

政府失灵和市场失灵是导致环境问题的基本原因，对于生态环境的治理和补偿也须从政府和市场两方面着手。市场的有限理性、环境的公共性、污染的负外部性等必然要求生态补偿要有政府的参与，甚至很多时候政府是主导；而政府的高管理成本、低效等也必然要求市场的积极参与。

各国的生态补偿实践，既有政府模式，如哥斯达黎加的国家森林基金，又有市场模式，如法国矿泉水公司和水源地农户之间的生态补偿、哥斯达黎加埃雷迪亚市自来水公司的生态补偿等。但总体来说，生态补偿仍然以政府模式为主，尤其在补偿初期，政府往往是生态服务的主要购买者。政府补偿有助于根据国家或区域生态建设实际统筹安排生态补偿资金，避免资金的挪用和滥用。但是，生态建设不是应一时之需，而是一项长期工程，且往往投资巨大、国家财政拨付占有很大比重，长期的投资（如前面所考察，有的国家连续投资30年之久）对国家财政来说无疑是一种巨大的负担，有些国家的生态补偿基金由于缺乏稳定的资金来源，现已面临后续资金不足的问题。市场补偿既能够扩充资金来源、减轻国家财政压力，也能够有效减少政府补偿的刚性，使市场主体在发挥自身积极性、主动性的同时实现了生态补偿的高效性。在政府补偿之外，辅之以市场补偿，能够发挥各自的优势，

弥补对方的短板。

在某一具体的补偿案例中，对政府和市场模式的选择也不全是非此即彼型的，有些国家在两者的结合方面做得很成功，例如，美国的土地休耕计划是政府投资的生态建设项目，是由政府主导的，但在确定其中的土地租金率时引入市场竞争机制，使其与当地自然经济条件相适应，增加了计划的可接受性和可行性。政府主导的生态补偿计划中引入、发挥市场机制的作用，这种做法值得像我国这样国家财政力量较薄弱、市场经济还不太发达的国家借鉴。

三、生态补偿的领域和筹资渠道多元化

国外生态补偿实践类型多样，大体上最初只针对一种或几种生态服务，但单要素补偿极易造成生态补偿在同一区域重复实施，因而在原先单要素补偿的基础上，又发展出多要素补偿。例如，美国2002年推出的生态保护补贴计划，该计划就涉及土地休耕、水土保持、湿地保护、草地保育、野生生物栖息地保护、农牧场土地保护、资源保护与开发等方面。英国的北约克摩尔斯计划，该计划涉及的生态服务，不仅包括自然景观和野生动植物，还包括与英国传统的农业耕作方式有关的各种要素。德国易北河流域整治工程，该工程不仅整治了河流，还保持了流域生物多样性，流域两岸建立国家公园7个，自然保护区200个。这些项目中的任何一个都很难说是关于哪一方面要素的，项目可以冠以"流域""农业"，但项目却是对多种要素的保护。目前，各国生态补偿已经覆盖了矿产、森林、流域、农业、自然生境、碳循环、景观保护等领域。其中矿产、森林、流域的生态补偿比较普遍，农业、自然生境、景观保护的生态补偿也为数不少。

我国的生态补偿集中在森林、草原、矿产、重点生态功能区等方面，流域、湿地、海洋等领域的生态补偿尚处于起步阶段。旨在保持土壤、降低侵蚀与沉积、减少农药化肥污染，兼顾调节气候、

维护景观、保护野生生物的农业方面，除了退耕还林之外，没有进行其他的补偿；以维护生物多样性为主要目的的自然生境的保育和恢复、以防止全球变暖为主要目的的碳汇方面，尚未进行生态补偿。总体来说，单要素补偿居多，多要素补偿很少，可以在扩大生态补偿领域的基础上，注重探索多要素补偿。

各国生态补偿筹措资金常见的渠道有政府财政拨款和补贴、征收生态补偿保证金、国际组织或非政府组织的生态专项基金、捐赠和贷款、生态或环境方面的税收、生态功能使用费或服务费等，筹资渠道呈现多元化。

第一，政府财政拨款和补贴。

政府财政拨款是生态补偿最常见、最稳定的资金来源。绝大多数国家都是政府在购买生态服务或者进行补贴。但是，单靠政府财政拨款也非完全之策，受政府机构的变迁和政党、国家政策改革的影响，一些生态补偿项目可能面临不能持续、中途被取消的风险，或者一些国家、地区受财政支付能力的限制，难以持续供给生态补偿资金。

第二，生态补偿保证金。

这也是世界各国生态补偿最普遍的一种资金来源，如美国的矿山复垦保证金、英国对矿产品征收的土地复垦费。我国在矿山恢复治理方面也设有保证金制度。

第三，国际组织或非政府组织的生态专项基金、捐赠和贷款。

例如，哥斯达黎加用于森林生态补偿的国家森林基金中，来自世界银行等国际组织的贷款、捐赠占很大部分。再如，保护国际发起的关键生态系统合作基金。该基金是2001年2月开始由保护国际、世界银行、全球环境基金会共同合作建立以对世界范围内的关键生态系统的生物多样性进行保护的基金。其目的是为当地社团、非政府组织、私人部门和其他民间社团提供资金以保护生物多样性。这些国际基金在初期能够提供充足的项目经费，但是后续资金可能会缺乏保障、后劲不足，如中美基金对厄瓜多尔 Pimampiro 流域的生态补偿，资金的终止提供使得当地环境的保护受到很大影响。因而，一国的生态补偿要积极争取国际援助，但也不能对其过度依赖。

第四，生态或环境方面的税收。

美国、德国、法国等国都通过开征生态税、环境税、特别税，或者采取税收减免筹措生态补偿资金。例如，美国 1986 年通过的《超级基金修正案》中设立的环境收入税、德国的能源税与环境税、法国和澳大利亚的碳税、哥斯达黎加向化石燃料征收的销售税，瑞典、欧盟已经推广 CO_2 税，美国、荷兰、德国、日本等国还开征 SO_2 税、水污染税、噪声税等。可以发现，一些国家税收的征收对象已经由收入税向环境危害税转移，由对使用自然资源、能源征税扩大到对排放污染物征税，并将征收所得全部或部分用于生态补偿，这些都是利用税收杠杆助力生态补偿的典型例子。

第五，生态功能使用费 / 环境服务费。

随着生态问题的严峻化，生态服务已不能被当作"免费的午餐"，使用者应当为生态服务付费，这也是"谁受益，谁补偿"原则的要求。很多国家都在生态补偿领域践行着这一原则，如澳大利亚的马奎瑞河"下游灌溉者为上游造林付费"计划、哥斯达黎加北部的 Deloro 柑橘种植和果汁生产集团向巨蜥保护区支付生态服务功能费、萨拉皮基流域的私营水电公司 Energia Global（EG）支付给上游私有土地主造林费。再如欧盟实行的生态标签制度等，虽然称谓各异，其实质都是生态功能使用费 / 环境服务费。

相较于国家财政拨款以及国际援助，受益者自己支付如保证金、税、费等，能够建立一条相对持久的生态补偿金来源渠道。我国的生态补偿中，补偿资金主要来源于政府财政拨款，受益者自己支付的比重还很小，该比重应当增加。另外，随着市场经济的发展，我国应当加强对市场化补偿模式的实践探索，努力开拓生态服务市场，让尽可能多的受益者成为市场主体，并逐渐地成为生态补偿资金的主要提供者。政府的职能则应当转变，由原来的资金提供主体逐步转变为宏观调控与引导、政策支持、搭建生态服务市场交易平台以及监督管理主体。除了资金补偿外，我国还要重视非资金形式的补偿，如产业扶持、技术援助、人才支持、就业培训等。当然，政府还应继续加强国际交流与合作，积极争取国际资金和技术方面的支持。

四、生态补偿过程注重社会参与协商

国外的生态补偿较多地鼓励和吸引社会主体参与和协商。社会力量的引入，能够在很大程度上凝聚智慧，体现公众利益，提高公众环保意识，也能够有效监督政府及补偿主体。澳大利亚的土地复垦公众全过程监督，如果矿山企业在土地复垦和环境保护等方面存在质量问题，将会受到公众起诉及行政处罚，这有效保障了土地复垦的质量。芬兰政府从林主手中购买森林的自然价值，其价格是由公共团体制定的。法国授权一个管理委员会负责划分矿产资源税的管理和监督使用。这说明，在生态补偿的具体实践中，政府也无须"事必躬亲"，在行业管理、争取社会资金等问题的解决上，可充分利用行业协会、基金组织、公益团体、银行等社会力量，政府则留出精力用于解决方向性、原则性、大局性问题以及生态服务交易平台的搭建，部门之间、地区之间的联动和协调，与国际组织协调等方面的问题。

在我国，公众参与的生态补偿严重缺乏，生态补偿难以体现群众利益。一是公众参与的生态补偿缺乏，政府对于生态补偿"包干到底"，绝大多数生态补偿名义上为市场补偿，实则为政府补偿，市场主体和社会主体基本没起什么作用。二是社会力量对生态补偿的监督缺乏，因而存在如下现象：补偿金做不到及时足额发放，补偿金被挤占、截留、挪用现象时有发生，生态保护者怠于履行保护义务，甚至在个别地方还存在一边享受生态补偿，一边破坏生态的现象。我国应当学习和借鉴国外一些国家的做法，动员社会力量参与生态补偿。

　　除此之外，为了降低温室气体的减排成本，一些发达国家纷纷向发展中国家购买碳当量，因而掀起全球碳贸易高潮，生态补偿的地域范围因而由国内扩展到国际。

　　总之，无论是我国还是世界上其他国家，对于生态补偿尚处在探索阶段，各国生态补偿的制度、模式、领域、具体形式、采取的措施等往往因经济、文化、历史、社会以及观念的不同而呈现出差异，因而不可能存在完全适合我国的确定性方案。更何况生态补偿一般是从富裕地区补向贫困地区，生态补偿仅仅是一种"补偿"，它无力解决贫困问题，受偿地区的贫困问题如不能解决，在补偿停止后生态将可能再一次陷于退化的境地。这样，生态补偿的意义将不再限于对基于生态服务价值的补偿，它还肩负着提高社会福利，改变落后的生产方式，促进贫困地区经济发展的重任。那么由"授人以鱼"向"授人以渔"过渡，或者由"输血"向"造血"转化，在基本平衡各地区经济发展的同时，借鉴和吸收各国经验，探索适合我国的生态补偿路径，将是较为理性的选择。

第六章　生态补偿政策、法律体系的完善

第一节　生态补偿监管体制改革

中国的生态环境监管体制，是建立在行政权力划分基础之上的"统一监督管理与分级、分部门监督管理相结合"的体制。实践证明，在科层制的行政管理体制下，由于统管部门与分管部门之间有各自的职责分工，法律上确定的统管部门在实践中很难真正行使统管职责，生态环境监督管理工作实际上呈现出"条块分割、各自为政"的特点。这一管理体制与生态环境的整体性、综合生态系统理念的要求不相适应，在实践中已经暴露出种种弊端，亟须进行改革。

在现有的生态环境监管体制下，我国生态补偿政策、法律的制定和实施，也体现为不同监管部门主导下的多头监管。比如，在生态保护补偿方面，森林生态效益补偿基金、草原生态保护奖励补助资金、退耕还林（草）补偿资金、重点生态功能区补偿资金等一般由财政部门会同林业、国土资源、发展改革、水利等相关产业主管部门制定政策，以财政转移支付方式实施。在生态损失补偿方面，矿产资源补偿费、土地损失补偿费、水资源费、水土保持补偿费、排污收费等各类收费往往由不同的部门收取、管理；资源税、环境保护税及其他有益于环境的财政政策由综合管理部门执行。不同领域的生态补偿政策往往由各部门分头制定和实施，发展改革、财

政、国土资源、林业、农业、水利、环保、经贸、银行等部门对生态补偿都有一定的管辖权，2016 年 5 月，国务院办公厅发布了《关于健全生态保护补偿机制的意见》，从宏观政策层面对生态保护补偿的开展提出指导意见，其中对各部门在生态保护补偿领域的部门职责做了划分，但是，由于生态保护补偿涉及众多主管部门，各部门的职责往往又存在交叉重叠，实践中部际之间协调性不足，往往都有一套各自的生态补偿程序、标准和方法。这种管理体制是造成生态补偿政策、法律体系"碎片化"的制度根源。因此，生态环境监管体制的改革与完善，是健全我国生态补偿政策、法律体系的制度基础。

一、中国生态环境管理体制改革的动因

20 世纪 70 年代以后，随着环境问题日益严重，许多国家把环境保护上升为国家的基本职能，加强了政府环境保护管理职能，体现在政府部门设置上，一方面从中央到地方政府内部设立专门的环境监督管理部门，另一方面对政府专门环境监管部门和其他负有环境与自然资源监管职责的部门的职权职责进行分配。我国的生态环境监管体制经历了一个发展过程，以中央政府环境监管部门的设置为线索，1974 年成立了国务院环境保护领导小组，负责协调和监管全国的环境保护工作，这并不是一个独立的政府部门序列，而是以各相关部门人员组成的领导小组，下设办公室。1982 年国务院设立城乡建设环境保护部，其下属的司局级机构环保局主管全国的环境保护工作。1984 年国务院成立环境保护委员会，领导和协调全国环境保护工作，城乡建设环境保护局下属的环保局改为国家环保局，作为国务院环境保护委员会的办事机构。同时，国务院其他负有环境与资源监管职责的部委一般都设立了司局级的环境保护机构。1998 年国家环保局升格为部级的国家环境保护总局，在 2008 年进

行的行政体制改革中，国家环境保护总局升格为国家环境保护部。在地方政府的部门设置上，省、市级的地方政府一般都设置了环境保护专门政府部门，县级政府有些设置了专门机构，有些由其他机构行使环境监管的职责。

经过多次行政管理体制改革，我国环境保护工作形成了"统一监督管理与分级、分部门监督管理相结合"的监督管理体制。统一监督管理，是指在各级政府的统一领导下，政府内部设立一个相对独立、专门的环境行政监管部门，即国家环境保护部、县级以上各级人民政府环境保护部门，对各自行政区域内的环境保护工作统一监督管理。其中，国家环境保护部负责全国环境保护的规划、协调，依法提出环境法规草案和制定行政规章，依法监督管理环境法律、法规、规章、规划、标准和其他政策、规范性文件的实施。部门分工监督管理，是指政府有关部门依照法定的职责、权限对与其相关的环境与自然资源保护工作进行具体监督管理。其中，对环境污染负有监督管理职责的部门有，海洋、港务监督、渔政渔港监督、公安、交通、铁道、军队和民航管理部门等。对自然资源的保护负有监督管理职责的部门有，国土资源、矿产、林业、农业、草原、水利、渔业等行政主管部门。[1]分级监督管理，是指国务院和国务院主管部门对环境监督管理的统一业务领导或指导，主要进行全局性、长期性、间接性的宏观环境监督管理；地方分级监督管理包括省级、市级、县级、乡级的监督管理，其中省级主要进行宏观环境监督管理，市级既有宏观环境监督管理又有微观环境监督管理，县乡级主要进行执行性的、直接性的微观环境监督管理。

现代政府行政管理职能的分化，要求在政府组织机构上要有分工

---

[1]　比如，我国1989年的《环境保护法》第七条规定，国务院环境保护行政主管部门，对全国环境保护工作实施统一监督管理；县级以上地方人民政府环境保护行政主管部门，对本辖区的环境保护工作实施统一监督管理；国家海洋行政主管部门、港务监督、渔政渔港监督、军队环境保护部门和各级公安、交通、铁道、民航管理部门，依照有关法律的规定对环境污染防治实施监督管理；县级以上人民政府的，依照有关法律的规定对资源的保护实施监督管理。

明确、等级森严、职能固定的官僚体制的建构。专业化分工、职能分离、各自独立、相互制衡的机构设置被视为现代政府行政运作的核心构造。对应马克斯·韦伯的"科层官僚制"理论，[1] 我国环境管理体制的演进，大致可以看作一个"科层制"的制度运行模式，即权力依职能和职位进行分工和分层，以规则为管理主体的组织体系和管理方式：它既是一种组织结构，又是一种管理方式。在环境领域，从社会学和管理学的角度，科层制是一种环境治理模式；从法学的角度理解，科层制可以看作一种公共权力的分配与协调运行机制。就权力分配而言，科层制模式下的环境权力分配有其合理的一面。其一，环境是一个不可分割的整体，环境问题是一个全局性的问题，环境保护和管理具有综合性，决定了中央政府以统一领导者和宏观监管者的身份从实现整体环境利益的角度行使环境权力的必要性，中央政府各部门按照分工对各自领域的环境保护与自然资源监管实行分工管理，符合现代行政的权力分工要求。其二，环境又是由不同环境要素和不同特点的区域环境组成的，不同区域的自然资源禀赋、经济社会发展水平、历史文化与传统习惯各不相同，又必然要求地方政府根据本行政区域的特点因地制宜地行使环境权力，满足区域性、地方性环境利益的需要。

但是，这种分权制衡、分工负责环境管理体制的合理性仍然是相对的，特别是随着现代环境问题、环境风险的产生和发展，使得这种体制暴露出种种不适应性。把生态环境与自然资源分解成土地、森林、草原、矿产资源、野生动物、海洋等不同要素，但各要素之间存在着密切的联系和互动，生态系统的生产者、消费者、分解者以及作为生态系统基础的无生命物质之间通过物质循环和能量流动，形成了"物物相关"环环相扣、协同进化的关系，习近平总书记对此有精辟的论

---

[1] ［德］马克斯·韦伯.经济与历史：支配的类型［M］.康乐，等译.桂林：广西师范大学出版社，2004：37.

述：山水林田湖是一个生命共同体[1]。任何人为的切割都与生态系统的综合性理念相悖。在环境监管的实践中，从统管部门的角度考察，环境保护部门是法定的环境保护统管部门，但在科层制行政权力架构中与其他监管部门处于同一层级，甚至长期被认为是弱势部门，职权配置有限，在生态环境保护方面缺乏对其他部门的统合力。"环境统一监管能力薄弱、各部门环境监管职能横向分散、上下级环境监管职能纵向分离、跨地区环境监管地区分割等问题，造成环境权力难以发挥整体监管效果。"[2]从分管部门的角度考察，在生态环境与自然资源要素分工监管的"条块分割"模式下，由于各环境要素的密切相关性，部门职责权限总会出现交叉重叠或界分不清，部门"争权"与"诿责"的现象同时存在，甚至出现"龙多不治水"的局面。

从分级监管的角度考察，中央政府和地方政府之间存在事权不一。由于生态环境和自然资源禀赋的差异性，一些重要的生态功能区承担着较为繁重的环境保护义务。比如，中国西部的江河源头区、国家主体功能区中的限制开发区和禁止开发区、自然保护区、野生动物保护区、饮用水源保护区等，履行了更多的环境义务。环境法对这些区域的开发利用做了大量的限制性甚至禁止性规定，客观上制约了区域经济社会的发展。由于生态保护补偿机制不完善，在实践运行中，补偿标准、补偿期限以及补偿范围的确定主要是在中央政府的主导下进行的，也就是说，补多少、补多长期限及补多大范围，生态保护地区的地方政府并没有多少话语权。中央政府在对生态补偿的受偿地区进行财政转移支付时，往往还受制于财力、不同地区的要价能力、民族区域社会稳定等多重因素的考量，并不能完全实现补偿的公平性和公正

---

[1]　习近平总书记指出，"我们要认识到，山水林田湖是一个生命共同体，人的命脉在田，田的命脉在水，水的命脉在山，山的命脉在土，土的命脉在树。用途管制和生态修复必须遵循自然规律，如果种树的只管种树、治水的只管治水、护田的单纯护田，很容易顾此失彼，最终造成生态的系统性破坏。由一个部门负责领土范围内所有国土空间用途管制职责，对山水林田湖进行统一保护、统一修复是十分必要的"。参见习近平 . 关于《中共中央关于全面深化改革若干重大问题的决定》的说明[N].新华社，2013–11–15.
[2]　陆新元，陈善荣，陆军.我国环境执法障碍的成因分析与对策措施[J].环境保护，2005（10）：24–29.

性。区域生态保护权利和义务的失衡，造成了区域间事实上的不公平，也是导致地方政府或明或暗消极对抗、规避环境法的正式制度，滋生地方保护主义的根源。在这一过程中，国家环境政策、法律的权威性被消解，实施效果打了折扣。如何解决上述矛盾和问题，生态环境监管体制改革被提上了党和国家的议事日程。

二、生态环境监管体制改革的走向

近年来，中共中央、国务院一系列与生态文明建设相关的政策文件和重大决策都涉及生态环境监管体制改革。在中观层面，中央深改组推动建立的河长制流域管理体制改革、国家森林公园监管体制改革等，属于生态环境监管某一领域的体制改革；从宏观层面，推动组建专门的国有自然资源资产管理和自然生态监管机制，则是下一步整体生态环境监管体制改革的目标。我国生态环境监督体制改革的走向，主要体现在以下方面。

（一）"自然资源资产管理职能"与"自然资源国家监管职能"相分离

自然资源监管机构，是国家以管理者的身份，为实现自然资源的开发利用和保护目标而设置的管理机构。自然资源资产管理机构，是国家以自然资源所有者身份，对自然资源资产行使所有权职责的机构。长期以来，我国对自然资源监管者和所有权者并没有做出区分，也没有专门的自然资源资产管理机构，在"分工管理"的分散监管模式下，各自然资源主管部门实际上行使了三种基本的职能：自然资源国家监督管理职能、自然生态监管职能、自然资源资产所有者职能。

为解决分散监管模式的弊端，实现管理者职能和所有权者职能的分离，更好地实现对全民所有的自然资源资产的确权登记、出让收益等方面的统一管理，2015 年 12 月，中共中央、国务院印发的《生态文明体制改革总体方案》中提出，要按照所有者和监管者分开的原则，组建统一的自然资源所有权行使机构；党的十八届三中全会提出实现自然资源监管机构和自然资源资产管理机构的分离；党的十九大报告明确"设立国有自然资源资产管理和自然生态监管机构"。由此，整合原有分散的全民自然资源资产所有者管理职责，组建统一的自然资源资产管理机构，已经成为生态环境监管体制改革的明确方向。

自然资源资产管理机构的设置，是关系到行政体制改革的重大问题。统一的自然资源资产管理机构究竟应当如何设置，理论界尚未达成共识。一种观点是，成立统一的自然资源监管机构，并在这一机构之下设置自然资源资产管理机构；另一种观点是，分别成立自然资源监管机构和自然资源资产管理机构。笔者认为，设立"统一的自然资源监管机构"涉及现有多个自然资源监管机构的整合，牵涉面太大，一步到位存在诸多障碍，现阶段宜理顺、优化各自然资源监管机构的职能，在此基础上逐步推进，但设置"统一的自然资源资产管理机构"则具有必要性和现实可行性，应当在完善现有自然资源监管体制的基础上，按照监管者和所有者分开的原则，把原属国土资源、农业、林业、水利、海洋等各个自然资源监管机构行使的所有权职能分离出来，交由新设立的自然资源资产管理机构统一行使。该机构可以命名为"国家自然资源资产管理委员会"，统一行使全民所有的自然资源资产的确权登记、出让、所有权收益等职责。

（二）"自然生态监管职能"与"自然资源监管职能"相分离

我国的自然资源监管机构不仅行使对自然资源的开发利用的监督管理职能，也行使对自然生态监督管理的职能。这种体制下，自然生态系统被人为切割成若干独立单元，不利于对自然生态系统进行综合管理。党的十九大报告提出，要设立国有自然资源资产管理和自然生态监管机构，[1]但究竟是设置一个统一机构，还是设置"国有自然资源资产管理机构"和"自然生态监管机构"两个机构？尚待明确。笔者认为，从职能划分的角度，自然资源资产管理是国家以全民所有的自然资源资产所有者的身份行使所有者职能，自然生态监管职能是国家以管理者身份行使自然生态监督管理职能。职能性质不同，应当以分别设置为宜。自然生态监管职能的统一行使，需要把原属于国土资源、农业、林业、水利、海洋等各个自然资源监管机构行使的自然生态监管职能分离出来，交由自然生态监管机构统一行使。

（三）"自然生态监管职能"与"环境污染防治监管职能"的整合

目前，我国的环境污染防治监管职能由环保部门统一行使。自然生态监管职能从各自然资源监管机构中分离出来后，是设置独立的机构，还是整合到环境保护部门统一行使？同样有待明确。笔者认为，环境污染防治与自然生态保护重叠交叉，宜由一个机构统一行使这方面的职责。建议在环境保护部原职责的基础上，把自然生态监管的职责整合进来，组建新的"生态环境保护部"，统一行使环境污染防治、自然生态系统保护、生物多样性保护、核与辐射安全监管等方面的职责。[2]

在生态环境监管体制改革完成后，生态补偿的监督管理工作，可以由行使自然生态监管职能的机构统一行使。此外，应当进一步明确中央政府与地方政府的财政事权和支出划分，充分调动地方政府开展

[1] 2017年10月，党的十九大报告中对生态环境监管体制改革提出了具体的目标："加强对生态文明建设的总体设计和组织领导，设立国有自然资源资产管理和自然生态监管机构，完善生态环境管理制度，统一行使全民所有自然资源资产所有者职责，统一行使所有国土空间用途管制和生态保护修复职责，统一行使监管城乡各类污染排放和行政执法职责"。

[2] 具体职责包括：（1）统一行使环境污染防治监管。对所有污染物，包括点源、面源、固定源、移动源等，地表水、地下水、海洋、大气、土壤等所有环境介质的污染防治工作实施统一监管。（2）统一行使自然生态保护监管。对草原、森林、湿地、海洋、河流等所有自然生态系统，野生动植物、生物物种、生物安全、外来物种、遗传资源等生物多样性，以及自然保护区、风景名胜区、森林公园、地质公园、自然遗迹等所有保护区域进行整合，实施统一监管，并建立国家公园体制。（3）统一行使核与辐射安全监管。将民用核设施与军工核设施进行统一监管，将核事故与辐射事故进行统一监管，建立统一的核与辐射安全监管及应急响应体系。

生态补偿的积极性。

第二节　生态补偿专门立法研究

生态补偿政策的法律化需要有相应的立法加以保障，生态补偿法律体系的完善需要遵从一定的立法模式。关于生态补偿的立法模式，长期以来，学界有两种观点：一种观点是"专门立法与分散立法相结合模式"，即出台生态补偿的专门法律或法规，其他环境与资源保护单行法律、法规中根据专门法的规定，对各自领域的生态补偿予以细化规定；另一种观点是坚持"分散立法模式"，即不需要制定专门的生态补偿立法，而是依据《环境保护法》对生态补偿的原则性规定，对环境与资源单行法律法规中有关生态补偿的内容进行完善，增强其协调性，形成形式分散但内容协调统一的生态补偿制度体系。两种观点争议的焦点是，要不要制定专门的生态补偿立法？支持者认为，生态补偿制度涉及环境资源保护各领域，《环境保护法》的规定仅仅是一个原则性规定，无法对各单行法起到协调作用，有必要出台一部专门的立法，对生态补偿的概念和范围、基本原则、生态补偿的领域和范围、补偿标准、补偿的模式和程序等做出统一的规定，为各领域不同类型的生态补偿提供统一的规范依据，便于消除各单行法的潜在冲突、各自领域的制度设计不平衡等问题。反对者认为，生态补偿涉及众多环境与资源保护法律法规，不同领域的补偿有不同的补偿机制和模式，一部专门的生态补偿立法并不能统合各领域的生态补偿，而且容易引进立法之间的冲突，危害法的实施。

2010 年，国务院将《生态补偿条例》的研究制定列入立法规划，由国家发展改革委牵头，组织国务院相关部委研究条例草案的起草，使得生态补偿要不要专门立法的争论告一段落。但是，相关的理论探索仍在持续深化，如何界定生态补偿的对象和范围，如何把实践中开展比较成熟的生态补偿和试点阶段尚不成熟的生态补偿纳入统一的立法规制，如何协调众多监管部门之间的关系，以及如何实现专门立法与单行立法的协调，牵涉诸多的现实问题，也关乎立法的成本，需要进一步的理论准备以形成共识。从 2010 年提出研究制定《生态补偿条例》，迄今为止，草案仍处于相关部门讨论阶段，并未能向社会公开，可以说仍未迈出实质性步伐，反映出条例的制定尚面临诸多理论和现实困难。下文从生态补偿专门立法模式的选择、专门立法的基本框架及内容、专门立法与配套立法模式的协同等三方面，对生态补偿法律制度体系的建设进行探讨。

一、生态补偿专门立法模式的选择

目前，我国正在起草中的生态补偿专门立法，采用的是行政法规即《生态补偿条例》的形式。虽然条例早在 2010 年就已经被列入立法研究计划，并在组织起草、广泛征求意见，但是，对于专门立法所规范的生态补偿的范围，立法的位阶等问题，笔者有不同看法。

（一）《生态补偿条例》还是《生态保护补偿条例》？

如果立法的名称最终被确定为《生态补偿条例》，那么首先需要解决立法调整对象和范围的问题。具体而言，我国需要对"生态补偿"的概念做出准确的界定。

根据概念外延和内涵的不同，生态补偿概念有广义和狭义之分。从狭义上讲，生态补偿是指由政府、生态保护受益的组织和个人对生态保护做出贡献的组织和个人，以财政转移支付、协商谈判、市场交易等形式进行合理补偿的行为，即生态保护补偿。从广义上讲，生态补偿除生态保护补偿外，还包括环境资源开发利用者因其合法开发利用行为向相关利益受损者以支付费用，或通过协商以其他方式进行合理补偿，弥补其损失的行为，即生态损害补偿。也就是说，广义上的生态补偿包括了生态保护补偿和生态损害补偿两类，而狭义上的生态补偿限定为生态保护补偿。《生态补偿条例》中的"生态补偿"究竟是采用广义概念，还是狭义概念？从立法者的意图来看，显然是采用了广义概念。笔者认为，生态补偿专门立法，应当采用狭义的生态补偿概念，即对生态保护补偿制定专门立法。理由如下。

第一，从我国的生态补偿政策、法律实践来看，早期的生态补偿政策中，既包含了以环境资源补偿费（税）为主要内容对开发利用活动造成的环境损害而进行的生态损害补偿，也包含了对生态保护、建设活动的正外部性行为产生的机会成本进行的生态保护补偿，很多政策文件对其不加区分，混为一谈。例如，在 2007 年的《关于开展生态补偿试点工作的指导意见》中，列举的生态补偿的主要领域为，自然保护区生态补偿、重要生态功能区生态补偿、流域水环境保护的生态补偿，以及矿产资源开发的生态补偿，其中，前三类主要属于生态保护补偿范畴，矿产资源开发的生态补偿则更多属于生态损害补偿。随着生态补偿实践的推进和认识的不断深入，生态补偿概念逐渐指向了单一的生态保护补偿。2014 年修订的《环境保护法》明确采用了"生态保护补偿"概念，即以财政转移支付、市场规则实现政府或生态受益者地区对生态保护地区的补偿。[1] 与此相适应，2016 年国务院办公厅颁布的《关于健全生态保护补偿机制的意见》（以下简称《意见》），也采用了"生态保护补偿"概念，《意见》所列举的生态补偿的领域是，"森林、草原、湿地、荒漠、海洋、水流、耕地等重点领域和禁止开发区域、重点生态功能区等重要区域生态保护补偿全覆盖"。[2] 其中，"矿产资源开发生态补偿"并没有被列入补偿的领域。可见，我国相关政策和法律中所规范的生

---

[1]　《环境保护法》第三十一条规定，"国家建立、健全生态保护补偿制度。国家加大对生态保护地区的财政转移支付力度。有关地方人民政府应当落实生态保护补偿资金，确保其用于生态保护补偿。国家指导受益地区和生态保护地区人民政府通过协商或者按照市场规则进行生态保护补偿"。

[2]　国务院办公厅. 关于健全生态保护补偿机制的意见（国办发〔2016〕31 号），国务院办公厅 2016 年 5 月 13 日发布。

态补偿，已经由最初广义上的生态补偿逐渐明确指向"生态保护补偿"。

第二，生态保护补偿和生态损害补偿虽然都是通过利益协调机制，实现环境公平，达到生态环境保护的目的，在功能面向上具有耦合性，但两类制度发生机理不同，前者是针对环境正外部性的补偿，后者是针对环境负外部性的补偿。对因合法开发利用资源而造成生态环境损害的补偿，通常是以征收环境资源补偿费（税）、缴纳环境治理与生态恢复保证金等形式来实现的，这类制度与环境法中的环境资源税费制度、自然资源有偿使用制度密切相关。笔者认为，生态损害补偿制度的完善，主要应通过完善环境资源费（税）制度，使之体现在实现费税制度调节自然资源开发中的级差收益、实现环境资源所有者权益等价值目标之外，融入更多的生态损害补偿的价值目标和制度功能；在立法形式上，主要通过环境保护法、环境保护税法、各自然资源保护单行法予以完善。目前，生态补偿领域立法的不足主要体现在生态保护补偿立法供给不足。因此，生态补偿专门立法应当限定在生态保护补偿方面。

基于上述理由，笔者认为，《生态补偿条例》的名称应当改为《生态保护补偿条例》，将立法调整的对象限定在生态保护补偿领域，同时，在《生态保护补偿条例》中，在补偿资金的筹集渠道等方面，应将其与其他环境与资源立法中有关生态损害补偿的内容相衔接。

（二）《生态保护补偿条例》还是《生态保护补偿法》？

目前，我国生态保护补偿立法主要是各领域已经在相关环境与自然资源单行法中分别进行规定，即呈现"分散立法"的状况。例如，《森林法》规定了森林生态效益补偿制度；《草原法》规定草原生态保护奖励补助制度；《水污染防治法》《水法》等规定了流域生态保护补偿制度；《海洋环境保护法》规定了海洋生态保护补偿制度；《退耕还林条例》规定了退耕还林（草）生态保护补偿，等等。分散立法可以反映不同领域生态保护补偿的不同要求，但也存在明显的不足，比如，带有较强的部门立法色彩；补偿标准、补偿模式和补偿程序极不统一；相互之间协调性不足；各自发展极不平衡；一些重要领域的立法存在缺失，等等。正是为解决上述问题，生态保护补偿专门立法的制定才有了必要性。

那么，生态保护补偿专门立法在立法位阶上应当如何定位？从前述对生态保护补偿做出规定的单行立法看，现有大多数立法是由全国人大常委会颁布的法律。如果以国务院行政法规的形式出台《生态保护补偿条例》（以下简称《条例》），那么，从理论上讲，行政法规的效力要低于法律，《条例》能否起到统合各单行法的作用是一个问题。理想的模式是，由全国人大常委会出台《生态保护补偿法》，作为生态保护补偿领域的综合性立法，对环境资源单行法中有关生态补偿的内容起到指导、统合、协调的作用。

但是，生态保护补偿在我国是一项正在发展中的、尚不成熟的制度，政策多于立法，且不同领域的生态保护补偿实践发展极不平衡，如作为生态补偿重要领域的重点生态功能区的生态保护补偿，目前尚以位阶较低的政策性文件《国家重点生态功能区转移支付办法》来加以规范；湿地生态保护补偿方面虽然出台了不少地方立法，但并没有国家层面的相应法律进行规范；流域生态保护补偿仍处于试点阶段，等等。在这种情形下出台《生态保护补偿法》则面临时机不成熟的问题，但目前方兴未艾的生态保护补偿实践又需要有一部专门性立法，笔者认为，比较稳妥的办法是，先行制定《生态保护补偿条例》，对生态保护补偿政策实践提供一个指导性法规，待时机成熟后，再由全国人大常委会出台《生态保护补偿法》。

二、《生态保护补偿条例》的框架及主要内容

（一）立法的必要性和依据

党的十八大以后，生态文明建设已经上升为国家战略。党的十八届三中、四中全会进一步提出，要加强生态文明制度建设，用严格的法律制度保护生态环境。2015 年国务院发布的《生态文明体制改革总体方案》，提出要建立包括生态补偿制度在内的八项制度。2017 年10 月召开的党的十九大提出要健全社会化、市场化的生态补偿机制。可见，在国家战略层面上，生态补偿制度得到高度重视，是生态文明制度体系的重要内容之一，制定专门的生态保护补偿立法，是实现生态文明战略的重要保障。

我国生态补偿经过多年试点实践，积累了丰富的实践经验，并初步形成了相应的政策、法律体系。据汪劲教授的统计，截至 2016 年年底，全国人大常委会颁布的涉及生态补偿的法律约有 14 部，[1]"国务院发布的生态补偿法规与政策约有 80 篇之多，"[2]"国务院主管部门发布的生态补偿政策文件和部门规章据不完全统计多达 146篇"。[3]此外，我国各地还出台了大量的生态补偿地方性法规、规章。各地开展生态补偿法律法规、规章和政策试点实践，为专门的生态保护补偿立法奠定了基础。

中共中央、国务院关于生态文明建设的一系列政策文件，如《生态文明体制改革总体方案》《关于健全生态保护补偿机制的意见》等，以及《环境保护法》第三十一条关于生态保护补偿的原则规定，为《生

---

[1]　汪劲.中国生态补偿制度建设历程及展望［J］.环境保护，2017（1）：18-22.

[2]　涉及的主要的法律：《草原法》（2013 年）、《农业法》（2012 年）、《水土保持法》（2010 年）、《海岛保护法》（2009 年）、《水污染防治法》（2008 年）、《畜牧法》（2005 年）、《野生动物保护法》（2004年）、《土地管理法》（2004 年）、《渔业法》（2004 年）、《水法》（2002 年）、《防沙治沙法》（2001 年）、《海域使用管理法》（2001 年）、《森林法》（1998 年）、《矿产资源法》（1996 年）。

[3]　这方面的政策文件和部门规章主要集中在森林（1999 年以后）、湿地（2000 年以后）、自然保护区（2005 年以后）、矿产资源开发（2006 年以后）、流域（2007 年以后）、海洋（2009 年以后）、重点生态功能区（2011 年以后）、草原（2010 年以后）等领域。

态补偿条例》的制定提供了政策、法律依据。

（二）《生态保护补偿条例》的框架设计

《生态保护补偿条例》的起草思路，应当按照原则性、指导性与操作性相结合的原则，对生态保护补偿应当遵循的基本原则、主要领域和范围、补偿标准、补偿程序和监督管理等生态保护补偿各领域统一适用的内容做出明确具体的规定；同时，将体现生态保护补偿各领域不同特点和要求的内容问题留给各单行法解决。

《生态保护补偿条例》的基本框架，应当由总则、补偿模式、补偿标准、补偿资金和程序、考核机制、法律责任、附则等部分组成。

总则部分，主要规定生态保护补偿的立法目的；生态保护补偿的概念界定；立法的适用范围；生态保护补偿的基本原则；生态保护补偿的监督管理体制、各方主体的权利义务、公众参与等。

补偿模式部分，主要对生态保护补偿的领域、政府补偿模式、市场补偿模式、补偿方案的制定等内容做出规定。

补偿标准部分，主要规定合理补偿标准、充分补偿标准、地方差异化补偿标准、补偿标准的制定程序、监测和评估指标体系等。

补偿资金和程序部分，主要规定补偿资金来源、资金申报、政府财政转移支付、资金用途和分配原则、资金分类管理、补偿合同签订、信息公开、审计监督等。

考核机制部分，主要规定监测评估和考核指标体系、政府及部门考核、补偿对象生态保护效果考核、考核结果使用等。

法律责任部分，主要规定政府部门及其工作人员、受偿主体等各类主体的违法犯罪法律责任。

第三节　生态补偿立法之间的协同

　　长期以来，我国的生态补偿领域的立法采用分散立法的模式。因循立法史上多年形成的"成熟一个、制定一个"的审慎立法思路，在政策先行试点的基础上，把实践运行中比较成熟的经验做法上升为法律规范，通过在环境资源单行立法中设置相应法律条款的方式予以保障，每个单行法只涉及某一类生态要素领域的生态补偿问题。这种分散立法、审慎立法的思路体现了一种实用主义的逻辑，避免了立法的风险和不可预期性，降低了立法的成本，保证了法律的稳定性，但也隐含着一个重大的缺陷：缺少总体规划和统筹协调，前瞻性不足，统合性不足。这一问题导致的直接后果就是，不同领域的生态补偿立法各自为政，不同领域的立法往往由各自的主管部门负责起草，虽然立法过程中设置了部门协调机制，但仍然无法完全避免"部门利益法定化"等问题；"碎片化"的立法缺少内在的体系协调性，出现冲突时无法依靠内生机制自行解决；立法发展极不平衡，一些重要领域的立法因为复杂的利益纠葛而长期难以出台，处于缺位状态，不能很好地规范和指导生态补偿的实践。

　　生态保护补偿专门立法列入立法规划，其主要动因就是为了解决上述问题。专门立法属于对生态保护补偿领域的综合性立法，主要规定生态保护补偿的基本原则、确定生态补偿的类型和范围、设定补偿标准的"标准"、明确补偿主体和受偿主体及其他利益相关者之间的权利义务关系、规定补偿的模式和程序、补偿资金的筹措渠道、监督管理体制等方面的问题，对单行法起统合性、协调性作用。由于生态补偿涉及生态补偿的诸多要素领域，一部综合性立法显然不能解决全部问题，各生态要素领域的生态补偿仍然需要依靠环境资源单行法分别加以调整。因此，未来的生态保护补偿综合立法出台后，需要加强生态补偿综合立法与单行立法之间的协作、国家立法与地方立法之间

的协作，以及生态补偿法与其他部门法之间的协作，构建立体协同的
生态补偿法律制度体系，为生态补偿提供全方位的法律保障。

一、生态保护补偿综合立法与单行立法的协同

《生态补偿条例》早在 2010 年就列入国务院立法规划，但迄今
尚未出台。根据立法所要解决的主要问题，笔者建议将《生态补偿
条例》调整为《生态保护补偿条例》，在国务院的领导协调下尽快出
台，以解决生态补偿综合立法明显滞后于现实需要的问题，同时，完
善各单行立法对生态保护补偿的规定，解决因法律渊源不统一而出现
的相互割裂甚至冲突问题，增强其实效性。我国目前对生态补偿做出
规定的环境资源单行法中，既有全国人大常委会制定的法律，也有国
务院制定的行政法规，以及国务院主管部门出台的各类部门规章。从
理论上讲，《生态保护补偿条例》作为综合性的行政法规，可以对单
行行政法规、规章中有关生态保护补偿的内容提供规范依据；但行政
法规的效力层级低于法律，无法自动完成对单行法律相关规定的整合。
因此，从长远来看，制定《生态保护补偿法》才能为整合生态保护补
偿法体系内部关系提供法律依据。尽管如此，并不妨碍对环境资源单
行法律中有关生态补偿的规定按照统一的原则和精神分别进行修改完
善，实现生态补偿法律体系的协同。

前文对我国生态补偿立法进行的梳理分析表明，我国的生态补偿
立法在法律层面呈现出一种框架性、粗线条的特征。其中，《环境保
护法》通过一个条文的规定，对生态保护补偿做出原则性的"顶层设
计"。其他环境资源单行法中对生态保护补偿的规定大都只是一个原
则性框架，而对具体的操作性规定，往往授权"由国务院另行制定""由
国务院或国务院授权的有关部门规定"或"按国家相关规定执行"。
比如，《森林法》规定了国家设立森林生态效益补偿基金，但相关条
文中只对生态效益补偿基金的用途做了原则性规定，没有对补偿对象、

补偿标准和补偿程序等做出细化规定，而是规定"具体办法由国务院规定"。[1]《草原法》同样只原则性规定了对草原禁牧、休牧、轮牧区实行舍饲圈养的给予补助，对具体补偿对象、补偿标准则并没有做出细化规定，而是采用了授权性规定"具体办法由国务院或国务院授权的有关部门规定"[2]。《野生动物保护法》中规定了重点保护野生动物造成损失的由当地政府给予补偿，如何补偿，则规定"补偿办法由省、自治区、直辖市人民政府制定"。此外，《水污染防治法》规定"国家建立水环境生态保护补偿机制"；《水土保持法》规定"把水土保持生态效益补偿纳入国家建立的生态效益补偿制度"；《海洋环境保护法》中规定"国家建立健全海洋生态保护补偿制度"。可以看出，与《环境保护法》的原则性规定一样，单行法对不同领域的生态保护补偿大都限于原则性规定，操作性不强。立法条款中"授权国务院或国务院部门制定具体的补偿办法"，其意义仅仅是为生态补偿部门政策的制定提供一个法律依据，实践中往往各行其是，不同领域的补偿范围、补偿标准并没有统一的尺度。一些尚未出台单行立法的领域，如湿地生态保护补偿，或者跨越单一生态要素的综合性生态补偿领域如重点生态功能区生态保护补偿，并没有相应的单行法依据，目前主要依靠政策保障。

可见，我国环境与资源单行法律中有关生态补偿的立法规定更多的是一种"宣示性条款"，或者仅仅为相关政策的运行提供了一个法律上的依据。这样的规定，在实践当中没有多少可操作性。为真正实现"生态补偿政策法律化"，将生态补偿纳入法治化轨道，应当在《环境保护法》的顶层制度设计下，完善单行法中有关生态补偿的规定，

[1]　《森林法》第八条规定，"建立林业基金制度。国家设立森林生态效益补偿基金，用于提供生态效益的防护林和特种用途林的森林资源、林木的营造、抚育、保护和管理。森林生态效益补偿基金必须专款专用，不得挪作他用。具体办法由国务院规定"。
[2]　《草原法》第三十五条规定，"在草原禁牧、休牧、轮牧区，国家对实行舍饲圈养的给予粮食和资金补助，具体办法由国务院或国务院授权的有关部门规定。"第四十八条规定，"国家支持依法实行退耕还草和禁牧、休牧。具体办法由国务院或者省、自治区、直辖市人民政府制定。对在国务院批准规划范围内实施退耕还草的农牧民，按照国家规定给予粮食、现金、草种费补助"。

增强其操作性。

第一，细化各单行法中有关生态补偿的立法规定。自然资源法是我国环境资源法律体系的重要组成部分，其主要的立法目的，一是保护各类自然资源的合理开发和利用，实现自然资源的经济价值；二是保护自然资源作为环境要素的生态效益，实现自然资源的生态价值。各自然资源单行法的制度设计主要是围绕"利用—保护"之间的平衡进行规范，在自然资源的保护方面，往往侧重对作为单一环境要素的资源的保护，对整体性生态保护关注不足。为适应生态文明建设的需要，应当对环境与资源单行法进行修改完善，增强生态保护的相关规定。对涉及生态补偿的规定做进一步细化，明确补偿主体和受偿主体、确定科学合理的补偿标准、对各方主体的权利义务进行均衡配置，以增强其可操作性和实效性，而不仅仅限于原则性的宣示。以《森林法》为例，应当将实践中开展的森林生态效益补偿、林业补贴、森林公安补助、国有林场改革补助等均纳入立法规范的范围，规定按照合理补偿、事权统一的原则，由中央财政、地方财政按照一定的比例，对从事国家级公益林保护和管理，林木的营造、抚育和管理，以及森林公共管护的单位和个人进行补偿。具体的补偿范围（如国家级公益林的界定、特种用途林的界定）、补偿标准（综合考虑不同类型的补偿涉及的森林生态保护的直接成本支出、间接成本支出、机会成本、森林生态效益价值评估因素等分类确定）、补偿程序和保障机制等，规定以相关配套的《森林法实施细则》、政府或政府相关主管部门以《国家公益林管理办法》《森林生态保护补偿财政资金补助办法》等政策文件形式加以细化，这样可以确保生态补偿置于法治的原则和框架下，因地制宜制定更具体的实施办法，使生态保护补偿制度的原则性和灵活性相结合、稳定性和适时性相结合。

本书第四章"生态补偿重点领域的实践探索"一部分中，选取森林、草原、流域、重要生态功能区、矿产资源等重点领域的生态补偿的若干典型样态，对我国生态补偿的实践绩效与存在的不足进行考察，同时，对每一个生态补偿重点领域对应的立法分别提出完善建议，此处不再赘述。

第二，实现立法体系内部的协调。我国以单一环境与自然资源要素分别进行生态补偿立法的模式，无法适应生态环境的综合性和整体性。"碎片化"立法不可避免地带有较强的部门立法色彩，补偿标准、补偿模式和补偿程序极不统一，相互之间协调性不足。针对这些问题，应当尽快出台专门的生态补偿立法，同时对环境与资源单行法中有关生态补偿的内容进行修改完善，消除其冲突与抵牾，弥补重要领域的立法缺失，增强生态补偿不同立法之间的协调性，形成协调统一的生态补偿制度体系。

二、生态补偿国家立法与地方立法的协同

我国的生态补偿地方立法分为两种情形：一是结合地方实际对已有的国家立法做进一步的细化规定，出台专门的生态补偿地方法规、规章，或在相关地方立法中以专门条款加以规定；二是在没有上位立法的情况下，地方"先试先行"出台地方立法，为国家立法的出台积累地方经验。在两类情形下，合理分配立法权限，实现生态补偿国家立法与地方立法的协同，形成立法合力，是构建完善的生态补偿立法体系的重要内容。

地方实施性立法的目的，是落实国家生态补偿立法的规定而对其进行细化，以便于具体操作。这类地方立法是在遵循上位法规定的前提下，结合地方实际做出进一步的细化规定，既体现了法制统一原则，又反映了地方的特殊性。地方实施性立法与国家立法的协同，主要体现在，一是要对国家法律、法规中有关生态补偿的规定做进一步细化，架构具体的可操作方案，体现"顶层设计—实施方案"的协同。二是结合地方生态环境保护的特殊性问题，反映地方生态补偿的特殊性要

求。地方立法属于地方性知识，必然要反映地方特色，这也是地方立法的基本要求之一，我国地域辽阔，生态环境类型多样，相互之间存在很大的差异性，各地的经济社会发展水平也呈现不平衡状态，地方生态补偿立法必须对这种差异性做出回应，体现"普适性—特殊性"的协同。

地方创制性立法的目的，是弥补国家生态补偿某一领域立法的缺失，而由地方在总结试点经验的基础上，先行出台的地方性生态补偿立法。这类立法以其"创制性"特征，具有弥补国家立法不足、为国家立法积累经验的重要价值。我国生态补偿立法在很多领域走过"先地方立法、后国家立法"的渐进式道路。比如，在综合性生态补偿立法、湿地生态保护和生态补偿立法、大气环境质量生态补偿立法等领域，还没有出台国家层面的法律、法规，但各地在实践中已经出台了不少地方性法规和地方政府规章。[1]地方立法先行，仍将是今后生态补偿领域立法的一个趋势，需要各地在国家法律、政策的框架内，根据当地环境与自然资源条件、经济社会发展水平，制定符合本地条件的具体补偿范围、补偿标准和相应的具体措施，以更好地解决本地的实际问题。地方创制性生态补偿立法虽然没有相对应的直接上位国家法律，但仍然要遵循《环境保护法》及其他生态补偿单行立法确定生态补偿基本精神和基本原则，体现"缺失—补缺"的协同。

三、生态补偿立法与相关立法的协同

实现生态保护补偿立法与生态损害补偿立法的协同。本课题将"生态保护补偿"与"生态损害补偿"做了适当界分，并将生态保护补偿制度建设作为生态补偿的重点领域，主要是依据两类补偿不同的发生机理、环境法的现有制度能否包容等因素所做的考虑。生态损害

---

[1]　如2014年苏州市出台的《苏州市生态补偿条例》；2003年以来黑龙江省等至少19个省、自治区、直辖市出台了各自的《湿地保护条例》；2015年出台的《山东省环境空气质量生态补偿暂行办法》《湖北省环境空气质量生态补偿暂行办法》等。

补偿主要依靠对现行环境资源税费制度的改革和完善来实现，而生态保护补偿主要依靠创新生态保护补偿政策、法律体系来实现。在建立健全生态保护补偿法律制度的同时，我国还应当着力推进环境资源税费制度改革，使税费制度能充分体现对纳税人（即环境资源开发利用主体）造成的环境负外部性的补偿，为生态保护补偿提供相应的补偿资金来源。实现"保护补偿—损害补偿"的协同。

实现生态保护补偿立法与生态损害赔偿政策立法的协同。生态损害赔偿，即因开发利用者的违法行为导致环境损害后果应当承担的赔偿责任。生态环境损害赔偿不同于环境侵权，后者造成了特定的人身和财产权利的损害，前者只造成生态环境功能退化等环境损害的后果但并无直接的人身财产损害。目前，我国尚未从法律层面建立起完善的生态损害赔偿制度，但生态损害赔偿已经进入政策调整的层面。2015年12月，中办、国办联合发布《生态环境损害赔偿制度改革试点方案》，对生态环境损害赔偿范围、责任主体、索赔主体和损害赔偿解决途径等做出了规定，目的在于通过试点逐步建立我国的生态损害赔偿制度体系。生态保护补偿立法的完善，应当与生态损害赔偿制度相衔接，实现"补偿—赔偿"的协同。

此外，2017年的《民法总则》确立了绿色原则，即民事主体从事民事活动，应当有利于保护生态环境，节约自然资源。绿色原则的贯彻落实，需要物权法、侵权法等民事部门法制度的配合，也需要环境保护法律法规相应制度的配合。生态保护补偿制度是实现生态保护和受益主体之间利益平衡的制度，应当成为体现公平原则、绿色原则的典范制度。

第四节　生态补偿政策与法律的协同

伴随着各国政府治道变革的进程，"多元合作共治"正在成为现代社会治理的新格局。多元共治意味着治理主体的多元化、治理手段的多元化、治理模式的多元化。在现代社会治理方式中，政策和法律无疑是最为重要的两种正式制度安排。二者既具有各自不同的路径和功能面向，又相互依存、相互支持，形成有机统一的整体。正确认识和处理政策和法律之间的关系，实现社会治理方式在制度层面的一体推进，对于法治国家、法治政府、法治社会建设具有重要的意义。

　　生态补偿作为平衡生态保护和生态受益者之间利益关系，实现生态环境保护和生态文明建设目标的制度设计，在我国起始于政策层面。随着政策实践的发展，依法治国的全面推进，这一经济政策工具逐渐被纳入法治化的轨道，"生态补偿政策法律化""生态补偿法律政策化"两种并行不悖的发展方向都是法治精神在生态补偿领域的体现，同时，在实践中也出现了某些领域生态补偿具体政策与法律原则的抵牾。因此，有必要从理论上厘清生态补偿政策和法律的关系，在实践中及时协调二者的可能冲突，实现生态补偿政策体系与法律体系的协同发展，共同为生态补偿实践提供制度保障。

一、生态补偿政策、法律的结构耦合与功能分野

　　政策与法律之间到底是什么关系？以德沃金为代表的政策观认为，作为一种社会规范组成，政策本身并不具有独立制度的功能，政策是包含在法律体系之内的，是后者的组成部分。以波斯纳为代表的政策观认为，政策是法律获得解释的前提，是法律推理和论证的依据，因此政策是独立于法律而存在的，并不是法律的组成部分。上述不同观点，使得人们对政策与法律关系的认识变得富有争议，在我国理论界也产生了一定影响。实际上，德沃金和波斯纳是从不同角度对政策与法律的关系进行解读的，前者是从本体论的角度，后者则选择了方法论的角度。视角不同，难免得出"横看成岭侧成峰"的结论。但上述争论恰好说明了政策与法律既有区别，又密切联系的关系。笔者认

为，生态补偿领域的政策和法律存在着结构耦合与功能分野的关系。

生态补偿政策和法律的结构耦合。生态补偿政策是相关法律产生的基础，往往发挥生态补偿"试行法"的作用；生态补偿政策目标的实现，需要法律为其提供充分的保障。生态补偿政策上升为法律规范后，仍然需要以具有灵活性的具体政策来细化和落实法律的原则规定，弥补法律固有的僵化性的不足。由此，二者相倚共生，彼此交织，共同构成了生态环境保护和治理的正式制度。

生态补偿政策与法律的功能分野。生态补偿政策和法律有着不同的制度定位和规范功能，其中，生态补偿政策体系，是指中共中央、国务院为保护生态环境、实现生态文明建设目标而发布的对生态补偿实践起指导作用的规划、方针、指导意见，以及国家党政机关为实现生态补偿目标而出台的各种政策措施和规范性文件，具有普遍性、指导性、灵活性的特点；生态补偿法律体系，是立法机关或授权立法的行政机关制定的调整生态补偿关系的法律、行政法规、地方性法规和行政规章，具有普适性、规范性、稳定性的特点。

在我国全面推进依法治国的背景下，法律在保障公民权利、实现治国理政方面具有最高权威，生态补偿政策应当纳入法治化的轨道，依法规范和加以保障，从而约束可能出现的权力恣意，使其不至于沦为部门利益的表达。生态补偿政策一方面担当了生态补偿法律的先导，将成熟的政策及时上升为法律规范，纳入法律的规制体系；另一方面又对生态补偿法律起到重要的补充作用，对法律的原则性规定依法进行补充和细化。因此，生态补偿政策的制定和运行必须在法律的框架内进行，受法律的引导和约束，不能违背法律的精神和原则，更不能与法律相抵触。

二、生态补偿政策与法律的协同

在生态补偿领域，我国遵循的是"政策"和"法律"两种治理路径并行的治理模式，并由此在多年实践中形成了一整套相应的政策、法律体系。生态补偿政策与法律在指导、规范和保障生态补偿实践方面相互协作，发挥了积极的作用。同时，也存在相关政策由主管部门主导，一些行之有效的政策不能及时上升为法律规范，而法律的原则性规定在有些情况下不能得到及时的政策细化和补充等问题，从而影响了生态补偿的实施效果。为此，我国需要加强生态补偿政策与法律的协同。

（一）发挥生态补偿政策"试行法"的引导作用

改革开放之前，中国并没有真正意义上的环境法律，对于当时已经出现的环境问题，主要是中共中央、国务院以各种环境政策作为调整手段，在形式上多以党政机关的红头文件的形式出现。改革开放以后，中国开始走上社会主义法治建设的轨道，随着法治建设的起步，将已经经过实践检验的、比较成熟的环境保护政策上升为国家法律。1979年的《中华人民共和国环境保护法（试行）》，就是在总结以往环境保护政策经验的基础上出台的中华人民共和国成立后的第一部综合性环境保护法律。《环境保护法》的制定，确立了我国环境保护的立法目的、基本原则、环境管理体制、环境保护基本法律制度及法律责任，使得政策实践中一些行之有效的规范，通过立法程序上升为国家法律，依靠国家的强制力得以保证实施，为以后的环境立法提供了依据，也为环境政策的制定提供了指引。《环境保护法》施行后，在环境保护的一些具体领域，如水污染防治、大气污染防治、噪声污染防治、固体废弃物污染防治等环境污染防治领域，以及土地资源保护、水资源保护、森林资源保护、草原资源保护、渔业资源保护、海洋资源保护等自然资源保护等领域，仍然是在《环境保护法》的框架下，以相应的政策调整手段为主。当这些领域的政策实践发展比较成熟的时候，相应的环境污染防治与自然资源保护单行立法也就应运而生了。在这一过程中，环境政策与环境法律共同发挥着调整环境社会关系的作用，二者在实践中是相互交织的。环境政策发挥了"试行法"的作用，也就是说，环境政策是制定环境法律的前提和依据，环境政策的发展成熟催生了环境法律。

生态补偿作为我国重要的环境经济政策和环境保护法律机制，同样遵循这一发展轨迹。生态补偿始于政策先导，比如，退耕还林生态补偿工程最早于1999年在四川、陕西、甘肃三省区开始试点，后来试点范围扩大到全国11个省区，以国务院的政策文件《关于进一步做好退耕还林还草工作的若干意见》为规范依据。在总结试点经验、积累政策实践的基础上，2002年我国在全国范围内推行退耕还林生态补偿。在这些基础上，国务院于2002年制定了专门的行政法规《退耕还林条例》对生态补偿予以规范和保障。在森林生态效益补偿方面，最初是以政策层面的"育林基金"开始的，待政策发展较为成熟、需要以法律规范加以保障之时，《森林法》适时做出修改，增加规定了"森林生态效益补偿基金"，使得这一制度成为一项稳定的森林生态环境保护法律制度。生态补偿的其他领域，也大多都遵循"政策先导、试点先行、全国推进、立法保障"的思路。在生态补偿各主要领域出台了众多的政策、法律法规，国家迫切需要对其进行"顶层设计"，以改变各领域补偿标准、补偿模式、补偿程序等极不统一的状况。为此，2014年修订的《环境保护法》专门对生态保护补偿做了原则性的规定，同时，生态补偿领域的专门立法《生态补偿条例》的制定也列入了立法机关的工作议程。

（二）实现生态补偿政策法律化

生态补偿政策法律化的过程，就是把党和政府特定的主张和目标上升为国家意志，使生态补偿政策上升为具有统一性、稳定性和原则性的法律规则与法律制度。法律的制定需要遵循严格的法定程序，一经制定即具有普遍的约束力。中国的立法工作长期坚持"摸着石头过河""成熟一个制定一个"，遵循的是一种审慎立法的思路。这是因为，法律的稳定性、普遍适用性、强制性要求法律一经制定不能朝令夕改，否则不但增加了立法的成本，还将损害法律的权威性。我国生态补偿坚持政策先行，有助于降低立法风险和成本。生态补偿法律的制定过程，实际上是对行之有效的生态补偿政策的法律化，是对政策的进一步强化和保障，发挥对政策保驾护航的作用。

对我国生态补偿政策、法律做宏观审视，可以得出如下结论：目前生态补偿调整手段中，生态补偿政策和生态补偿法律在共同发挥作用，其中，政策手段仍是主要的调整手段。生态补偿政策在不同领域的发展呈现出不平衡性，比如，在生态保护补偿政策中，森林、退耕还林还草等领域开展生态补偿较早，政策体系相对完善，并催生了相关立法的完善，而流域、湿地、禁止开发区、重点生态功能区等领域的生态补偿试点起步较晚，相关的政策仍处于试点总结经验、不断调整和完善之中，立法也不能及时跟进，呈现出明显的不平衡性。不同领域生态补偿的范围、补偿标准、补偿期限缺少统一的规范尺度。比如，补偿标准是采用最低补偿标准，还是采用合理补偿标准或充分补偿标准？并没有统一的原则。已有的生态补偿法律规范，大多比较原则、宏观，缺少可操作性，仍然需要相应的政策加以补充、细化。因此，我国应当加快生态补偿各领域的实践步伐，将各领域的生态补偿政策及时纳入法治轨道，在此基础上尽快出台统一的生态补偿立法，对补偿的原则和标准、补偿程序、法律责任等做出统一的原则性规定，以更好地指导生态补偿实践。2016 年 5 月，国务院办公厅发布了《关于健全生态保护补偿机制的意见》，提出到 2020 年基本建立符合我国国情的生态保护补偿制度体系，生态补偿的专门立法也已进入国务院立法规划。由此可见，生态补偿政策的法律化应当是今后一段时期我国生态补偿制度建设的重点。

（三）实现生态补偿法律的配套政策保障

法律因其自身的稳定性特质，对于瞬息万变的社会生活缺乏灵活应对性，特别是对需要根据现实情况进行灵活调整的生态补偿的标准、额度等，无法做出精确的规定，而只能留待政策加以补充细化。如果相关政策不能及时跟进，那么生态补偿的目标就会落空。因此，生态补偿法律的实施，需要以具体、细化的政策加以落实，以弥补法律固有的僵化性的不足。我国环境资源法中对各领域生态补偿的法律规定大都比较原则，需要以相对灵活的政策形式加以补充。比如，《草原法》第三十五条规定，"在草原禁牧、休牧、轮牧区，国家对实行舍饲圈养的给予粮食和资金补助，具体办法由国务院或国务院授权的有关部门规定"。虽然法律规定了对禁牧、休牧、轮牧区实行舍饲圈养的给予补助，但由于具体的补助标准、补助方式等要根据情况灵活制定、调整，不适宜由法律直接做出规定，因而规定由国务院或国务院授权的有关部门规定，这是针对法律自身的稳定性有余而灵活性不足所做出的安排，以相关政策加以补充，弥补法律僵化性的不足。

目前，我国生态补偿的某些领域还存在对生态补偿立法缺乏相应的细化政策加以落实的问题，从而出现"法律悬置"、无法落地生根的情况。比如，《野生动物保护法》第十四条规定，"因保护国家和地方重点保护野生动物，造成农作物或者其他损失的，由当地政府给予补偿。补偿办法由省、自治区、直辖市政府制定"。而很多省份的地方政府并没有出台相应的补偿办法。近年来，一些生态功能区的生态环境保护取得了较好的成效，但随着野生动物数量增多，发生多起野生动物损坏农作物和牲畜的案例，给当地农牧民造成一定的经济损失，由于野生动物受法律保护，农牧民不能采取捕猎的办法减少损害，因为地方并没有补偿的政策，造成农民的损失不能得到合理的补偿。又如，甘肃省人大常委会于2006年制定了《甘肃省石油勘探开发生态环境保护条例》，其中第三十条规定，建立油田生态补偿机制，具体办法由省人民政府制定。但是，甘肃省政府或出于"和谐地企关系"等多重因素的考虑，迄今尚未出台专门针对油田生态补偿的办法，造成辖区内油田企业生产过程中对当地生态环境产生破坏却未提供合理补偿的后果，损害了当地民众的合法权益。

针对我国生态补偿立法的规定大都比较原则、缺少可操作性的情况，国家需要加强配套的政策保障措施。在具体补偿政策的制定过程中，在坚持法律规定的前提下，我国一般要考虑中央财力的情况以及补助区的面积、人口、资源禀赋、经济社会发展状况等因素，灵活做出规定，而且往往要根据实际情况适时做出调整，体现了公平原则下的因地制宜、因时制宜原则。

主要参考文献

（一）著作类

［1］余谋昌.生态学哲学［M］.昆明：云南人民出版社，1991.

［2］［德］魏德士.法理学［M］.丁晓春，吴越，译.北京：法律出版社，2003.

［3］［美］约翰·罗尔斯.正义论［M］.何怀宏，等译.北京：中国社会科学出版社，1988.

［4］卓泽渊.法的价值论［M］.北京：法律出版社，1999.

［5］张文显.法理学［M］.北京：高等教育出版社，北京大学出版社，1999.

［6］李爱年.生态效益补偿法律制度研究［M］.北京：中国法制出版社，2008.

［7］靳乐山.中国生态补偿：全领域探索与进展［M］.北京：经济科学出版社，2016.

［8］秦玉才，汪劲.中国生态补偿立法：路在前方［M］.北京：北京大学出版社，2013.

［9］张锋.生态补偿法律保障机制研究［M］.北京：中国环境科学出版社，2010.

［10］汪劲．环保法治三十年：中国环保法治蓝皮书［M］．北京：北京大学出版社，2011.

［11］秦玉才．流域生态补偿与生态补偿立法研究［M］．北京：社会科学文献出版社，2011.

［12］刘燕．西部地区生态建设补偿机制及其配套政策研究［M］．北京：科学出版社，2010.

［13］龚高健．中国生态补偿若干问题研究［M］．北京：中国社会科学出版社，2011.

［14］沈满洪，等．完善生态补偿机制研究［M］．北京：中国环境出版社，2015.

［15］沈满洪．生态经济学［M］．北京：中国环境科学出版社，2007.

［16］沈开举．行政补偿法研究［M］．北京：法律出版社，2004.

［17］吕忠梅．超越与保守：可持续发展视野下的环境法创新［M］．北京：法律出版社，2003.

［18］吕忠梅．理想与现实：中国环境侵权纠纷现状及救济机制构建［M］．北京：法律出版社，2011.

［19］中国21世纪议程管理中心．生态补偿原理与应用［M］．北京：社会科学文献出版社，2009.

［20］孔凡斌．中国生态补偿机制：理论、实践与政策设计［M］．北京：中国环境科学出版社，2010.

［21］任勇，冯东方，俞海．中国生态补偿理论与政策框架设计［M］．北京：中国环境科学出版社，2008.

［22］张翔．基本权利的规范建构［M］．北京：高等教育出版社，2008.

［23］中国生态补偿机制与政策课题组．中国生态补偿机制与政策研究［M］．北京：科学出版社，2007.

［24］［德］马克斯·韦伯.经济与历史：支配的类型［M］.康乐，等译.桂林：广西师范大学出版社，2004.

［25］李小云.生态补偿机制：市场与政府的作用［M］.北京：社会科学文献出版社，2007.

［26］蔡守秋.基于生态文明的法理学［M］.北京：中国法制出版社，2014.

［27］黄锡生.自然资源物权法律制度研究［M］.重庆：重庆大学出版社，2012.

［28］王树义.环境法前沿问题研究［M］.北京：科学出版社，2012.

［29］黄寰.区际生态补偿论［M］.北京：中国人民大学出版社，2012.

［30］中国21世纪议程管理中心.生态补偿的国际比较［M］.北京：社会科学文献出版社，2012.

［31］［日］河本英夫.第三代系统论：自生系统论［M］.郭连友，译.北京：中央编译出版社，2016.

［32］刘作翔.权利冲突：案例、理论与解决机制［M］.北京：社会科学文献出版社，2014.

［33］［美］埃莉诺·奥斯特罗姆.规则、博弈与公共池塘资源［M］.王巧玲，任睿，译.西安：陕西人民出版社，2011.

［34］杜健勋.环境利益分配法理研究［M］.北京：中国环境出版社，2013.

［35］［德］卡尔·拉伦茨.法学方法论［M］.陈爱娥，译.北京：商务印书馆，2004.

［36］联合国千年生态系统评估项目组.生态系统与人类福祉：评估框架［M］.张永民，译.北京：中国环境科学出版社，2007.

［37］［日］原田尚彦.环境法［M］.于敏，译.北京：法律出版社，1999.

［38］［德］马克斯·韦伯.社会科学方法论［M］.韩水法，莫茜，译.北京：商务印书馆，2013.

［39］胡德胜.法学研究方法论［M］.北京：法律出版社，2017.

［40］吕忠梅.环境与发展综合决策：可持续发展的法律调控机制［M］.北京：法律出版社，2009.

［41］常纪文.环境法前沿问题：历史梳理与发展探究［M］.北京：中国政法大学出版社，2011.

［42］黄国勤.生态文明建设的实践与探索［M］.北京：中国环境科学出版社，2009.

［43］严耕.中国省域生态文明建设评价报告［M］.北京：社会科学文献出版社，2010.

［44］朱谦.环境法基本原理：以环境污染防治法律为中心［M］.北京：知识产权出版社，2009.

［45］鄢斌.社会变迁中的环境［M］.武汉：华中科技大学出版社，2008.

［46］包晴.中国经济发展中环境污染转移问题法律透视［M］.北京：法律出版社，2010.

［47］王彬辉.论环境法的逻辑嬗变：从"义务本位"到"权利本位"［M］.北京：科学出版社，2006.

［48］钭晓东.论环境法功能之进化［M］.北京：科学出版社，2008.

［49］曾晓东，周珂.中国环境法治［M］.北京：法律出版社，2011.

［50］肖建华.生态环境政策工具的治道变革［M］.北京：知识产权出版社，2010.

［51］刘超.环境法的人性化与人性化的环境法［M］.武汉：武汉大学出版社，2010.

[52] 陈德敏. 资源法原理专论 [M]. 北京：法律出版社，2011.

[53] 陈德敏，秦鹏. 规则创新：环境资源法制与小康社会建设 [M].
北京：科学出版社，2011.

[54] 李丹. 环境立法的利益分析 [M]. 北京：知识产权出版社，2009.

[55] 晁根芳，王国永，张希琳. 流域管理法律制度建设研究 [M]. 北
京：中国水利水电出版社，2011.

[56] 刘灿，等. 我国自然资源产权制度构建研究 [M]. 成都：西南财
经大学出版社，2009.

[57] 史玉成. 环境法的法权结构理论 [M]. 北京：商务印书馆，2018.

[58] [英] 马克·韦尔德. 环境损害的民事责任：欧洲和美国法律与政
策比较 [M]. 张一心，吴婧，译. 北京：商务印书馆，2017.

（二）论文类

[1] 毛显强，钟瑜，张胜. 生态补偿的理论探讨 [J]. 中国人口·资源
与环境，2002，4：40–43.

[2] 王钦敏. 建立生态补偿机制保护生态环境 [J]. 求是，2004（13），
55–56.

[3] 张成谦. 论可更新资源的有偿利用 [J]. 农业现代化研究，1987（5），
22–24.

[4] 杜群，张萌. 论我国生态补偿法律政策现状和问题 [C] // 王金南，
庄国泰. 生态补偿机制与政策设计国际研讨会论文集. 北京：中国
环境科学出版社，2006.

[5] 倪荣远. 西部生态补偿立法研究 [J]. 学术探索，2006（3），56–61.

[6] 陆新元，汪东青，等. 关于我国生态环境补偿收费政策的构想 [J].
环境科学研究，1994（1），61–64.

［7］王金南，等.构建国家环境红线管理制度框架体系［J］.环境保护，2014（Z1），26-29.

［8］李文华，等.我国生态补偿研究中的科学问题［J］.生态学报，2007（10），4289-4300.

［9］任勇，等.建立生态补偿机制的战略与政策框架［J］.环境科学，2006（19），18-23.

［10］韩光明.论作为法律概念的"意思表示"［J］.比较法研究，2005（1），20-33.

［11］王凌皞.论评价性法律概念的解释基准及其方法：以儒家"正名"学说为出发点［J］.学习与探索，2016（10），88-93.

［12］史玉成.生态补偿的理论蕴涵与制度安排［J］.法学家，2008（4），94-100.

［13］杜群.生态补偿的法律关系及其发展现状和问题［J］.现代法学，2005（3），186-191.

［14］王清军，蔡守秋.生态补偿机制的法律研究［J］.南京社会科学，2006（7），73-80.

［15］汪劲.论生态补偿的概念：以生态补偿条例草案的立法解释为背景［J］.中国地质大学学报（社会科学版），2014（1），1-8.

［16］曹明德.对建立生态补偿法律机制的再思考［J］.中国地质大学学报（社会科学版），2010（5），28-35.

［17］韩卫平.生态补偿概念的法学界定［J］.甘肃政法学院学报，2016（2），74-80.

［18］彭丽娟.生态保护补偿：基于文本分析的法律概念界定［J］.甘肃政法学院学报，2016（4），1-8.

［19］史玉成.环境利益、环境权利与环境权力的分层建构：基于法益分析方法的思考［J］.法商研究，2013（5），47-57.

［20］［美］柯千.正义论：略评［J］.学术月刊，1985（11），35–39.

［21］江帆.经济法的价值理念和基本原则［J］.现代法学，2005（5），
118–122.

［22］纪骏杰.我们没有共同的未来：西方主流"环保关怀"的政治经济
学［J］.台湾社会研究季刊，1998（31），141.

［23］陆宇峰."自创生"系统论法学：一种理解现代法律的新思路［J］.
政法论坛，2014（4），154–171.

［24］谢晖.论规范分析方法［J］.中国法学，2009（2），36–44.

［25］史玉成.环境法学的核心范畴之重构：环境法的法权结构论［J］.
中国法学，2016（5），281–302.

［26］范俊荣.论政府介入自然资源损害补偿的角色［J］.甘肃政法学院
学报，2011（4），29–34.

［27］赵士洞.新千年生态系统评估：背景、任务和建议［J］.第四纪研
究，2001（4），330–336.

［28］李爱年，彭丽娟.生态效益补偿机制及其立法思考［J］.时代法学，
2005（3），65–74.

［29］黄锡生，史玉成.中国环境法律体系的架构与完善［J］.当代法学，
2014（1），120–128.

［30］谢玲，李爱年.责任分配抑或权利确认：流域生态补偿适用条件之
辨析［J］.中国人口·资源与环境，2016（10），109–115.

［31］曹明德.森林资源生态效益补偿制度简论［J］.政法论坛，
2005（1），133–138.

［32］杨娟.生态补偿的法律化制度设计［J］.华东理工大学学报，2004
（1），81–84.

［33］梁增然.我国森林生态补偿制度的不足与完善［J］.中州学刊，
2015（3），60–63.

［34］余耀军，高利红.法律社会学视野下的环境法分析［J］.中南财经政法大学学报，2003（4），137-140.

［35］蔡守秋，敖安强.生态文明建设对法治建设的影响［J］.吉林大学社会科学学报，2011（11），77-84+156.

［36］黄锡生.矿产资源生态补偿制度探究［J］.现代法学，2006（6），122-127.

［37］黄晓艳.环境负效应的生态补偿政策与策略分析［J］.污染防治技术，2014（2），77-87.

［38］王金南，等.生态环境保护行政管理体制改革方案研究［J］.环境管理，2015（5），9-14.

［39］刘爱军.生态文明建设对环境法理论变革的影响［J］.中国人口·资源与环境，2005（3），140-142.

［40］吕忠梅.论生态文明建设的综合决策法律机制［J］.中国法学，2014（3），20-33.

［41］吕忠梅.中国生态法治建设的路线图［J］.中国社会科学，2013（5），17-22.

［42］巩固.环境法律观检讨［J］.法学研究，2011（6），66-85.

［43］郭武，刘聪聪.在环境政策与环境法律之间：反思中国环境保护的制度工具［J］.兰州大学学报（社会科学版），2016（4），134-140.

［44］黄锡生，峥嵘.论跨界河流生态受益者补偿原则［J］.长江流域资源与环境，2012（11），1402-1408.

［45］杜群.长江流域水生态保护利益补偿的法律调控［J］.中国环境管理，2017（3），25-32.

［46］吕志祥，吴宏川.西北地区生态补偿的法理基础和基本原则探析［J］.攀登，2017（3），92-96.

［47］李亮，高利红．论我国重点生态功能区生态补偿与精准扶贫的法律对接［J］．河南师范大学学报（哲学社会科学版），2017（5），59–65．

［48］王树义．论生态文明建设与环境司法改革［J］．中国法学，2014（3），54–71．

［49］李爱年，刘旭芳．生态补偿法律含义再认识［J］．环境保护，2006（19），44–48．

［50］王灿发，江钦辉．论生态红线的法律制度保障［J］．环境保护，2014（1），30–33．

［51］杜群．我国水土保持生态补偿法律制度框架的立法探讨［J］．法学评论，2010（2），109–116．

［52］钱水苗．论流域生态补偿的制度构建：从社会公正的视角［J］．中国地质大学学报，2005（5），80–84．

［53］王树义，刘静．美国自然资源损害赔偿制度探析［J］．法学评论，2009（1），71–79．

［54］陈海嵩．"生态红线"的规范效力与法治化路径：解释论与立法论的双重展开［J］．现代法学，2014（4），85–97．

［55］于德仲．论森林资源生态效益补偿问题［J］．河海大学学报（社会科学版），2005（4），6–8+92．

［56］尹媛媛．跨流域调水生态补偿的利益平衡分析［J］．现代法学，2011（3），94–101．

［57］周敬玫，黄德林．自然保护区生态补偿的理论与实践探析［J］．理论月刊，2007（12），92–94．

［58］孙新章，谢高地．中国生态补偿的实践及其政策取向［J］．资源科学，2006（4），25–30．

［59］吴萍．生态补偿立法的思考［J］．江西社会科学，2011（10），

148–153.

［60］陈晓勤．我国生态补偿立法分析［J］．海峡法学，2011（1），58–62.

［61］李静云，王世进．生态补偿法律机制研究［J］．河北法学，2007（6），108–112.

［62］黄润源．论生态补偿的法学界定［J］．社会科学家，2010（8），80–82.

［63］郭会玲，张英豪．我国重点保护野生动物致害救济的法理辨析：兼论野生动物资源生态补偿法律制度的构建［J］．林业经济，2011（4），60–64.

［64］王权典．生态公益林效益补偿法律制度与政策机制的建构创新［J］．政法论丛，2008（2），20–25.

（三）外文文献

［1］Niklas Luhmann. Social Systems［M］. Redwood: Stanford University Press, 1995.

［2］Environmental services and their impact on the poor. International Institute for Environment and Development, 2002.

［3］Caplan A J, Silva E C D. An efficient mechanism to control correlated externalities: redistributive transfers and the coexis–tence of regional and global pollution permit markets［J］.Journal of Environmental Economics and Management, 2005（49），68–82.

［4］Bruce A. Babcock, P.G. Lakshminarayan, Junjie Wu. The Economics of a Public Fund for Environment Amenities: A Study of CRP Contracts［J］. American Journal of Agricultural Economics, 1995（78），961–971.

［5］Fisher, B., Turner, K., and Morling. Defining and Classifying Ecosystem Services for Decision Making［J］. Ecological Economics, 2009（68），

643–653.

［6］Norgaard, R.. Ecosystem Services: From Eye–opening metaphor to Complexity Blinder ［J］. Ecological Economics, 2010（69）, 1219–1227.

［7］Secretariat of the Convention on Biological Diversity. An exploration of tools and methodologies for valuation of biodiversity and biodiversity resources and functions ［M］. CBD Technical Series No. 28, 2007.

［8］URS/Scott Wilson. Barriers and Opportunities to the Use of Payments for Ecosystem Services ［R］. Report for Defra, 2011.

［9］Wunder S. 2005. Payments for Environmental Services: Some Nuts and Bolts. CIDOR Occasional Paper No. 42, Center for International Forestry Research, Bogor, Indonesia.

［10］Wunder and Wertz–Kanounnikoff. Payments for Ecosystem Services: A New Way of Conserving Biodiversity in Forests ［J］. Journal for Sustainable Forestry, 2009（28）, 576–596.